山田康博
YAMADA Yasuhiro

原爆投下をめぐるアメリカ政治

開発から使用までの内政・外交分析

Policy Making in
the United States
on the Atomic
Bombings of Japan

法律文化社

まえがき

　2016年5月にバラク・オバマ（Barack H. Obama）大統領が、アメリカの大統領として初めて広島を訪問した。平和記念公園で行なった17分間の演説の冒頭で同大統領は、次のように述べた。「71年前、晴天の朝、空から死が降ってきて世界が変わりました。閃光（せんこう）と炎の壁がこの街を破壊し、人類が自分自身を破壊する手段を手に入れたことを示しました」（『毎日新聞』［電子版］2016年5月28日）。原子爆弾（原爆）開発の始まりから、「空から死が降ってきて世界が変わ」ることとなるアメリカによる日本への原爆使用へと至る道のりは、いったいどのようなものだったのか。本書はそれを示そうとする試みである。

　本書の執筆にあたっては、原爆の日本に対する使用へと至る過程を、筆者の能力の及ぶかぎり一次資料に基づいて、しかも1990年代以降の論争を踏まえつつ、分析し記述することをめざした。そうすることを通じて、原爆の開発と使用についてのこれまでの研究を統合して発展させることが、本書の学問上の目的である。その目的を本書は達成した、という評価を本書の読者から得ることになれば幸いである。

　本書がめざしたことがほかにも2つある。その1つは、根拠に基づいた分析と記述を読者に提供することである。十分な根拠に基づかず（ときには事実に反した根拠に基づいて）、アメリカによる原爆使用について論ずる言説が日本ではしばしばみられる。そのような言説とは一線を画して本書は、学術的な著作の基本である根拠に基づいた論述をめざした。

　本書がめざしたもう1つのことは、本書の議論が根拠としたものを裏づける証拠を示すことによって、読者が本書の議論を検証できるようにすることである。そのために、やや分量が多くなった註の中に証拠となる資料をすべて示した。すぐれた研究の裏づけをもって著された著作物の中には、議論の根拠を裏づける証拠を十分に示していないために、そこに示された研究成果を読者が検

証できなかったり、そこで展開された研究の過程を追体験することができない、という残念なものがある。やはり学術的な著作の基本である証拠となる資料の提示によって、本書が読者の知的欲求に応え、あわよくば原爆の対日使用を研究課題とする研究者の育成に貢献する結果をもたらすことになれば、それはやはり幸いである。

　なお、本書の記述に誤りがあるとすれば、それはすべて著者の責任である。

目　　次

まえがき

序　章 ―――――――――――――――――――――― 1
1　研究の背景と先行研究　1
2　問題の所在と本書の課題　8
3　本書の分析視角　9
4　本書の構成と資料　10

第1章　原爆開発をめぐるアメリカ対外関係 ――――― 12
1　はじめに　12
2　マンハッタン計画への道　13
3　巨大プロジェクト・マンハッタン計画　19
4　原子力と原爆をめぐる国際関係　24
5　原爆の完成と爆発実験の成功　30
6　おわりに　32

第2章　ローズヴェルト大統領の原爆使用方針 ―――― 35
1　はじめに　35
2　ローズヴェルトの遺産　36
3　原爆投下作戦準備の開始　45
4　おわりに　48

第3章　新大統領トルーマンの原爆使用をめぐる検討課題 ― 51
　　　　――原爆の対日使用問題とその国際関係への影響――
1　はじめに　51
2　2つの諮問委員会からの対日原爆投下の提言　52
3　原爆使用と戦後の国際関係　64
4　おわりに　77

第4章　対日戦終結をめぐる国際関係と原爆 ——— 80
　　　　——ポツダム会談前夜——

　　1　はじめに　80
　　2　天皇位存続の容認による日本降伏への道　81
　　3　ソ連の対日参戦問題　89
　　4　日本本土侵攻作戦の推進　94
　　5　原爆外交の実践　100
　　6　おわりに　103

第5章　ポツダムにおける米英ソ首脳外交と
　　　　原爆の対日使用へ向かう最後の過程 ——— 106

　　1　はじめに　106
　　2　トルーマン＝スターリン会談　107
　　3　トルーマン日記と手紙の解釈　111
　　4　イギリスによる原爆使用の承認　115
　　5　スターリンへの原爆開発成功の通知　117
　　6　ソ連の対日参戦と原爆の対日使用との間で　119
　　7　ポツダム宣言と原爆の対日使用　123
　　8　原爆の対日投下作戦　133
　　9　おわりに　141

終　章 ——————————————————————— 144

補　章　アメリカはなぜ異なった2種類の原爆を
　　　　日本に対して使用したのか ——— 158

　　1　はじめに　158
　　2　原爆製造の見通し　159
　　3　プルトニウム生産量の増加を求めるグローヴス　161
　　4　原爆投下へ向けて　162
　　5　アメリカが実際に爆発させた原爆と使用できる予定だった
　　　　原爆の種類　163

6　決まっていなかった原爆の投下予定数　165
　7　おわりに　167

註
参考資料一覧
あとがき
索　引

序　章

1　本研究の背景と先行研究

　1945年8月にアメリカは日本に対して2発の原爆を使用した。アメリカ軍が原爆を投下したのは都市に対してであり、それまでの爆弾とは爆発原理が異なり破壊力がとても大きなその新しい種類の兵器を使用するという警告を発することもなく、4日間に2発の原爆を使用した。しかもアメリカ軍は、爆発原料となった物質の種類が異なる2種類の原爆をそれぞれ1発ずつ投下した。原爆開発で先行していると思われていたドイツに対抗する目的でアメリカはイギリスと協力して原爆開発に着手したが、アメリカは開発に成功した原爆を実際にはドイツに対してではなく日本に対して使用した。

　それから70年以上を経た現在に至るまで、このアメリカによる原爆の使用に対していくつもの問いが投げかけられてきた。それらの多くの問いが発せられる根源にあるのは、次の2つの問いである。すなわち、①なぜ、あるいは何を目的として、アメリカは原爆を日本に対して使用したのか。②原爆の使用は日本を降伏させるために必要だったのか。これら2つの問いがこれまでに繰り返し問われてきた。[1]

　原爆投下に関する先行研究は、これら2つの問いをめぐって積み重ねられてきた。[2]「正統学派」と呼ばれる学説は、原爆の使用は必要だったし、日本との戦争が続けば実施された日本本土侵攻作戦で多くのアメリカ兵が犠牲となったはずであり、それを避けるためにハリー・トルーマン（Harry S. Truman）大統

領は原爆を使用した、とアメリカによる原爆使用を解釈する。原爆の使用から1年半が過ぎた頃に第二次世界大戦中に陸軍長官を務めたヘンリー・スティムソン（Henry Lewis Stimson）の名前で発表された論文が、いわばアメリカ政府の公式的な見解を語ったものとしてこの解釈を確立した。これに対して1960年代半ば以降に主要な解釈の1つとなったいわゆる「修正主義学派」と呼ばれる学説は、原爆の使用は必要ではなく、日本は原爆の使用がなくても日本本土侵攻作戦が実施される前に降伏したはずであり、アメリカの政策決定者たちはそれを知っていた。それにもかかわらずトルーマンが原爆を使用したのは、日本を降伏させる目的とは別の対外関係上の目的（ソ連の対日参戦そのものあるいは参戦したとしても深入りするのを防ぐ、もしくは原爆の対日使用によってアメリカがもつ軍事力や技術力をソ連に印象づけてアメリカの対外政策をソ連に受け入れさせる）のためだった。「修正主義学派」はこのような解釈を示した。

　以上の2つの学説の間の違いが最も顕著なのが、原爆の使用が必要だったのかどうかという点であり、もう1つはその点と関連するが、原爆を使用する決定においてソ連との関係に原爆の使用が及ぼす影響への考慮が要因だったのかどうかである。「正統学派」は、原爆使用が対日戦終結のために必要であり、原爆使用の決定においてソ連要因がまったくなかったと解釈した。他方で「修正主義学派」は、原爆使用が対日戦終結には必要ではなく、ソ連要因が原爆使用の決定における最も重要な要因だった、と解釈した。

　1970年代に入ってあらわれた新しい学説は、それら2つの学説を一定程度は統合しながらも、両者のどちらとも異なる解釈を示した。その第3の学派（ここではそれを「統合学派」と呼ぶ）を代表したのがマーティン・シャーウィン（Martin J. Sherwin）とバートン・バーンスタイン（Barton J. Bernstein）である。この2人の解釈はいくつかの論点では異なっているものの、彼ら2人に共通しておりそれまでの研究と一線を画していたのは、原爆使用をトルーマンによる決定として理解するのではなく、フランクリン・ローズヴェルト（Franklin D. Roosevelt）前大統領の政策やその前提をトルーマンが引き継いでそれらを実現させた、とする解釈を示した点にあった。それまでの原爆使用に関する研究が、原爆投下の決定をトルーマン大統領による決定であったという暗黙の仮定

の上に立ち焦点をトルーマンの政策決定にあてていたのだが、シャーウィンとバーンスタインは研究の対象をローズヴェルトの政策にまで広げて、2人の大統領がとった政策の連続性に着目したのだった(そのような観点に立つと、ローズヴェルトによる原爆開発の決定や原子力の国際規制構想にまで研究の対象を広げることとなる)。シャーウィンは、利用できる証拠が示すあいまいさゆえにソ連要因が「第1義的な要因であったとは断定できない」が、アメリカの政策決定者たちは原爆の使用が日本とソ連の両方の指導者に影響を与えると考えていた、との解釈をとった。他方でバーンスタインは、原爆使用が対日戦終結のために必要ではなかったが、原爆使用の決定において日本を降伏させるという目的が最も重要な要因であり、ソ連要因は第二義的な要因だった、と解釈した。それにとどまらずバーンスタインはさらに踏み込んで、トルーマンはローズヴェルトがとっていた政策や暗黙の前提(原爆が実戦使用できる兵器であることなど)を批判的に検討することなく継承したのみならず、それらの政策や前提がトルーマン自身が求める目標の追求にうまく合致したために、トルーマンは原爆を使用しないという選択をする理由がなかった、とする新しい解釈を示した。

　これらの主要な解釈が学説として受容された1980年代終わりまでの研究史を俯瞰したJ・サミュエル・ウォーカー(J. Samuel Walker)は、次のような点で「研究者たちの間で合意」があると1990年に記した。すなわち、日本本土侵攻作戦を避けるあるいは日本との戦争を比較的短期間のうちに終えるという目的のためには原爆の使用が必要なかった。原爆の使用に代わる日本を降伏させる手段がいくつか存在していたし、政策決定者たちはそのことを知っていた。日本を降伏させるという軍事的な目的を主目的として原爆は使用され、外交的な目的は第二義的な目的だった。アメリカの政策決定者たちは、原爆は開発されれば使用するための兵器でありそれを使用しない理由はない、という前提に立っていた。これらが、ウォーカーが「研究者たちの間で合意」ができているとした解釈であり、それはバーンスタインによる解釈に最も近いものだった。

　しかし、1990年にウォーカーが原爆投下の決定について「研究者たちの間で合意」ができているとした解釈は、1990年代以降に大きく揺るがされ定説として確立されるには至らなかった。そもそも、それまでに登場していた3つの主

要な解釈には、互いに相入れない点があった（例えば、原爆使用の目的について正統学派は軍事目的を重視したが、修正主義学派は外交目的を重視した）。さらに1990年代以降には、原爆使用についての解釈にかかわる少なくとも3つの論点をめぐって議論が展開していったからである。それらの3つの論点とは、(1)日本本土侵攻作戦をめぐる死傷者数推定の問題、(2)日本を降伏させるための原爆の使用に代わる手段としての戦後日本における天皇の存在の容認の問題、および(3)同じく日本を降伏させるための原爆の使用に代わる手段としてのソ連の対日参戦問題の3つである。

　原爆使用についての解釈に関して論争となった第1の論点は、日本本土侵攻作戦をめぐる死傷者数推定の問題だった。それはスティムソン元陸軍長官が1947年に発表した論文の中で、日本本土侵攻作戦が「アメリカ軍側だけに限っても100万人以上の死傷者を生むかもしれないと予想される、と私は伝えられた」と記していた点をめぐる論争でもあった。[11] 具体的に争点となったのは、①もし日本本土侵攻作戦を実施していたならばそれはどれくらいの死傷者を生むことになったのか、あるいは、②政策決定者たちは日本本土侵攻作戦を実施するならばどのくらいの死傷者を生むことになると考えていたのか、という問題である。ただし、①の論点についての議論は現実にもつ基盤が弱いので学問としては意味がない。[12] それに対して②の論点は、1980年代半ば以降に新しく光をあてられた資料や事実がある上に、原爆使用の決定についての解釈の上でも日本本土侵攻が生む多大な犠牲を避けるためにトルーマンは原爆を使用したとする解釈の妥当性にかかわる意味をもった。

　この日本本土侵攻作戦にかかわる死傷者数推定をめぐる論争の始まりとなったのは、ルフス・マイルズ（Rufus E. Miles, Jr.）とバーンスタインが1980年代半ばにそれぞれ独自に発表した論文である。マイルズは①の問いについて、日本本土侵攻作戦によるアメリカ兵死亡者は2万人を超えることはなかったはずであると論じ、バーンスタインは②の問いについて、トルーマンが知っていた推定数は最大で22万人のアメリカ兵死傷者（そのうち死亡者は4万6000人）がでるという推定値だった、と結論づけた。[13] 日本上陸作戦に関連する死傷者数推定の問題は「正統学派」の解釈の基盤をなす論点の1つであり、スティムソン論文の

主張を支持し「正統学派」に連なる論者たちはこれに活発に反論した[14]。これに対して、スティムソン論文の主張に批判的で「修正主義学派」および「統合学派」に連なる論者たちもそれぞれ再反論を行なった[15]。これまでのところ、この死傷者数推定の問題の②の問い、すなわち、政策決定者たちは日本本土侵攻作戦を実施するならばどのくらいの死傷者を生むことになると考えていたのか、という事実に関する問いについて研究者の間で合意はない。ましてや、その推定値が原爆を使用する決定においてはどのような意義をもっていたのか、という解釈においても合意はなく論争は決着していない[16]。

1990年代以降に原爆使用についての解釈に関して大きな論争点となったもう1つの論点は、日本を降伏させるために原爆の使用のほかにアメリカの政策決定者たちには利用できるいくつかの手段があったが、それらが実行される前にトルーマンが原爆を使用したのはなぜか、という原爆使用以外の手段に関する問題である。それらの中でも、無条件降伏の要求を変更して戦後の日本に天皇の存在を容認するという手段と、日本に大きな衝撃を与えるであろうソ連の対日参戦という2つの手段をめぐって論争が続いた。

まず、戦後の日本に天皇の存在を容認する保証について「修正主義学派」に連なる論者たちは、政策決定者たちが日本が降伏の一歩手前に来ていると知っており、天皇の存在を容認する保証さえ与えれば日本は降伏したはずである、と論じた[17]。これに対して「正統学派」に連なる論者たちは、日本は戦争をまだ続ける覚悟であり降伏する意思は固まっていないと政策決定者たちは認識していたのであり、天皇の存在を容認する保証を与えても日本は降伏しなかっただろうと論じて、「修正主義学派」の解釈に反論した[18]。「統合学派」のバーンスタインは、天皇の存在を容認する保証が日本を降伏させることにはならなかったとする「正統学派」の見解に同意した[19]。

もう1つの手段であるソ連の対日参戦について「修正主義学派」に連なる論者たちは、トルーマンがポツダム会談の間に記していた日記を新しい資料として、ソ連の対日参戦が日本を降伏させると政策決定者たちが確信していた、と論じた[20]。これに対して「正統学派」に連なる論者たちは、政策決定者たちはソ連の対日参戦だけによって日本を降伏させることができるとは思っていなかっ

た、と解釈する。「統合学派」のバーンスタインやウォーカーは、やはりこの点でも「正統学派」と同じ立場に立った。

　このように日本を降伏させるための原爆使用以外の手段についても、広く研究者の間で合意が存在するような定説がこれまでに確立されたわけではなく、いまだ論争に決着がついていないのが今日の状況である。「修正主義学派」は、戦後日本における天皇の存在の容認とソ連の対日参戦が日本を降伏させる可能性が高いと政策決定者たちが評価していたにもかかわらず、それらをトルーマンが実行しなかった点を批判する。そしてトルーマンがそうしなかった理由を、日本を降伏させるという目的とは無関係の別の目的を原爆を使用することによって追求しようとしたからである、と解釈する。他方で「正統学派」と「統合学派」は、戦後日本における天皇の存在の容認とソ連の対日参戦という2つの手段については、それらが日本を降伏させる可能性を政策決定者たちは低く評価していた点で一致している。とはいえ両学派は、原爆の使用に代わる手段がそもそも何であったのか、という点で解釈が一致しているわけではない。「正統学派」に連なる論者の多くは、トルーマンが1945年夏におかれていた状況が日本本土侵攻作戦かまたは原爆の使用かの選択だった、というように現実を単純化して描きだす。ところが「統合学派」の論者たちは、トルーマンがそのような選択を迫られる状況にあったわけではなく、日本本土侵攻のほかに天皇の存在の容認、ソ連の対日参戦、空襲と海上封鎖の継続、原爆の使用、そして日本が探りつつあった和平交渉への応諾などの手段があったと解釈する。1990年代以降も三学派の間での解釈の違いは依然として大きく、研究者の間に広い合意が形成されたとは言えない。

　ところで、これらの論争が続く中で2005年以降に発表された長谷川毅による解釈は注目すべきものだった。それが原爆使用をめぐる新しい解釈だったからである。長谷川の解釈は、戦後の日本に天皇の存在を保証するという手段について、そのような保証が日本を降伏に導くことにはならなかったとする点で「正統学派」と重なっていた。けれども、ソ連が対日参戦する前に原爆の使用によって日本を降伏させることがトルーマン大統領とジェームズ・バーンズ（James F. Byrnes）国務長官の目標であり、そのためには連合国側が発する降伏

勧告案は日本が拒否する内容でなければならず、天皇の存在の保証を与えないことがその目的に合致していたと論じた点で、それは「修正主義学派」に連なるものだった。次にソ連の対日参戦についても、長谷川は独自の解釈を示した。それによれば、対日戦終結の最終段階を迎えたアメリカの政策決定者たちにとってソ連参戦は、日本を降伏させる手段として好ましくない手段になっていた。なぜならば、トルーマンとヨシフ・スターリン (Joseph Stalin) は、原爆の使用によってソ連の対日参戦よりも前に日本を降伏させることができるかそれとも日本の降伏よりも前にソ連が対日参戦できるかという競争に入っており、トルーマンはソ連の対日参戦を防ぐために日本を降伏させることを目的として原爆を使用した、と長谷川は解釈するからである。そのような解釈は「修正主義学派」の解釈に近いために同学派を大いに復権させたが、原爆の使用が日本を降伏させる上で必要だったとしていた点でそれは「修正主義学派」や「統合学派」とは一線を画していた。長谷川の解釈で特徴的だったのは、原爆の使用にかかわる日本を降伏させるという目的とソ連の行動や力の拡大に影響を与えるという目的のどちらが、アメリカの政策決定者たちにとってより重要な目的であったのかを論点とするのではなく、彼らは両者を不可分一体のものとしてとらえていたとした点である。この点は原爆投下の目的をめぐる三学派の解釈とは異なっており、他の論点での解釈の違いとをあわせると、長谷川は「新統合派」とも呼ぶべき新しい解釈を示したといってよいだろう。[25]

　以上で述べてきたように、原爆の使用についての先行研究は、①なぜ、あるいは何を目的として、アメリカは原爆を日本に対して使用したのか。②原爆の使用は日本を降伏させるために必要だったのか、という２つの問いをめぐって展開し、これまでに３つの主要な学説が確立されて現在に至っている。1990年代以降に主要な論争点となった３つの論点、すなわち、日本本土侵攻作戦をめぐる死傷者数推定の問題と日本を降伏させるための原爆の使用に代わる２つの手段（戦後日本における天皇の存在の容認の問題およびソ連の対日参戦問題）についても、広く支持される定説は確立されていない。

2　問題の所在と本書の課題

　さてここで、先行研究の問題点として次の2点を指摘することができる。第1に、これまでの研究では原爆を使用する決定をアメリカによる排他的な決定として理解する傾向が強かった。しかし公式的には、原爆の使用はアメリカとイギリスの二国の合意によるものだった。両国首脳が1943年8月に調印したいわゆるケベック協定が、原爆の使用には米英両国の合意を必要とすると定めていたからである（ちなみに同協定は、形式的にではあるがカナダを原爆開発に加える意味をもった）。こうしたことから原爆の開発においてのみならず原爆の使用をめぐっても、アメリカの対外関係の側面としてソ連との関係だけではなくイギリスとの関係を無視できないことになる。[26]

　第2に、原爆の使用を含むアメリカの対外政策の決定過程と実際に原爆を投下する軍事作戦の実施を可能とした軍事政策の決定過程とを、総合的に分析し記述する視点が欠けていた点である。原爆を日本に投下したアメリカ軍は大統領らの政策決定者による原爆を使用するという決定を実行した、というのは事実である。その逆に、アメリカ軍と科学者・技術者たちが数カ月も前から原爆投下作戦の準備をしていなければ、大統領が原爆の使用を命じてもただちにその命令を実行に移すことができなかったこともやはり事実である。トルーマンがローズヴェルトから引き継いだ遺産の1つが、進みつつあった原爆投下作戦の準備であり、軍事政策の決定者たちは原爆を投下する目標を決定する上で大きな役割を果たした。原爆の使用をめぐる対外関係の側面と軍事的な側面の両方を考慮しなければ、原爆の使用に至った過程と原爆使用の意味を真に理解したことにはならないだろう。

　以上のような先行研究の展開と問題点を踏まえると、本書が取り組む課題は次のようなものになる。すなわち、なぜ、実際におこった過程をへてアメリカは原爆を開発しそれを使用したのか。そして、原爆の開発と使用をめぐるアメリカ対外関係が、なぜ実際におこった経緯で展開したのか。これらの問いが、本書が取り組む課題である。

その課題に取り組むにあたっては、1990年代以降に主要な論争点となったがまだ論争に決着がついていない３つの論点を問題としてとりあげることが避けられない。それらのうちの第１の論点であった日本本土侵攻作戦をめぐる死傷者数推定の問題は、トルーマン大統領の前にあり日本を降伏させるために実行することが可能な手段の１つであった日本本土侵攻作戦を実施するかどうかという問題と密接にかかわっている。それゆえに、死傷者数推定の問題を日本本土侵攻作戦の実施の是非の問題ととらえなおすことによって、ほかの２つの論点（戦後日本における天皇の存在の容認の問題およびソ連の対日参戦問題）と同じレベルにある、日本を降伏させるために実施する政策の選択の問題として論ずることが可能となるだろう。

3　本書の分析視角

　本書は、アメリカ対外関係の視点から、原爆の開発から使用に至る過程を分析し記述しようとするものである。先に述べた先行研究の問題点を克服するために、本書は次のような分析視角をとる。
　第１に、アメリカと原爆をまがりなりにも共同で開発しアメリカによる原爆の使用に明示的に同意を与えたイギリスとの間のアメリカの外交関係が、原爆の開発と使用の過程ではたした役割に着目する視角である。原爆の研究において当初はイギリスがアメリカに先行していたが、マンハッタン計画が始まると両国の立場は逆転した。そのような立場の変化が原爆の開発と使用にかかわる米英二国間の関係に及ぼした影響を考慮する。
　第２に、原爆投下作戦を実行するアメリカ軍にかかわる軍事政策も視野に入れて、アメリカが原爆の使用へと至る過程を分析し記述する。それは、原爆開発のためのマンハッタン計画の指揮官であっただけではなく原爆を実戦使用する軍事作戦の陰の指揮官でもあったレスリー・グローヴス（Leslie R. Groves）陸軍准将の役割に着目する視点でもある[27]。
　そして第３に、当時の最先端の科学研究の成果に基づくそれまでの爆弾とは比べものにならない大きな破壊力をもつ新しい種類の兵器が、第二次世界大戦

終結後の国際関係にどのような影響を与えることになると政策決定者たちや科学者たちが認識して、その使用を考えていたのかを探る視角である。新しい科学技術の成果の活用が人類に負の影響をもたらす危険性について事前に評価しておくことの重要性が今日においてより高くなっている中で、アメリカによる原爆の開発と使用が現代の公共政策を構想する者に対してもつ教訓を探ろうとするのがその視角である。

　これら3つの視角をとるならば、原爆の使用のみならずそもそも原爆の開発段階からの過程の検討が必要となるだろう。もって本書が試みるのは、主にアメリカの政策決定者たちに焦点をあてて、以上の3つの視角からのアメリカによる原爆開発からその使用に至る過程の分析と記述である。

4　本書の構成と資料

　本書は次のように構成される。第1章は、マンハッタン計画の展開をたて軸とし、原爆開発をめぐる国際関係（とくにアメリカとイギリスの関係）の展開をよこ軸にして、原爆開発の始まりからその成功に至る過程をとりあげる。アメリカが原爆の開発に着手したのはなぜだったのか、原爆開発をめぐる米英関係が実際におこったように展開したのはなぜだったのか、を第1章は問う。第2章は、ローズヴェルト大統領の原爆使用方針とアメリカ軍が進めた原爆使用準備を検討し、同大統領の原爆使用方針がどのようなものでありなぜそうであったのか、彼が亡くなるまでにアメリカ軍が進めた原爆の使用準備はどのようなものでありなぜそうであったのかを探る。第3章は、トルーマン政権が1945年4月から6月末までの間に行なった原爆の対日使用問題と原爆の使用が戦後の国際関係に与える影響についての検討過程をみる。原爆の対日使用と原爆の使用が与える国際関係への影響という互いに関連する2つの課題に対して、トルーマン政権がどのような政策の採用に至るのか、なぜ実際にそうしたようにそのような決定をしたのか、をまず問う。第3章は次に、アメリカが原爆開発を進めていることをソ連に対して伝えるかどうか、伝えるとすればどこまで踏み込んだ内容をいつ伝えるか、という問題を政策決定者たちが検討した過程を記述

する。第4章は、日本を降伏させるための手段としてトルーマン政権の政策決定者たちが検討を重ねた天皇「位」の存続容認の日本への通告、ソ連の対日参戦、および日本本土侵攻作戦の3つの手段の検討過程をとりあげる。ポツダム会談が始まるまでにそれら3つの手段についての政策を、政策決定者たちがどのようにして選択するに至り、それはなぜだったのか、を問う。その際には彼らが、原爆の使用や戦後の東アジアにおける国際秩序とりわけアメリカとソ連との関係にかかわる戦後構想とそれらの手段をどのように関係づけたのかに着目する。第5章は、アメリカ、イギリス、ソ連の三カ国の首脳がポツダムを舞台にして展開した原爆を背景とした外交関係を主としてアメリカの視角から分析して記述する。原爆の使用をどのようにアメリカの対外関係と関連づけながら、なぜ実際にそうしたように原爆の対日使用に至るのかを同章は問う。また第5章は、原爆の使用と原爆についての情報の通知をめぐる米英ソ関係の一端にも触れる。終章は、第1章から第5章で分析し記述した内容を各章ごとに要約して整理したあと、本論全体を通じて明らかになったことを述べて、本書の結論とする。それに続く補章は、アメリカが2種類の異なった原爆を使用した理由を考察して本論の議論を補う。以上が本書の構成である。

　本書が用いる資料を次に述べる。本書が多く用いたのはアメリカ政府の政策決定に関する一次資料である。それらの中でも頻繁に依拠したのは、アメリカ国務省が刊行したアメリカ対外関係文書集、マンハッタン計画や原子力政策に関するアメリカ政府文書、トルーマン大統領やスティムソン陸軍長官をはじめとするアメリカ政府高官が残した日記や手紙などである。それら一次資料の物理的な形態は多様であり、紙に印刷し製本された刊行物、タイプライターによってあるいは手書きで文字などを紙に記録した未公刊の書類、マイクロフィルム（もしくはそれから文書を紙に印刷したもの）、あるいは電子媒体上に存在するデジタルデータなど、いくつもの種類の形態がある。それらの一次資料のほかに、ウィンストン・チャーチル（Winston S. Churchill）イギリス首相やバーンズ国務長官らの政策決定者たちによる回顧録および数多くの先行研究も参照した。

　なお、本書で使用する日付と時間はすべて現地の日付と時間である。

第1章

原爆開発をめぐるアメリカ対外関係

1　はじめに

　自分の妻と子供たちに「DNO」(ディーノ)というあだ名で呼ばれていたアメリカ陸軍の軍人がいた。1896年に生まれ陸軍士官学校を1918年に卒業したグローヴスである。1942年9月に彼は、通称「マンハッタン計画」と呼ばれる原爆の開発計画の指揮官に就任し、原爆開発において中心的な役割を担う人物となる。またグローヴスは、1945年8月のアメリカによる日本への原爆使用にも深く関与した[1]。

　1938年12月にドイツの科学者たちが行なったある実験は、核分裂が実際におこることを示す発見となった。翌1939年9月にヨーロッパで、ドイツによるポーランド侵攻を発端として第二次世界大戦が始まった。1941年12月には日本がアメリカやイギリスに対して宣戦布告をし、その戦争は文字通りの世界大戦となった。アメリカのローズヴェルト大統領は1942年6月に、原爆開発の実現可能性を研究する段階から実際に原爆を開発する段階へと政策を転換する決定をした[2]。それが「マンハッタン計画」と呼ばれる原爆開発計画の始まりである。この政策転換にともなって、アメリカ陸軍が原爆開発を担当することとなった。それから3年後の1945年7月16日に、アメリカは原爆の爆発実験に史上初めて成功する。核分裂の発見からわずか6年半後のことだった[3]。

　アメリカによる原爆開発は、3年間で総額20億ドルもの経費を要した巨大国家プロジェクトだった[4]。どのような理由からアメリカが原爆の開発に着手し、

第1章 原爆開発をめぐるアメリカ対外関係

どのようにしてそれに成功するに至った道のりをアメリカは進んでいったのか。原爆開発をめぐる国際関係(とくにアメリカとイギリスの関係)はどのように展開し、それはなぜだったのか。第1章はこのような問題への答えを探しつつ、原爆開発成功に至る道のりをたどる。

2 マンハッタン計画への道

(1) ドイツによる原爆開発についての警告

　1930年代にドイツは、原子物理学の分野で世界を主導する地位の一角を占めていた。1938年12月にドイツの科学者オットー・ハーン(Otto Hahn. 1944年ノーベル化学賞受賞)とフリッツ・シュトラスマン(Fritz Strassmann)が、ある実験から１つの奇妙な結果を得た。長年ハーンの共同研究者だったリーゼ・マイトナー(Lise Meitner)は、その頃滞在していたスウェーデンで(ナチスによるユダヤ人迫害のために同年７月に彼女はドイツを去ることを余儀なくされた)ハーンからの手紙でその実験の結果を知った。マイトナーは甥でありやはり物理学者のオットー・フリッシュ(Otto R. Frisch)とともに、その結果をもたらした現象がウランの核分裂であるとする理論的な仮説をただちに打ち立てた。フリッシュはその仮説を自ら実験で検証することに成功した。こうしてウランの核分裂が実際におこることが発見されたのだった。それはヨーロッパで第二次世界大戦が始まる９カ月前のことだった。[5]

　物理学者アルバート・アインシュタイン(Albert Einstein. 1921年ノーベル物理学賞受賞)が署名したローズヴェルト大統領宛の、有名な1939年８月２日付の書簡がある。ハンガリー出身の物理学者レオ・シラード(Leo Szilard)がその書簡の文面を作成し、アインシュタインの署名を得て、シラードによる覚書とともに同年10月にローズヴェルト大統領の手元に届けることができた書簡である。それは、ウランを使った核分裂の連鎖反応を人工的におこすことと、それを応用した爆弾の開発が近い将来に実現する可能性を指摘し、「ドイツが占領したチェコスロヴァキアにある鉱脈から産出されるウラン鉱の販売をドイツが停止した」ことに注意を喚起していた。[6]

この書簡がアメリカに原爆の開発を始めさせる直接のきっかけとなった、としばしば言われるが、真相はそうではない。アインシュタインの書簡は、ローズヴェルト大統領の原子力に対する関心を引き立たせ、原子爆弾の開発が理論的に可能なのかどうか、さらには理論的に可能であるとしてもドイツが始めた戦争が終わるまでに開発が実現可能かどうかということを検討するよう、大統領は指示するにとどまったからである。その結果生まれたのがウラン諮問委員会であり、その委員長には連邦政府の行政官でもあり物理学者でもあったライマン・ブリッグス (Lyman J. Briggs) が就任した。1939年10月の時点では原爆の理論的な実現可能性すらも明らかではなく、その可能性の研究が新たに発足したウラン諮問委員会の任務となった。1945年夏にイギリスで軟禁状態におかれ会話を盗聴録音されていたドイツの理論物理学者ハイゼンベルク (Werber K. Heisenberg. 1932年ノーベル物理学賞受賞) が、アメリカが広島を壊滅させたのが原爆だったと伝えるニュースをラジオで聞いても原爆が実際に開発されたことをなかなか信じなかったことは、原爆の実現可能性が小さいと考えられていたことの証左である。原爆の開発計画への着手はまだ先のことだった。

　1939年9月に第二次世界大戦がヨーロッパで始まりドイツとの戦争に入ったイギリスのほうが、原爆についての理論的な研究ではアメリカよりも進んでいた。そのイギリスで1940年以降に進められた研究が、アメリカによる原爆の研究を促進することとなった。

(2) イギリスにおける原爆開発の理論的問題の解明

　原爆開発の理論的な可能性をさぐる段階からその現実的な実現の可能性をさぐる段階へとアメリカを向かわせたのは、1941年7月までにイギリス政府が原爆の製造が可能であるとの結論に至ったことだった。ナチスによる迫害から逃れてイギリスのバーミンガム大学で研究を続けていた2人の亡命科学者オットー・フリッシュとルドルフ・パイエルス (Rudolph E. Peierls) が、ウラン235の臨界量を600kgであるとした計算結果を1940年初めに「フリッシュ＝パイエルス覚書」としてまとめた。この覚書は、臨界量などの評価に誤りはあったが、ウラン235を用いた原爆の理論的な実現可能性を初めて明らかにしたもの

だった。それだけではなくフリッシュとパイエルスは、「実際にドイツがこの兵器を開発中であることはおおいに考えられる」し、ドイツが将来この兵器を手にした場合に「最も有効な対抗手段は、同様の爆弾によって脅威」を与えることであり、ウラン235の分離に数カ月はかかるのでドイツが原爆を保有していることがわかってから原爆の製造にとりかかるのでは手遅れである、とも指摘していた。ドイツによる原爆開発の可能性への懸念と、ドイツが将来保有するかもしれない原爆に対抗する抑止力としての原爆の開発という動機が、ここには鮮明に述べられている。[9]

「フリッシュ＝パイエルス覚書」に触発されて、イギリス政府が原子力開発の研究のために1940年4月に物理学者ジョージ・トムソン（George P. Thomson）を委員長として発足させた委員会が、のちにその名を暗号名である「モード（MAUD）」に変える。同委員会が検討結果として1941年7月に作成したのがいわゆる「モード委員会報告」である。同報告は「25ポンド［約11kg］の活性物質を含むウラン爆弾の製造が可能である」と述べ、その爆弾はTNT火薬1800t（1.8kt）に相当する爆発力をもち大量の放射性物質を放出する、とも記した。しかも同報告は、「ウラン235の製造に関してわれわれは実験規模で達成できる限りのことを達成した。方法原理は確かであり、その応用には化学工学の1つとして大きな困難があるわけではない」として、「もし今から2年後に原爆を利用可能なものにするのであれば、工場建設の計画に着手する必要がある」と述べた。このようにモード委員会は、理論的にだけではなく現実の問題としても原爆の開発が可能である、との結論に達したのだった。そして同報告書は第1部の終わりの部分で結論として、「ウラン原爆の［開発］計画は、実行可能でありしかもこの戦争の帰趨に決定的な影響を与えるだろう」という見解を示した。[10]

モード委員会がだした結論は、原爆の開発に向けてアメリカの背中を押した。

(3) アメリカにおける原爆開発の現実的可能性の検討――ブッシュとコナント

1939年9月にヨーロッパで第二次世界大戦が始まると、アメリカも戦争に備えて科学技術を軍事に結びつける体制を強化した。1940年6月にローズヴェルト大統領は、国防研究委員会（NDRC）の創設を承認する。これは科学者たちを

軍事研究・開発に結びつけるための政府組織であり、委員長にはカーネギー研究所所長のヴァニーヴァー・ブッシュ（Vannevar Bush）が就任した。1941年6月に同委員会よりも大きな権限をもつ科学研究開発局（OSRD）が設置されるとブッシュはその長官に転任し、国防研究委員会の後任の委員長にはハーバード大学学長のジェームズ・コナント（James B. Conant）が就任した。この2人が、第二次世界大戦に参戦するアメリカにおいて軍、大学・研究機関そして産業界を結合させる科学行政官としての役割を担うことになる[11]。

　コナントを通じて「モード委員会報告」の内容をイギリス政府から公式に伝えられたブッシュ[12]は、原爆開発についてのイギリス政府の見解を伝えてアメリカの対応を協議するために、ヘンリー・ウォレス（Henry A. Wallace）副大統領とともに1941年10月9日にローズヴェルト大統領と会った。ローズヴェルトは原爆や原子力に関する政策の検討を、少人数のメンバー（その場にいた3人とスティムソン陸軍長官、ジョージ・マーシャル［George C. Marshall］陸軍参謀長、コナント国防研究委員会委員長）に限定するよう指示し、原爆開発の可能性を探るための新たな研究計画の推進と研究組織の立ち上げを承認した。また、ブッシュがイギリスとの間の原子力技術に関する徹底した情報交換を提言し、大統領はそれに同意した[13]。実際ローズヴェルトは、この会談の2日後にイギリスのチャーチル首相に原爆の共同研究を進めるよう提案し、チャーチルは12月にこの提案の受け入れを表明する[14]。

　この大統領との会談のあとブッシュは、有力な科学者たちを動員して原爆開発の現実的な可能性を検討させ、戦争終結までに原爆を実際に製造することが可能であるとの見通しを得ることになる。1941年12月にブッシュは原爆開発に関する研究組織を再編して、自らが長を務める科学研究開発局の中にコナント国防研究委員会委員長に直属する4つの研究部門を創設した。1つは技術的な側面を検討する委員会であり、イーガー・マーフリー（Eger V. Murphree）がその委員長となった。このほかに3つの科学研究分門を立ちあげて、それぞれの部門の代表にハロルド・ユーリー（Harold C. Urey. コロンビア大学）、アーサー・コンプトン（Arthur H. Compton. シカゴ大学）、アーネスト・ローレンス（Ernest O. Lawrence. カリフォルニア大学）という3人のノーベル賞受賞者がなった[15]。これ

ら4つの研究部門は原爆開発の現実的な可能性をさぐる研究を急速に進めていった。1942年3月にブッシュは、大統領に次のように記した。「原爆開発の研究が最終実験段階に急速に近づいています。今年の夏までには、最も有効な方法を選びだし製造工場を稼働させることができるでしょう。その時にはすべてが陸軍省に引き渡されるべきである、と考えます。」そしてブッシュは、原爆が使用可能となる時期が「最も信頼できる推測では1944年」であると報告した。

ブッシュと彼が組織した科学者たちは1942年6月までに、原爆をその時戦われていた戦争（1941年12月には日本との戦争が始まる）が終わるまでには開発することが可能である、との結論に至った。それを受けてブッシュとコナントは、ウォーレス副大統領、スティムソン陸軍長官、マーシャル陸軍参謀長の承認を得た6月13日付の覚書をローズヴェルト大統領に提出した。同覚書は、原爆の開発可能性を探求してきた科学者たちが原爆の開発が可能であるという点で一致したと報告し、「1944年7月1日の前後数カ月の時期に、少数の原爆が完成しているだろう」との見通しを述べた。そして、原爆の原料となるウラン235とプルトニウムを手に入れるための4つの方法を同時に進めていくべく、ウラン235を得るための3つの施設（遠心分離、気体拡散、電磁分離）とプルトニウムを生産するための原子力施設の建設、および補助施設としての重水製造施設の建造を提言した。その提言は大統領に対して実際に原爆を製造する方向へと舵を切るよう求めたことを意味した。

(4) ローズヴェルト大統領による原爆開発計画の承認——1942年6月

ローズヴェルト大統領は1942年6月17日に、ブッシュとコナントからの覚書に記されていた原爆開発計画を承認する。その日を境にして、原爆が第二次世界大戦が終わるまでに開発可能であるかどうかを検討・研究するそれまでの段階から、実際に原爆を開発・製造する段階へとアメリカは移行したのだった。原爆の開発へ向けて、それまでの原爆研究にかかわるアメリカ政府組織内の役割分担や権限に変更が加えられた。それらの中で最も重要な変更は、膨大な額となるはずの経費を秘密裏に調達する必要から、陸軍が原爆開発を担う中心組

織として組み入れられたことだった[19]。6月23日にローズヴェルト大統領は、原爆開発に必要な「資金はありますか」とブッシュに尋ね、その翌日にブッシュは「資金はあります。陸軍が後日充当が可能で当面使える資金を提供する計画です」と大統領に答えている[20]。

　アメリカを原爆開発へと向かわせる要因となったのは、ドイツが原爆開発にすでに着手していた可能性であり、ドイツがアメリカよりも先に原爆を手に入れることへの懸念だった。ハイゼンベルクや核分裂を発見した化学者ハーンらがナチス政権下のドイツ国内にとどまっていたことも、ドイツによる原爆開発の可能性を憂慮させた。アインシュタイン書簡を持参したアレギザンダー・ザックス（Alexander Sachs）からその内容の説明を受けたローズヴェルトは、「君が求めているのは、ナチスが我々を吹き飛ばさないようにしようということだね」とザックスに述べた、という[21]。1942年3月にブッシュ科学研究開発局長官がローズヴェルト大統領に提出した原爆開発に関する報告書は、「敵のほうが先に結果をだしてしまったならばそれは非常に憂慮すべき事態となるでしょう」と述べて、原爆開発においてドイツに先んずる必要性をやはり強調した[22]。すでに原爆開発を始めているかもしれないドイツに追いつき追い越すことが、アメリカによる原爆開発の動機であり目標であった。

　ドイツが先に原爆の開発に成功してしまう事態への憂慮は、原爆を先に手にしたものが軍事的優位に立つ恐れに基づいていた。そのような憂慮は、1941年11月にアメリカ科学アカデミーのウラニウム委員会が同アカデミー会長に提出した報告書が、「数年以内に、ここで描いたようなあるいはそれと類似するウラン原子核核分裂を利用した爆弾［複数］の使用が、軍事的な優位を決することになるかもしれない可能性を真剣に考慮すべきである」と記していた点にあらわれていた[23]。ドイツが原爆を先に獲得して軍事的な優位に立つことを防ぐという軍事的な理由が、アメリカが原爆開発を進める最も重要な理由だった。

　ここで注目されるのは、原爆の開発が可能であるだけではなくその時にアメリカが戦っていた戦争が終わるまでにそれを実現できる、という見通しを得たからこそ、ブッシュやスティムソン陸軍長官らは原爆の開発へと進むよう大統領に提言した点である。その点は逆に言うと、原爆の開発が第二次世界大戦の

終結までに実現する見通しがなく、したがって原爆がドイツや日本との戦争に勝利に貢献しないものならば、彼らは原爆の開発を提言しなかったということである。アメリカやその同盟国がその戦争で勝利することに原爆が役立つためには、実際に使用できる可能性をもつ兵器でなければならなかった。実戦で使用する場合は言うまでもなく、敵国による原爆使用に対する抑止力としてあるいはドイツや日本に降伏を迫る手段として原爆の脅威を利用する場合であっても、兵器として実際に使用できる可能性に裏づけられてこそ原爆のそのようなはたらきは高まるからである。アメリカが現に戦っている戦争で兵器として原爆を実際に使用できる可能性は、アメリカがその開発に着手する上で不可欠な要因だったのである[24]。

3 巨大プロジェクト・マンハッタン計画

(1) グローヴスとオッペンハイマーの登場

　こうして始まった原爆開発計画には当初「代用物資開発実験室(Laboratory for the Development of Substitute Materials)」という暗号名がつけられ、陸軍のジェームズ・マーシャル(James C. Marshall)大佐がその計画をひきいた。8月にその名前が「マンハッタン工兵管区(Manhattan Engineer District)」(通称「マンハッタン計画」)へとかわり、9月17日にはマーシャルの後任としてグローヴス大佐がマンハッタン計画の指揮官に任命された(指揮官に正式に着任した9月23日にグローヴスは准将へ昇進する)[25]。

　グローヴス准将がマンハッタン工兵管区の指揮官に着任してからは原爆開発へ向けての動きが大きく加速された。その最大の理由は、物資の調達や割り当てにおける最優先扱いを自らがだすことができる権限を、グローヴスが獲得したからである。この結果グローヴスは、前任指揮官のときにはゴムの生産よりも優先順位が低かった原爆開発を、物資調達における最優先扱い(AAA)を受けるものへと格上げし、必要な物資の調達に不自由しなくなった[26]。このような最優先扱いをグローヴスは原爆開発に限ることなく適用し、原爆投下作戦に使用するB-29爆撃機の改装などにも「銀の皿("Silverplate")」という暗号名の最優

先権を与えた[27]。

　またグローヴスは、指揮官に就任してから2日間のうちに、テネシー州にあるウラン精製工場の建設候補地（オークリッジ）の購入を決定するとともに、すでにアメリカ国内にあった1200tの高品質ウラン鉱と、ベルギー領コンゴで採掘されるウラン鉱の追加購入の交渉に着手した[28]。原爆開発において最も大きな資金と労力が投じられることになるのが、原爆を爆発させる原料となるウラン235の濃縮とプルトニウムの生産だったが[29]、そのために必要となるであろう膨大な資金や資材の調達と工場建設用地の確保に、グローヴスは早々と手を打ったのだった。

　マンハッタン計画が原爆の爆発原料となるウラン235とプルトニウムの必要量を獲得することに全力を挙げる一方で、理論通りに実際に爆発がおこるのか、どのような方法で爆発させるのか、といった原爆の爆発に関する理論的および設計にかかわる問題が解決すべき課題としてあった。ノーベル物理学賞受賞者でありイタリアからアメリカに亡命してきたエンリコ・フェルミ（Enrico Fermi）が、シカゴ大学のフットボール競技場のスタンドの下で核分裂の連鎖反応をおこすことに史上初めて成功するのは、ようやく1942年12月のことである。

　原爆の設計のための新たな研究所としてグローヴスが設けたのが「Y施設（Site Y）」という暗号名で呼ばれた研究所である。原爆開発の機密保護の必要から人里離れたニューメキシコ州のロスアラモスにその研究所はつくられた（以下ではY施設をロスアラモス研究所と記す）。グローヴスがその所長に抜擢したのは、まだ38歳だった物理学者ロバート・オッペンハイマー（J. Robert Oppenheimer）だった。オッペンハイマーがその任についた正確な日付は不明であるが[30]、彼は1942年12月には、有能な科学者たちをロスアラモスでの仕事に勧誘している。その様子の一端を、ハンス・ベーテ（Hans A. Bethe. 1967年ノーベル物理学賞受賞）夫妻に宛ててカリフォルニア州バークレーから送った12月28日付の手紙からうかがうことができる。ベーテ夫人が尋ねた住環境や天候などについての細々とした20項目近い質問に対して、オッペンハイマーは「アイロン台　おそらく。暖炉　あり」といったように、丁寧に答えている[31]。

(2) 原爆の原料の生産と原爆の設計

　マンハッタン計画の中心をなしたのは、原爆の爆発原料となる核分裂性物質の濃縮または生産と原爆の設計だった。ウラン235の濃縮（ウラン238からの分離）を担ったのがテネシー州オークリッジの施設であり、プルトニウムの生産を担ったのがワシントン州ハンフォードの施設、原爆の設計と開発をロスアラモス研究所が行なった。このほかにシカゴ大学冶金研究所が原子炉物理学の理論と実験を支えた。マンハッタン計画は、原爆開発に向けて進みだした1942年6月から最初の原爆が完成する1945年7月までの3年間の間に、爆発に必要な量の2種類の核分裂物質を製造し、数多くの実験をへて爆発方法を決め2種類の原爆を設計したのだった。

　アメリカが原爆を日本に対して実際に使用するおよそ10カ月前（グローヴスがマンハッタン工兵管区の指揮官に就任してから2年が過ぎた頃）までには、原爆開発の見通しが相当はっきりとしてきた。1944年9月30日付のブッシュとコナントからスティムソンに宛てられた覚書は、翌1945年8月1日までに原爆の爆発実験を実施しており、1945年の春から夏の時期の間に原爆数発分に相当する量の原爆の原料物質を保有しているだろう、という見通しを述べていた。[32]

　その3カ月後の1944年12月30日にグローヴスが作成しマーシャル陸軍参謀長に提出した覚書は、「十分に確実なこと」として、砲身型爆弾を前提として原爆投下の作戦計画が立てられるべきである、と述べた。グローヴスはそのような考えの前提として次の諸点を記した。①TNT火薬1万t（10kt）相当の爆発力をもつ砲身型の爆弾［ウラン235を原料とする原爆］が1945年8月1日頃使用可能になる、②この最初の爆弾は実物規模の爆発実験を必要としない、③この型の原爆の2発目は1945年の終わりまでに使用可能になる、④TNT火薬500t相当の爆発力をもつ爆縮型の爆弾［プルトニウムを原料とする原爆］1発分の原料が7月後半に手に入るはずである、④原爆投下計画は、より確実性が高くより爆発力が大きい砲身型の原爆の使用を前提としているが、爆縮型原爆が完成した場合にはその使用も想定している。グローヴスはこのように記した。なおこの覚書は、1945年の終わりまでにウラン235を使う砲身型原爆の2発目が完成すると推定しているが、3発目以降の完成がいつになるのか、またプルト

ニウムを材料とする爆縮型原爆を1945年の内に何発製造できるのかについての記述部分は、秘密情報であるため非公開となっている[33]。

　この覚書から次のようなことがわかる。ウラン235を原料とする砲身型原爆が、事前の実験を必要とせずに、1945年8月1日頃に実戦使用可能となる。プルトニウムを材料とする原爆は、砲身型ではなく爆縮型となる予定であり、その爆発力はウラン235を使う砲身型原爆よりも爆発力がずっと小さい、と推定されている。プルトニウムを材料とする爆縮型の最初の原爆の完成時期は、1945年7月後半以降となるはずである。しかしそれが爆発実験を必要とするのであれば、最初の実戦使用のためのプルトニウムを材料とする爆縮型原爆の完成時期がいつになるかは不明であり、それは爆発に必要なプルトニウムの量とプルトニウムを生産する速さに左右されるだろう。ウラン235・砲身型原爆については、2発目の完成が1発目の完成からおよそ5カ月後の1945年12月末までにできると予想していることから、当時進められていたウラン235の濃縮速度では、ウラン235・砲身型原爆は5カ月に1発しか製造できないと想定されていたことがわかる。

　この覚書では非公開となっているが、マーシャル陸軍参謀長への報告の基礎となったプルトニウムとウラン235の生産量の推定値をグローヴスはもっていた。その推定値は、ワシントン州ハンフォードに建設されたプルトニウム生産施設が1944年12月終わりに量産体制に入ったことを反映したものである[34]。コナント国防研究委員会委員長が1945年1月6日に書き残した手書きのメモによれば、そのおよそ1週間前に開かれたマンハッタン計画の軍事政策委員会でグローヴスは、1年後の1946年1月1日までにプルトニウムが90kg、濃縮したウラン235が60kgから85kg生産されるという見通しを示した。この頃グローヴスは、プルトニウム・爆縮型原爆1発に5kgのプルトニウムが必要であると想定していたので、プルトニウム90kgは18発のプルトニウム・爆縮型原爆に相当すると考えた。しかし1945年1月5日にグローヴスと協議したコナントは、1946年1月1日までのプルトニウムの生産量を推定90kgという値から推定65kgないし70kgという値へと下方修正した[35]。

　以上が1944年9月末から1945年1月初めの時点での原爆製造の見通しだっ

た。ところで、1発の原爆にどれだけの量のウラン235またはプルトニウムが材料として必要なのかがわからなければ、原爆製造の時期や量についての見通しはたたないはずである。原爆の設計はどう進んだのだろうか。

マンハッタン計画に加わった科学者たちが最初に完成する原爆として有力視していたのは、プルトニウムを使った砲身型（爆縮型ではなく）原爆だった。しかし、プルトニウム・砲身型原爆の開発は成功する見込みがない可能性が1944年5月頃明らかとなり、その年の7月にかけて行なわれた何度かの実験によってそれが確認された。原爆の材料として原子炉でつくられたプルトニウムには、プルトニウム239とその同位体であるプルトニウム240とが、両者を分離することがきわめて困難であるがために混在していた。それが理由となってプルトニウム・砲身型の原爆では、プルトニウム240の存在による中性子過剰状態の影響を上回るだけの十分な圧縮速度が得られず、プルトニウム・砲身型原爆は大きなエネルギーを放出するような核爆発をしないことがわかったのだった。最も完成に近いと思われていた爆発方法はここで消えた[36]。

この結果オッペンハイマーとグローヴスは、ウラン235とプルトニウムの生産速度も考慮して、ウラン235を用いる砲身型原爆とプルトニウムを使う爆縮型原爆の2つの種類の原爆を設計することを、1945年2月に決定した[37]。

1944年8月にコナントがグローヴスに、原爆に必要な核分裂性物質の量を伝えた。コナントが伝えた情報は、ウラン235・砲身型原爆に必要なウラン235の量を39kgから60kgとしていた（広島に実際に投下された原爆リトル・ボーイは64kgのウラン235を原料として使った）。爆縮型原爆の場合は、材料と放出する爆発力によって異なり、およそ2.3kgのプルトニウムまたは7.5kgのウラン235を使用するとTNT火薬1000t（1kt）相当の爆発力を生む、と推定していた。1945年2月にグローヴスとオッペンハイマーは、プルトニウム・爆縮型原爆として6.1kgのプルトニウムを使用する設計を採択した[38]。

4 原子力と原爆をめぐる国際関係

(1) アメリカ・イギス・カナダ三カ国協力関係

　原爆の開発に関する理論的な研究の多くは、イギリスにある研究機関を拠点としていた科学者たちによって行なわれた。それが1941年7月の「モード委員会報告」に結実したことはすでに述べた。しかしその当時イギリスは、すでにドイツとの戦争のさなかにあって、ドイツ軍による爆撃にさらされていた。また資金の問題もあって、イギリス国内で原爆開発を行なうことは困難だった。したがってチャーチル首相は、1942年6月のローズヴェルトによる原爆開発を米英両国による共同事業とする提案に賛成したのだった[39]。

　とはいえ米英両国間の協力関係が、波風なく確立され維持されたわけではなかった。イギリスとの間の全面的な情報交換に対する反対がローズヴェルト政権内で強まってくるからである。1942年10月にスティムソン陸軍長官は、原爆開発努力の9割をになっているのはアメリカなのだから、イギリスとの全面協力関係を見直す必要がある、との考えをローズヴェルトに伝えている[40]。コナントも10月にブッシュに宛てた覚書の中で、原爆開発にかかわる4つの研究・開発事業のうち3つはアメリカが独自に開始したものでありイギリスが実施しているのは気体拡散によるウラン235の分離の研究だけであり、イギリス側への情報提供は今後制限されるべきだと指摘した[41]。コナントは、イギリスの関心が原爆の開発よりもむしろ戦後における原子力の産業的な可能性に関する情報のほうにあるのではないかとも考えており、米英共同事業としての原爆開発計画の継続が戦後のアメリカの経済的利益を損なう可能性を危惧していた[42]。ブッシュを委員長として1942年9月に発足したマンハッタン計画の軍事政策委員会も、12月15日付の大統領宛の勧告案の中で、「われわれがもっている知識をイギリス側に伝えても、現在の戦争遂行においてイギリス人をいかなる点でも助けることにはならない」ので、原爆開発における全面的な情報の提供をやめて情報提供を制限すべきであると提言し、大統領に方針転換を求めた[43]。ローズヴェルトは、この勧告を承認する。これに先立つ9月にイギリスがソ連との間

に新兵器の交換協定を締結していたことが明らかになり、イギリスを通じて原爆開発の秘密がソ連に漏れる可能性を憂慮したこともその決定に影響した。[44]

チャーチル首相は原爆開発における英米間の対等な立場での協力関係と制限のない情報の交換をあらためて求めた。1943年2月にチャーチルは、アメリカの陸軍省が実験に関する情報提供を拒否する一方で、イギリス側に実験についての情報の提供を求めている、と不満を述べた。その数日後に同首相は、「現状の再検討と共同作業をめざした当初方針の復活」をアメリカ側に求めた。[45] これに対してローズヴェルトは、原爆に関する情報交換の再開と原爆開発を共同事業だとみなすことを、1943年5月にチャーチルとの間で個人的に約束している。そして7月に大統領は、イギリスとの間で情報の完全な交換を再開するようブッシュに指示した。[46]

チャーチルが原爆製造を英米共同事業とし、原爆の開発や原子力にかかわる情報の完全な交換を求めた理由は、戦後の世界におけるイギリスの影響力の確保という目的とソ連に対する警戒という理由からだった。1943年7月にロンドンを訪問したスティムソンやブッシュに対して、チャーチルは次のように述べた。「イギリスは原子力の商業的な面には関心はないが、いっさいの情報を入手することに重大な関心をもっている、なぜなら、それは、戦時における成功だけではなく将来におけるイギリスの独立にとって必要になるからである。また、国際的な脅しに利用されるかもしれない重要なものを手に入れる競争で、ドイツあるいはソ連が勝つことをイギリスは受け入れることはできない。もしわれわれが協力しなければ、ソ連がそのような結果を達成することになるかもしれない。」[47] チャーチルにとって、アメリカとの原爆開発の共同事業にイギリスが参加することは、ドイツとの戦争にとって必要なことだっただけではなく、戦後の世界におけるソ連との関係を視野に入れてのことだったのである。

チャーチルは7月に、一連の重要な提案をアメリカ側に対して行なった。それは、①原爆をお互いに相手に対しては使用しない、②お互いの同意なくして第3者に対して原爆を使用しない、③お互いの同意なくして第3者に対して原爆の情報を提供しない、そして、④戦後の産業的・商業的側面はアメリカ大統領が示す条件に基づいて両国で処理し、大統領が公正であると考える以上の

産業的・商業的な利益をイギリスは放棄する、という４つの提案だった[48]。これら一連の提案は、英米間の原爆に関する「完全な」情報の交換を再開することとの引き換えに、将来の経済的利益については譲歩する一方で、アメリカによる原爆の使用とイギリス以外の国に対する情報の提供に対する拒否権をイギリスが保持しておこうとする、チャーチル一流のしたたかな提案だったといってよいだろう。(ただし「完全な」情報交換は、実際には原爆開発にかかわっていくつか存在した開発分野のうちの同じ分野[例えば電磁分離法の開発]の中でのみ保証された。それは米英の科学者・技術者間の情報交換に限らず、グローヴスがマンハッタン計画全体に適用しようとした規則だった[49]。)

　これらのチャーチルの提案を組み込んだいわゆるケベック協定に、1943年8月19日に米英両国の首脳が署名し、米英両国は原爆開発における協力関係を再確立した。また同協定は、新たに設ける合同政策委員会にカナダの代表も加えて、米英加三カ国による共同事業としての原爆開発計画の体裁を整えた[50]。カナダはすでに1942年7月から、自国領土内でウラン鉱石を採掘する企業の株を買い上げて、アメリカによる同企業からのウラン鉱石の買い付けを米加政府間の事業と位置づけていた[51]。ケベック協定の締結後イギリスとカナダは、共同利用する重水原子炉をカナダのモントリオールに建造して、重水などの必要な物資の提供をアメリカから受けながら原子力の基礎研究を継続させていった(アルバン[Hans von Halban]らのフランスからの亡命科学者たちもそこに加わった)[52]。

　アメリカとイギリスは、原爆の原料となる天然資源の排他的な管理にも着手して、原爆の原料資源をドイツなどの第3国が入手することを防げようとした。ケベック協定を締結した翌年の1944年6月に米英両国は、天然に存在する核分裂性物質であるウランとトリウムの供給を両国共同で管理する戦時協定に合意する。そのために設立されたのが「合同開発トラスト」という名前の米英合同委員会であり、米英両国の支配下にない地域に存在するウランとトリウムの供給源の調査と開発、両物質の生産・保管などを米英両国が共同で行ない、ウランとトリウムの供給を管理することを目的とした。9月に米英両国は、ベルギー領コンゴで産出されるウラン鉱石とトリウム鉱石を合同開発トラストに引き渡すことで、ベルギーとの間で合意に達した[53]。

第1章　原爆開発をめぐるアメリカ対外関係

　ローズヴェルトもチャーチルも、ナチスとの戦争遂行における原爆開発の重要性を考えていただけではなく、第二次世界大戦終了後の世界に対して原爆がもたらす重要性をも認識した上で、原爆に関する情報交換や資源管理について外交交渉を重ねたのだった。両首脳の認識の根底にあったのは、戦後の世界においても米英二カ国が原爆の分野で優位を保つべきである、との考えだっただろう。そのために最も重視したのが、ソ連に原爆の情報を与えないことだった。[54]

(2) ハイドパーク覚書と米英ソ関係

　原爆は戦後の問題としても重要性を増しつつあった。ソ連がドイツとの戦争をともに戦っている連合国側の重要な一員であったにもかかわらず、戦後の世界の構想においては米英両国による原爆の分野における対ソ優位の確保が、両首脳が追求する目標となった。そのような英米両国の首脳が共有していた考えを再確認したのが、1944年9月にローズヴェルトとチャーチルが秘密裡に合意したいわゆるハイドパーク覚書である。[55]

　ハイドパーク覚書の生みの親の1人はデンマークの物理学者ニールス・ボーア（Niels Bohr）だった、といってもよいだろう。ボーアは、1922年にノーベル物理学賞を受賞した、物理学における指導的科学者の1人だった。イギリスの手助けによって1943年9月末にボーアは、ドイツに占領されていたデンマークの首都コペンハーゲンから小舟でスウェーデンに逃れた。そこから外交書類輸送用のイギリス軍爆撃機の爆弾格納庫の中に身を隠し、飛行中に酸素不足で意識を失いながらも、イギリスへの亡命に成功したのだった。同年12月にボーアは、イギリス政府が派遣するマンハッタン計画の顧問としてアメリカへ渡り、ロスアラモスの訪問と旧交のあったフェリックス・フランクファーター（Felix Frankfurter）連邦最高裁判所判事との再会を果たした。[56]

　ボーアは、翌1944年5月にチャーチル首相と、8月にはフランクファーターの紹介を通じてローズヴェルト大統領と、それぞれ会談する機会を得ることとなる。その頃西ヨーロッパ戦線では、連合国側によるドイツへの反攻が目覚ましい成果をあげつつあった。6月に連合国軍は、ノルマンディー上陸作戦に成功してドイツの西側に第二戦線を開いた。8月末にはパリがナチス・ドイツの

支配から解放され、ドイツの敗北は時間の問題として見通せる状況となりつつあった。ボーアにとって両首脳と会う目的は、原爆の国際規制の必要性と、その国際規制のための協定をつくりあげるためには、原爆が完成する前にそしてまた戦争が終結する前に、ソ連を国際規制構想の話し合いの中に加えることが重要であると説くことだった。しかしチャーチルもローズヴェルトも、ボーアの提案に賛成しなかった[57]。

　ボーアと会い原爆の国際規制という提案に触れたチャーチルとローズヴェルトは、1944年9月にニューヨーク州ハイドパークにある大統領の私邸でボーアの提案を協議した。その協議での合意事項を記し両首脳が略式署名をしたのがいわゆるハイドパーク覚書である。「原爆の規制と使用に関する国際的な合意をめざすという観点から、原爆について世界が知らされるべきであるという提案は受け入れられない。その問題はひきつづき最高機密とみなされるべきである」と述べて、原爆を使用する前にソ連に対して知らせるべきであるとしたボーアの提案を退けた。この覚書の第3項は、両首脳がソ連による原爆に関する情報の獲得の阻止に強い関心をもっていたことを示していた。「3．ボーア教授の活動を調査すべきであり、特にロシア人たちに対してボーアが情報を漏えいさせることがないように、手段を講じるべきである」と記して、ボーアを通じたソ連への情報漏洩に対する強い危機感を強調していたからである。そして両首脳は「軍事目的および商業的目的のための原爆・原子力の開発におけるアメリカとイギリス政府との間の全面的協力関係は、両者の合意によって停止されない限りまた停止されるまで、日本が敗北した後も継続すべきである」と合意して、米英間の協力関係を今後も維持していくことを確認した。米英協力関係の維持と米英二カ国による原爆技術における対ソ優位の確保という既定の政策の維持を、両首脳は確認したのだった[58]。

　なお、この覚書のボーアに関する項目は両首脳の誤解に基づくものだった。ローズヴェルトの死後2カ月がすぎた頃、アメリカ政府の誰も同覚書の存在を知らないことが明らかとなった。そこでチャーチル首相の指示によって、同覚書のコピーを1945年6月25日にヘンリー・メートランド・ウィルソン卿（Field Marshall Sir Henry Maitland Wilson. ケベック協定が設置した合同政策委員会のイギリ

第1章　原爆開発をめぐるアメリカ対外関係

ス側委員また米英軍統合参謀本部駐ワシントン・イギリス代表［Head of the British Joint Staff Mission in Washington］でもある）がスティムソン陸軍長官に届けた。その際にウィルソン卿は、ハイドパーク覚書の第3項が述べていたボーアに対する不信感は「誤解に基づくものであり、のちにチャーウェル卿［Lord Cherwell (Viscount Cherwell). 首相の科学担当補佐官。称号を受ける前の名前はFrederick Lindemann］とブッシュによって誤解は正された」と記した書面をスティムソンに渡している。ボーアをソ連のスパイではないかとする見方を、アメリカ政府もイギリス政府も実は退けていたのである。[59]

(3) ドイツによる原爆開発の影を追って

　イギリスとの協力態勢のもとでアメリカが着手した原爆開発は、ドイツによる原爆開発に遅れをとってはならないとして始められたものだった。アメリカやイギリスは、そのドイツによる原爆開発の動向をどこまで知っていたのだろうか、そしてドイツの原爆開発を阻止しようと行動したのだろうか。

　ドイツによる兵器開発についての情報を得ることを目的として、「アルゾス（ALSOS）」という暗号名のついた特殊任務機関による情報収集作戦をアメリカはヨーロッパで展開していく。アルゾスを実質的に指揮していたのはグローヴスであり、ブッシュがグローヴスに承認を与える役割を担った。グローヴスはボリス・パッシュ（Boris T. Pash）大佐をアルゾス特殊任務機関の指揮官に選び、ヨーロッパへ送り込んだ。アルゾスの最初の作戦は、ベニート・ムッソリーニ（Benito Mussolini）が失脚し1943年9月に降伏したイタリアで、イタリア人科学者たちに面接しドイツによる核兵器開発に関する情報をえる作戦だった。[60]

　イギリスは1944年1月に、ドイツが原爆を使用する可能性は低いとする見方を、ジョン・アンダソン卿（Sir John Anderson. イギリスの原爆開発担当大臣）を通じてアメリカ側に伝えた。これに対してグローヴスは、そのような見方に同意する一方で、ドイツによるウラン原料の大量保有と原爆開発意図の存在が完全に否定されるまでは安心できない、という慎重な態度を示した。[61]

　1944年6月のノルマンディー上陸作戦の成功以後、アルゾス特殊部隊の活動地域は拡大した。12月にストラスブールで押収した書類の束は、ドイツが原爆

29

開発に成功していないことを示すものだった。スティムソン陸軍長官は12月13日にブッシュから、ドイツの原爆開発は実験の段階にとどまっている、との報告を受けている。グローヴスはマンハッタン計画に参加している科学者たちの士気を低下させることを避けるために、ドイツが原爆を開発していないことを科学者たちには伝えなかった。

　それでもまだグローヴスは、ドイツが原爆を開発してないと確信できなかった。ドイツが1940年にベルギーで接収した1200tのウラン鉱石の行方がまだわかっていなかったからである。ドイツが降伏する2週間前の1945年4月下旬に、ついにその大量のウラン鉱石をドイツ国内のシュタースフルト近郊でアルゾス特殊任務部隊が発見してようやくグローヴスは、ドイツによる原爆使用の可能性が完全に消え去った、と確信したのだった。なおアメリカは、ソ連軍が占領している地域でアルゾス特殊任務部隊が発見したこのウラン鉱石を、ソ連が押収してしまう前にイギリスへと移送した。それは大量のウラン鉱石がソ連の手に渡るのを阻止するためだった。

　グローヴスはドイツの原爆開発を阻止するために連合国が行なった破壊活動にも関与した。グローヴスの要請を受けて1943年11月にアメリカ軍は、ドイツが1940年に接収したノルウェーのリューカンにあるウラン研究用の重水製造施設を爆撃した。その施設の最重要部分の破壊には失敗したが、ドイツは同施設のドイツ国内への移転を決めた。イギリス諜報部から支援を受けていたノルウェーの地下組織が、1944年2月に重水を移送中の船ハイドロ号を爆破して湖底に沈めドイツは大量の重水を失った。それはドイツによる原爆開発の実質的な終わりを意味した。

5　原爆の完成と爆発実験の成功

(1) プルトニウム・爆縮型原爆の完成

　アメリカが最初に完成させたのは、プルトニウム・爆縮型原爆だった。1944年12月後半から、ハンフォードでのプルトニウムの生産速度は上昇した。つくられたプルトニウムの一定量が原爆の爆芯部分へと加工されるべく、1945年2

月に初めてハンフォードからロスアラモス研究所へ運ばれた。4月21日までにロスアラモスに送られたプルトニウムの量は、731.2gである。その後さらに生産の速度が上がった。7月4日までに送られたプルトニウムの量は13.5kgに達し、その翌週にはさらに1.1kgが送られる予定となっていた[69]。ロスアラモスでは科学者と技術者たちが、プルトニウムを半球に似た形の爆芯部分となるように加工した。2つの半球形をしたプルトニウム爆芯部分が爆発によって圧縮されて臨界量に達するよう、プルトニウム・爆縮型原爆は設計されていた。爆発実験用のプルトニウム爆芯部分は7月2日に完成し、実験場であるニューメキシコ州アラモゴードへ送られた。そこでプルトニウム・爆縮型原爆が組みたてられて完成し、7月16日未明に爆発実験が行なわれた。実験は成功し原爆が爆発した[70]。

(2) 原爆の爆発がもたらす効果・破壊力の評価

　史上初めての原爆の爆発実験に成功した2日後にグローヴスは、スティムソン宛にその爆発実験についての詳細な報告書を作成している[71]。それによれば、爆弾を爆撃機から投下して爆発させたのではなく、高さ30mの鉄塔の最上部に爆弾を置いて爆発させた。爆発直後の推計では、爆発力は15ktから20ktまたはそれ以上あった[72]。

　グローヴスの報告が強調していたのは、原爆の破壊力の大きさである。爆発地点を中心とする「直径1200フィート［360m］のクレータができ、そこからすべての草木が消滅していた。…［原爆が置かれていた］鉄塔の鉄材は蒸発していた。」爆発地点から800m離れた場所に建てられていた6階建の高さに相当する堅固なつくりの鉄塔を、「爆風がその基礎部分から引きちぎり、ひねり、ばらばらにして、地面に平たく」その残骸を残した。このように述べてグローヴスは、原爆の爆発によって発生する熱と強い爆風が与える破壊力を強調した[73]。

　放射線による破壊や被害についてグローヴスは、深刻な破壊や被害がなかったことを落ち着いた筆致で報告している。「強い放射能をもつ放射性物質の巨大なかたまりが核分裂によって生まれ、［爆発によって生じた］雲の中にそれが含まれていた。」その雲が広い範囲に放射性物質をまいた結果、「ところどこ

ろで放射線量が高くなった地点があったものの、住民の避難を必要とするような高い線量に達した地点はなかった。低い線量の放射性物質が検出された場所は、およそ200km離れた地点にまでおよんだ。」グローヴスは放射線に関して実は心中穏やかではなかったことを認めてこう記している。「数時間ほど私は状況についてまったく安心していられませんでした」と。[74] しかし奇妙なことにこの覚書は、爆発地点のすぐ近くにおける放射線がもたらした破壊や残留放射線量がどうなっているのかについては何も記していない。原爆が大量の放射線をだす点で通常の爆弾とは質的に異なっていることを十分には認識せず、原爆をそれまでの爆弾が巨大化したものであると考える認識枠組に、グローヴスもとらわれていたからである。[75]

6 おわりに

　こうしてアメリカは原爆の開発に成功した。原爆の製造が現実的に可能であるとイギリス政府が1941年夏に公式に結論づけたのを受けて、アメリカ政府も独自にその可能性を検討し、1942年6月にはイギリスとの共同事業としての原爆開発計画に本格的に乗り出していった。アメリカは、原爆の材料となるウラン235とプルトニウムの分離・濃縮と生産のための巨大な工場をいくつも建て、原爆の設計を目的とした研究施設を人里離れたロスアラモスに造り、多くの科学者・技術者のはたらきを結集させた。原爆の開発・製造は、総額20億ドルもの経費を要した巨大プロジェクトだった。その結果1945年7月にアメリカが原爆の爆発実験に初めて成功したのは、核分裂の発見から6年半後、核分裂連鎖反応を人工的におこすことに成功してからわずか2年半後のことだった。
　原爆開発の成功に至る道のりをたどる中で、第1章は次のような問いに対する答えを探った。どのような理由からアメリカが原爆の開発に着手し、どのようにしてそれに成功する道のりを進んでいったのか。原爆開発をめぐる国際関係（とくにアメリカとイギリスの関係）はどのように展開し、それはなぜだったのか。それらの問いに対する答えは次のようなものになる。
　アメリカが原爆の開発に乗り出した最も重要な理由は、ドイツが他国よりも

先に原爆開発に成功することへの強い懸念だった。そのような事態に直面することを回避するべく、ドイツよりも先に原爆開発に成功することを目標として、ローズヴェルト大統領は原爆を開発する決定をした。その決定をするにあたって重要な要因だったのは、原爆の開発は第二次世界大戦が終わるまでに実現する、という見通しを得たことだった。実際に使用することが可能となる兵器だからこそ原爆の開発を始めたのであり、ひとたび原爆が開発されたならば兵器としてそれを使用する可能性はアメリカの政策決定者たちにとって原爆を開発する前提となっていたのだった。

　ドイツに先んじて原爆開発に成功するという目標のためにアメリカは、原爆開発の推進にとどまらず、ドイツによる原爆開発を阻止する「アルゾス」作戦と呼ばれる破壊工作も実施した。その作戦の実施で重要な役割を果たしたのがマンハッタン計画の指揮官であるグローヴスだったことは、マンハッタン計画と呼ばれるものが原爆開発だけを指すのではないことを示唆している。

　原爆開発におけるイギリスの当初の優位がマンハッタン計画が始まった結果アメリカの優位へと転換していくのにともない、原爆開発をめぐるアメリカとイギリスの関係は大きく変化した。1942年末までに原爆開発におけるイギリスの貢献が小さいことを理由として、ローズヴェルトは原爆開発にかかわる情報のイギリスへの提供の停止を承認した。これに対してチャーチルは、戦後の世界におけるイギリスの影響力を確保するために、さらには戦後大きくなるであろうソ連の脅威に対する懸念から、原爆共同開発国としての関係を回復しようと腐心した。その試みが、1943年7月にチャーチルがアメリカ政府に対して4つの提案を行なったことだった。チャーチルの外交努力が功を奏して、8月のケベック協定への調印によって、原爆開発にかかわる情報の全面的な交換を軸とするアメリカとイギリスの間の協力関係が再構築されたのだった。その過程でイギリスは、アメリカによる原爆の使用や第3国への原爆開発にかかわる情報の提供にはイギリスによる同意を必要とする、という条件を付けることにも成功した。それが意味したことは、ローズヴェルトとチャーチルがともに米英両国による原爆の秘密の独占を望んだということにほかならない。その目標を再確認したのが、1944年9月に両首脳が合意したハイドパーク覚書だった。

さて、成功した原爆の爆発実験の結果の詳細をスティムソン陸軍長官に伝えたグローヴスの覚書は、その終わり近くで謎めいたことを記していた。すなわちグローヴスは、「われわれがまだ真の目的を達成していないことをよく理解しております。実戦での試験こそが日本との戦争において重要なことです」と述べていたのだった。グローヴスが言うところの「実戦での試験」が行なわれる日は近づきつつあった。

第2章

ローズヴェルト大統領の原爆使用方針

1　はじめに

　本章は、ローズヴェルトが大統領だった時期に焦点をあてて、大統領が原爆をどのように使用すると構想していたのか、また、その時期にアメリカはどのような原爆使用の準備を進めていたのか、それはどのような理由と目的からだったのかを分析し記述する。人々はこれまでに、1945年8月にアメリカがなぜ日本に対して原爆を使用したのか、日本に対する原爆の使用は必要だったのか、などと問い続けてきた。それらの問いへの答えを見つけるためには、アメリカが原爆を使用した時の大統領だったトルーマンだけではなく、原爆開発に着手したローズヴェルトの政策にも目を向けなければならない。急死した前大統領ローズヴェルトは、計画開始からほぼ3年がすぎその実現が間近に迫った原爆開発計画をトルーマンに残した。原爆の使用にかかわる方針や原爆の対日使用に向けた準備、さらには第二次世界大戦終結後の国際関係を視野に入れた原爆をめぐる外交政策もまた、ローズヴェルトがトルーマンに残した遺産だった。マンハッタン計画を指揮したグローヴスは回顧録の中で、「私に関する限りは、トルーマンの決定は干渉しないという性格のものだった。基本的にそれは、存在している計画の進行を妨げないという決定だった」[1]と記している。大統領就任から4カ月後に原爆を実際に使用する責任を背負うことになるトルーマンにとって、原爆使用についての決定の幅が広いものではなかったことを、グローヴスは指摘したのだった。

2　ローズヴェルトの遺産

(1) 実戦で使用する兵器としての原爆

　第1章で述べたように、アメリカが原爆の開発へと舵を切るきっかけの1つとなったのは、イギリスの「モード委員会報告」がそう結論づけたように、おそらく数年後に到来するであろう第二次世界大戦の終わりまでに原爆の開発が可能であるという見通しを得たことだった。アメリカが現に戦っている戦争に勝利するために使用可能となる兵器だからこそアメリカの政策決定者たちはその開発に乗り出したのである。原爆の開発に成功したならばそれを使用する可能性は、原爆開発に着手する決定の暗黙の前提となっており、彼らは原爆を他の兵器と同じく実戦使用できる兵器であると当初から考えていたのだった。原爆の開発と使用における文民の責任者だったスティムソン陸軍長官は、その職を辞したあとの1947年に日本に対する原爆の使用の決定についてアメリカ政府の立場を説明した論文を発表した。その論文の中で彼は、「原子力が戦争で使用されるべきではない、と1941年から1945年の間に大統領やほかの責任ある政府高官が示唆したのを1度も聞いたことがない」と述べた。[2]（なお、原爆の使用に反対したとされる人物がいるが、その証拠は乏しい。1944年のノルマンディー上陸作戦を指揮したアメリカ陸軍軍人のドワイト・アイゼンハワー［Dwight D. Eisenhower. 1953年に大統領に就任する］が、自分は原爆の使用に反対したとのちに主張したが、アメリカが原爆を使用する前に実際にそうしていたことを示す証拠はない。[3]また、水爆の父と呼ばれるエドワード・テラー（Edward Teller）を原爆の使用に反対した人物としてあげる者もいるが、[4]1945年7月にテラーは、原爆の実戦使用が原爆の脅威を世界に広く知らせるために有効な方法である、という立場をとっており、[5]原爆が実際に使用される前にテラーがその使用に反対したことを示す証拠はやはりない。）

　ローズヴェルト大統領が原爆開発を承認してからおよそ1年後にマンハッタン計画の指導者たちは、原爆が開発されたあかつきにはそれを使用するかどうかを議論することなく、原爆をどのように使用するかを議論した。1943年5月5日に開かれたマンハッタン計画の軍事政策委員会がその機会となった。その

第 2 章　ローズヴェルト大統領の原爆使用方針

　会議の出席者は、グローヴス・マンハッタン計画指揮官、ブッシュ科学研究開発局長官、コナント国防委員会委員長、ウィリアム・パーネル（William R. Purnell）海軍少将、ウィルヘルム・スタイアー（Wilhelm D. Styer）陸軍少将である。同委員会は「最初の」原爆を使用する攻撃目標について話しあい、「もっともよい原爆の使用目標はトラック諸島に集結している日本の艦隊だろう」という考えがその日の会議では支配的となった[6]。マンハッタン計画の軍事政策委員会が、原爆を使用するかどうかではなく原爆をどのように使用するかを議論したことは、グローヴス、ブッシュ、コナントらの同委員会の委員たちにとって原爆が開発されたならばそれを実戦使用することが暗黙の前提となっていたことを示唆している。

　原爆による攻撃目標に関するこの会議の議論ではさらに興味深い点が 2 つある。まず 1 つ目は、都市よりもむしろ海軍基地のような軍事目標を原爆による攻撃目標としていたことである。この 2 年後に原爆投下目標を検討する目標検討委員会は原爆を敵国民の戦争を続ける意思にはたらきかけるいわば「戦略」兵器としてとらえるのだが、この時点での政策決定者たちは原爆を相手の軍事的な能力を破壊するための「戦術」兵器として使用することを意図していたことが、その点から推測できる。

　もう 1 つの興味深い点は、同会議の出席者がドイツではなく日本を原爆の使用対象としてあげたことである。「トラック諸島に集結している日本の艦隊」のほかに目標としてあがったのは、スタイヤー陸軍少将が述べた東京であり、出席者たちはいずれにしても原爆による攻撃目標をドイツではなく日本であると考えたのだった。ただし、東京を目標とする考えに反対する意見があり、それは「不発だった場合には回収が困難になるように十分深い海底に原爆が着陸するような地点に原爆を使用するべきである」という理由からだった。不発だった原爆をもし回収できたとしても、原爆開発にとって重要な知識をそれから得る可能性がドイツ人よりも日本人のほうが小さいと出席者たちは想定していた。その想定が、日本を原爆使用対象として選んだ理由の 1 つだった[7]。その当時のドイツ人と日本人の科学の水準が実際にはどちらが高かったのかはさておくとして、原爆の秘密を守るという考慮がドイツではなく日本を原爆の使用

37

対象と考える上ではたらいていたことがここからうかがえる。

　しかし、これらの2つの点がもつ意味合いははっきりとしない。この会議の議事録が審議し決定した項目としてあげている5つの項目のうちの1つがこの原爆の使用目標である。他の4項目が現に対応を必要としている問題に関して審議しその結果生まれた決定であるのに対して、原爆の使用の問題は現に対応を迫られている問題ではない将来の問題だった。したがって、この時点での原爆による攻撃目標についての議論は、現実に「最初の」原爆を使用するための計画をまとめるための議論というよりも、現実の実行とは関係なく漠然とした可能性を列挙するような議論にとどまるものだった。この日の軍事政策委員会が原爆の使用について何かを決定したとは言えない。(この会議の時点までにあるいはこの会議の結果日本が原爆の攻撃目標となったとする解釈があるが[8]、この会議の議事録をそのように解釈するのは根拠が十分ではない。)

　この会議での原爆による攻撃目標についての議論に関してもう1つ明確でないのは、この会合の参加者たちが原爆を攻撃目標までどのように運搬して爆発させると想定していたのかである。先述したようにこの会議では、東京を原爆の使用目標とする意見と、「不発だった場合には回収が困難になるように十分深い海底に原爆が着陸するような地点に原爆を使用するべきである」という2つの意見がだされた。前者の場合は、原爆を航空機で目標上空に運んで空中または地表で爆発させる、とおそらく想定していただろう。これに対して後者の場合には、原爆を船舶や魚雷で攻撃目標まで運び水面近くまたは水中で爆発させる、あるいは航空機で目標の上から投下して空中・水面近く・水中のいずれかの場所で爆発させる、と想定していたことになるだろう。そのどちらだったのだろうか。

　この会議が行なわれた頃までには、原爆を使用した空爆の可能性が理論的には現実味を帯びたものになっていた。ローズヴェルト宛の書簡の中でアインシュタインが、原爆を「航空機で運ぶにはおそらく重すぎる」と記したのは、1939年8月のことだった[9]。しかしその3年半後、軍事政策委員会が原爆の使用目標を議論した前月の1943年4月に、科学者のロバート・サーバー (Robert Serber) が示した推測は、原爆が航空機で運搬可能であることを示唆するもの

第 2 章　ローズヴェルト大統領の原爆使用方針

だった。ロスアラモス研究所で行なった講義の中で、臨界に達するために必要なウラン型原爆の爆芯の重さが約15kg［33ポンド］、プルトニウム型原爆の爆芯の重さはおよそ 5 kg［11ポンド］になると計算され、その他の部分を加えるとどちらの爆弾も総重量がおよそ1tになるだろうとサーバーは推測したのだった。[10] 原爆の設計を担当していたロスアラモス研究所は、空中で爆発させる原爆と水中で爆発させる原爆の 2 種類の研究を1943年には進めていた。しかし人的・物的資源の分散によって設計の完成が遅れることを危惧したロスアラモス研究所所長のオッペンハイマーは、水中爆発用の原爆の設計を中断して空中爆発用原爆の設計に人的・物的資源を集中させる方針をその年の終わりまでに固めることとなる。[11] 1943年 5 月の時点で、マンハッタン計画の軍事政策委員会のメンバーたちが原爆の運搬手段として想定していたのが航空機、船舶・魚雷のいずれであったのかは、議事録からは明確とはならない。

(2) 爆撃機による原爆の投下へ

この1943年 5 月に開かれた会合でマンハッタン計画の軍事政策委員会が、ロスアラモス研究所に招くべき技術者として指名したのがウィリアム・パーソンズ (William S. Parsons) 海軍大佐である。のちにパーソンズは、ロスアラモス研究所における「軍事装備部門」を率い、後述するテニアン島を拠点とした「アルバータ計画［*Project Alberta*］」の指揮官として、日本に対する原爆の投下作戦の立案や実施に大きくかかわる人物の 1 人となる。また彼は、近接信管を用いた空中機雷の開発者であり、所定の高度で原爆を起爆させるための起爆装置（高度信管）を設計し、広島へと向かうB-29爆撃機「エノラ・ゲイ」の飛行中に機内で原爆リトル・ボーイの最終組み立てを担当した一流の技術者でもあった。[12]

ところで、1945年 8 月に実際にアメリカ軍が爆撃機から投下した原爆の重さは、ウラニウム・砲身型で約4t、プルトニウム・爆縮型で約4.5tあった。重さ1tとしたサーバーによる推測の 4 倍の重さである。長さは前者が 3 m、後者は3.2mあり、直径は前者が約0.7m、後者が約1.5mだった。[13]

それらの実際に使用された原爆の設計が完了するのはまだ先のことであるが、1943年10月の時点では、砲身型原爆（この時点では砲身型、爆縮型ともにプル

39

トニウムを核爆発の原料として構想されていた）の長さは17フィート（約5.2m）直径が23インチ（約58cm）、他方の爆縮型原爆の長さが9フィート（約2.7m）、直径は59インチ（約1.5m）になるものと想定されていた。[14]

　爆縮型原爆の設計は1944年5月までにさらに進められた。5月19日にパーソンズ海軍大佐は書簡でグローヴスに対して、「爆縮型原爆は、大きな球体形で、おそらく直径が60インチ［1.5m］、安定させるための四角形のしっぽがついた形と大きさになる可能性が最も高く」、全体としての長さは130インチ（3.3m）以下、重量は1万ポンド（約4.5t）程度となるだろう、と伝えている[15]。それらの数値は、実際にアメリカが使用した爆縮型原爆の大きさや重さとおおむね同じものである。

　原爆を実際に使用する1年半前までにアメリカは原爆を搭載する爆撃機を選定し、原爆を軍事的に使用する作戦計画の立案に着手した。原爆の使用方法を検討した軍事政策委員会が開かれた1943年5月の時点で、そのように重く大型の爆弾を運搬できるのは、イギリスのランカスター爆撃機しかなかった。グローヴスは1943年の終わりまでに、ランカスター爆撃機ではなく、同年9月に生産が始まったアメリカのB-29爆撃機を原爆が搭載できるよう改装して原爆の投下用爆撃機として使用することとした[16]。ランカスター爆撃機ではなくB-29爆撃機をグローヴスが選択したことは、「日本に対して原爆を使用する決断を反映していた」と歴史家のリチャード・ヒューレット（Richard G. Hewlett）とオスカー・アンダーソン（Oscar E. Anderson, Jr.）は推測する。なぜなら、「ドイツが［原爆使用の］第1目標であったならば、ヨーロッパ戦線での使用が想定されたことがない爆撃機を選択するはずがなかった」からである[17]。しかし、原爆投下用の爆撃機としてB-29をアメリカ軍が選択した事実だけから、1943年終わりまでにドイツではなく日本を原爆の使用対象としたと単純に解釈することはできない。グローヴスの伝記を著したロバート・ノリス（Robert S. Norris）によれば、「アメリカの原爆を運ぶためにイギリスの航空機を使う」という発想は、グローヴスにとって「理解不能」なものだった。原爆を投下する相手国が日本であれドイツであれ、グローヴスにとって原爆投下用の爆撃機はアメリカ軍の爆撃機でなければならなかったからである[18]。

原爆投下用へのB-29爆撃機の改装は「銀の皿（"Silverplate"）」と呼ばれた物資調達上の最優先順位を与えられた。原爆投下用に改装されたB-29の一番機は、1944年2月にカリフォルニア州にある航空基地に飛行し、3月から模擬爆弾を使った原爆の投下試験が始められた[19]。先に触れた1944年5月19日付のパーソンズからグローヴス宛書簡は、「［原爆の］軍事使用に向けた詳細な計画の立案と試験はB-29についてだけおこなわれている。もしほかの航空機（ランカスター）が原爆の運搬のために準備を整えよと命じられたならば、まちがいなく数カ月単位の長い時間を必要とするだろう[20]」と記している。B-29を選択したことは、それ以外の爆撃機を使う可能性が大きく縮小したことを意味したのである。こうして始まった実際の原爆使用作戦に向けた準備もまた、トルーマンがローズヴェルトから受け継いだ遺産の一部だった。

　原爆がもつ破壊力を実際の使用で最大限に実現するにはどのようにしたらよいのかをパーソンズは検討した。彼は原爆を使用するときには原爆の爆風による破壊が最大となるような使用方法をとるべきである、と考えた。先の5月19日付のパーソンズからグローヴス宛書簡は、「［原爆の］使用のための訓練が向けられる、第1のそして唯一の原爆の運搬方法は、高高度（海抜およそ9000m）からの水平爆撃であり、爆弾を地上高くで爆発させて主として爆風による破壊を達成する」ことが目標である、と述べている[21]。9000mもの高度から原爆を投下するのは、原爆投下作戦の途中で爆撃機が日本軍から攻撃を受けるのを避けるためであるが、爆撃機が原爆投下後に爆発の被害を避けるための退避行動をとる時間をできるだけ長くする必要性もその理由だった[22]。

(3) ハイドパーク覚書とその後のローズヴェルト

　ローズヴェルト大統領の原爆使用についての考えの一端をうかがうことができるのが、第1章でもふれたハイドパーク覚書である。原爆の使用について同覚書は、原子「『爆弾』が最終的に使用可能になったときには、熟慮した上で、おそらくはそれを日本人に対して使用することになるだろう。彼らが降伏するまでこの爆撃が繰り返されることを、日本人は警告されるべきである」と記していた[23]。このように同覚書が記していたことは、米英両国の首脳であるローズ

ヴェルトとチャーチルが1944年9月の時点で、原爆を日本に対して使用することに合意したことを意味しているのだろうか。

この点についての歴史家たちの解釈は1つではない。荒井信一は、同覚書が「原爆をドイツにではなく、日本に対して投下することを、英米間で公式に確認した文書とみなされるべきである」と述べている。そして荒井は、なぜ1944年9月の時点で「ドイツにではなく、日本にたいして原爆を使用するということが早々と決められたか」という疑問を表明したのだった。このように、1944年9月にハイドパークで米英両首脳が原爆の使用を決定した、というのが荒井の解釈である。[24]

他方で、ローズヴェルトが原爆の使用に関して、実戦使用はしないという選択肢を含むいくつかの選択肢を保持しようとしており、ハイドパーク覚書が原爆の対日使用を決定したとはいえない、と解釈するのがバーンスタインである。バーンスタインは、チャーチルとの会談の3日後にローズヴェルトがブッシュ科学研究開発局長官、ウィリアム・レーヒ（William D. Leahy）海軍元帥・大統領軍事問題特別顧問（Chief of Staff to the Commander in Chief）[25]、イギリスのジェームズ・チャドウィック卿（Sir James Chadwick. イギリス政府がマンハッタン計画に参加させた科学者たちの代表。1935年ノーベル物理学賞受賞）と行なった会談にも着目し、ハイドパーク覚書とその会談の記録が「あいまいではあるけれども、信頼できる。しかしそれらの重要性はいくぶん不明確である」と評価した。[26]

ブッシュはそのおよそ1時間半続いた会談について、その翌日次のように記している。

> 会談の中で大統領は、この手段［原爆］が日本人に対して実際に使用されるべきかどうか、あるいはそれがアメリカ国内で実施される実物大の爆発実験の後で脅しとしてのみ使われるべきなのかどうか、と問いかけた。大統領がそうしたのは、［原爆の］脅しはドイツに対して使われるべきであるというボーアの明白な主張と関連してのことである。しかしもちろん、そうする［原爆の脅しをドイツに対して使用する］ことは無益な結果となるだろう。私［ブッシュ］は、この問題には多くの側面があるが、幸いにしてこの問題に急いで取り組む必要はない、なぜなら必要ならば［原爆の］脅しを実行に移す用意がないのにそのような脅しをかけることは賢明ではないからである、［中略］この問題は注意深い検討に値するがしばらく棚上げしておく時間がある、

と述べた。大統領はこの問題をいま議論する必要はないことに同意した[27]。

　この会談でローズヴェルトは、原爆を日本に対して実際に使用するのかどうか、あるいは、アメリカ国内で実際に爆発実験をして原爆開発の成功を既成事実とした上で（もしくは9月30日にブッシュとコナントによるスティムソン宛覚書が述べるように[28]、日本の領空で原爆の示威的な爆発実験を行なったあとで）日本に対して降伏を迫る際の脅しの手段として原爆の使用をほのめかすだけにとどめるのかどうか、これらの点についての判断を先送りしたのだった。
　このように、チャーチルとの会談の後ローズヴェルトは、日本に対する原爆の実戦使用をすべきかどうかにまがりなりにも疑問を示し、実戦使用以外の選択肢（降伏を迫る脅しの手段とすること）にも言及していたのだった。したがって、ハイドパーク覚書が日本に対して原爆を使用することで米英首脳が合意したことを意味する、と断言することはできないだろう。ローズヴェルトが原爆使用についての決定をのちの機会のために残したからである。
　そしてその後ローズヴェルトが、日本に対する原爆の使用にかかわるこれらの問題について政府高官や補佐官たちと協議したことを示す記録は存在しない。1944年12月30日にローズヴェルトは、スティムソン陸軍長官とグローヴス・マンハッタン計画指揮官と会談した（これはグローヴスとの第二次世界大戦中の最初で最後の会談となった）。その席でグローヴスはマーシャル陸軍参謀長のために用意していた覚書を大統領に見せたが、それがこの会談の記録に登場する原爆の使用にかかわる唯一のことがらだった。その覚書は、1945年8月1日頃に最初の原爆（砲身型）が使用可能になる、原爆投下作戦にあたる予定の第509混成部隊がすでに編成され作戦遂行に向けた訓練を受けていることを述べていた。しかし同覚書は、原爆を日本に対して使用するのか否か、原爆をどのように使用するのか、という問題については何も記していなかった[29]。翌31日にスティムソンがローズヴェルトと会談した際には、おそらく原子力や原爆をめぐる将来のソ連との関係が話し合われただろうが、やはり日本に対する原爆使用の問題は話し合われた記録がない[30]。
　ドイツが原爆の開発に着手した可能性に注意を喚起した1939年8月のアイン

シュタイン書簡をローズヴェルト大統領に届ける役割をしたアレギザンダー・ザックスは、ローズヴェルトが考えていた原爆を日本に対して使用する方法がどのようなものであったとザックスが考えているのかを、第二次世界大戦終結後に語ったことがある。1945年10月24日付のウォレス元副大統領の日記がそれを記録している。それによれば、最初の原爆をすべての中立国の代表たちの前で爆発させ、彼らが発見する爆発の結果を公表する。次に、日本の沿岸から離れた島の1つに、そこから住民を避難させるよう日本に警告したのち、2発目の原爆を投下する。このようにローズヴェルトとザックスは原爆の使用について計画していた、とザックスは語った[31]。しかし、このザックスが述べた内容がローズヴェルトと彼が計画していた原爆使用のしかたであることを裏付ける他の資料の存在は確認されていない。

ローズヴェルトがスティムソンとの間で行なった最後の会談は、ローズヴェルトが死去する4週間前の1945年3月15日だった。この会談でスティムソンは、原子力や原爆の国際規制について2つの異なった考え方（1つは秘密主義に基づく国際規制であり、もう1つは科学と情報利用の自由に基礎をおく国際規制）が存在しており、最初の原爆が使用されるまでにアメリカ政府の立場を決めておかなければならないと大統領に指摘し、大統領はそれに同意した。しかしこの日2人が、日本に対して原爆を使用するのか、使用するとすればどのように使用するのかについて話し合った記録はやはりない。おそらくその点についての話し合いはなかったのだろう[32]。

このようにローズヴェルト大統領は、ハイドパーク覚書を承認した時もそしてそれ以降も、原爆を使用するかどうか、使用するとすればどのように使用するのかについて明確な政策を確立するのではなく、決定を後回しにしてとりうる選択肢を最後まで広くもっておこうとしたのだった。その一方で原爆の開発・製造へ向けてマンハッタン計画は着実に歩みを進めており、原爆の使用に向けた作戦の準備がグローヴスの監督のもとで着実に進みつつあった。そのような作戦準備もまた、ローズヴェルトの遺産としてトルーマン大統領に受け継がれるものとなる。

3 原爆投下作戦準備の開始

(1) 第509混成航空部隊の創設と飛行訓練

　1944年の夏にグローヴスは、原爆の投下作戦だけに特化した任務につく航空部隊を陸軍の航空隊に属する第509混成部隊として編成する。同年8月末に陸軍航空隊とグローヴスは、第509混成部隊の隊長にポール・ティベッツ（Paul W. Tibbets, Jr.）中佐を選んだ。のちにエノラ・ゲイ号の機長として広島への原爆投下作戦を指揮することになるティベッツは、当時29歳でヨーロッパとアフリカで戦闘経験があり、B-29の試験操縦士も務めていた。1944年12月17日に第509混成部隊は、ユタ州ヴェンドーヴァーを訓練基地とする、士官225名と兵士1542名および15機のB-29爆撃機からなる部隊として正式に発足した。[33]

　第509混成部隊の飛行訓練は長期間に及んだ。1945年1月から3月までは、ヴェンドーヴァーからキューバにあるバチスタ基地へと訓練基地を移して、海上を長時間飛行したり海岸線上を飛行する訓練にのぞんだ。その訓練は、マリアナ諸島から日本へと飛行することになる原爆投下作戦を想定してのものだったといってよいだろう。その時の訓練では、高空からの目視爆撃の訓練も行なわれた。また編隊による飛行ではなく単独飛行が、飛行訓練の中心となっていた。グローヴスは、それが「日本に対して随伴機のない単独飛行となることを予想していたからではなく」、随伴機がつくかどうかわからなかったので「原爆搭載機が単独でも完全なナビゲーション能力を持っているようにしたかった」[34]と回顧録で述べている。キューバでの訓練が終わると、第509混成部隊は再びヴェンドーヴァーに戻り、大きさや重さが実際に投下する原爆の実物に近い爆弾（「パンプキン爆弾」）の投下訓練に従事した。[35]

(2) 「アルバータ計画」の創設

　1945年8月に日本に原爆を投下する爆撃機が発進したのは、西太平洋に位置するテニアン島からだった。テニアン島はマリアナ諸島の中にあり、東京の南南東およそ2500km、サイパン島の5km南に位置する。アメリカ軍は日本軍の支

配下にあったサイパン島とテニアン島の攻略に1944年7月に成功した。まもなく両島は、同じくマリアナ諸島の一角を占めるグアム島とともに、日本を空襲するアメリカ軍爆撃機の発進基地となった。[36]

マリアナ諸島が1944年秋に日本を爆撃するアメリカ軍の発進基地となった一方で、その一角にあるテニアン島は1945年5月以降、アメリカが原爆を日本に対して投下する上で重要な役割を担う島となる。テニアン島が、目標地点まで原爆を運搬する原爆投下作戦の基地として、また原爆開発のための「マンハッタン計画」の前方拠点として原爆の最終的な組み立てをする場所となるからである。前者の原爆投下作戦を担ったのが陸軍航空部門の第509混成部隊である。1945年2月にテニアン島が同部隊の発進基地と決まり、同部隊は5月以降数班に分かれてヴェンドーヴァーからテニアン島に移動して第XXI爆撃司令部の指揮下に入った。[37]

「アルバータ計画」と名づけられた科学者・技術者の集団が、原爆を兵器として実戦使用できるように完成させる任務を担った。1945年3月にオッペンハイマー・ロスアラモス研究所所長は、原爆開発にたずさわっていた科学者や技術者たちの一部をロスアラモス研究所のいわば前線研究所となるべく組織しテニアン島に派遣する「アルバータ計画」の創設を決めた（これと同時に彼は、爆縮型プルトニウム原爆の爆発実験の実施を任務とする「トリニティ計画」と名づけたもう1つの科学者・技術者組織を創設した）。「アルバータ計画」の任務は3つあり、①原爆の設計と部品の調達・製造、②原爆の空中投下試験の継続、③実戦使用する原爆の最終組み立てだった。つまり同計画の任務とは、原爆をB-29から投下して実戦使用できるよう準備することにほかならなかった。同計画の指揮官となったのがパーソンズ海軍大佐であり、1943年5月5日開催の軍事政策委員会で原爆の開発に不可欠な技術者として真っ先に彼の名前が挙がったように、同大佐はアメリカ軍の中で最高レベルにあった技術者だった。物理学者のノーマン・ラムゼイ（Norman Ramsey. 1989年ノーベル物理学賞受賞）が技術分野での副官として、フレデリック・アシュワース（Frederick L. Ashworth）海軍中佐がパーソンズの代理人となる副官として、それぞれパーソンズ大佐を補佐した。6月18日に同計画の構成員はテニアンへ向けてロスアラモスを出発した。[38]

(3) 原爆攻撃の対象としてのドイツ

　第1章で述べたように、ドイツによる核兵器の使用を抑止するあるいはそれに対抗するためにローズヴェルトは原爆の開発を承認したのであり、「マンハッタン計画」に参加した科学者たちは先行しているドイツに追いつくべく原爆開発に全速で取り組む考えだった。ところがある時期から、原爆が使用可能となった時にそれを実際に使用するとすればその対象はドイツではなく日本である、とアメリカの政策決定者たちは想定するようになった。グローヴスは「攻撃目標は日本であると想定していますし、つねにそのように想定していました」と1945年4月23日付のスティムソン陸軍長官宛の覚書に記している[39]。1944年9月にローズヴェルトとチャーチルが合意したハイドパーク覚書はドイツではなく日本を原爆を使用する相手国としていたこと、1943年5月のマンハッタン計画の軍事政策委員会での議論も原爆使用の標的をドイツではなく日本艦隊としていたことは、既述したとおりである。原爆による攻撃を実施するならば攻撃目標となるはずだったドイツは、いったいどの時点でそしてなぜ、そうではなくなったのだろうか。

　ローズヴェルト大統領がドイツに対する原爆使用の可能性を検討していた機会があったことを示す数少ない記録の1つが、1943年6月24日のローズヴェルトとブッシュの会談について記したブッシュの覚書である[40]。その日2人は昼食を食べながら、ドイツと原爆に関する問題について話し合った。大統領はドイツの原爆開発状況について知りたがったが、ブッシュは有用な情報がないのでわからない、ドイツのほうが先行している可能性があると指摘した。2人はまた、日本あるいは日本の艦隊に対して原爆を使用する可能性についても話をした。のちにブッシュはその点について、日本に対する原爆の使用とドイツに対する原爆の使用とではそれらの計画における観点や力点が異なってくることを明確にしようとしたが、大統領にはその違いがうまく伝わらなかった、とこの会談についての覚書に記している。ブッシュはマンハッタン計画の軍事政策委員会のメンバーでもあり、日本艦隊を原爆による攻撃目標としてあげた1943年5月5日の同委員会の会議に出席していた。ブッシュが日本に対する原爆の使用とドイツに対する原爆の使用との違いを述べたのは、その軍事政策委員会で

の議論を反映してのことだろう。しかし、具体的にどのように観点や力点が異なるとローズヴェルトに伝えようとしたのか明らかではないし、ドイツに対する原爆使用の可能性がどのように想定されていたのかも不明である。しかしローズヴェルトが、ドイツに対する原爆使用をとりうる選択肢として保持していたことを、この会談の記録はまがりなりにも示唆している。

　このほかにローズヴェルトがドイツに対する原爆使用の可能性を保持していたことを示す資料として、グローヴスが第二次世界大戦終結後に残したものがある。グローヴスは回顧録の中で、1945年2月のヤルタ会談に出発する直前にローズヴェルトがグローヴスに対して、「ヨーロッパでの戦争が終わる前に最初の原爆［複数］が完成したならば、それらをドイツに対して投下できるよう準備しておいてほしい、と述べた[41]」と記している。やはり戦後の別の機会にグローヴスは、ドイツとの戦争が長引くかもしれずドイツに対して原爆を使えるよう準備すべきであると考えていると大統領が語った、と述べたという[42]。けれども、これらの戦後にグローヴスが残した証言を裏づける他の記録は見当たらない。グローヴスがローズヴェルト大統領と会談したのは、おそらく1944年12月末のただ1回だけであり、グローヴスが回顧録に記したのとは異なりヤルタ会談に出発する直前のことではなかった。グローヴスの戦後の回想が真実を語っていたとは断言できない。

　アメリカの政策決定者たちが、ドイツをやがて開発されるであろう原爆を使用する対象として考えていたとすれば、それはいつ頃までだったのか、そしてまた、どの程度具体的にドイツを原爆の使用対象として考えていたのか。アメリカの政策決定者たちは、1944年夏に編成された第509混成部隊をドイツも攻撃目標とする原爆投下作戦の実施部隊と想定していたのか。これらの問いに対する決定的な答えはまだだされていない。

4　おわりに

　本章が描きだしたのは、ローズヴェルト大統領の原爆使用方針がどのようなものであったのかであり、彼が1945年4月に亡くなるまでにアメリカ軍が進め

ていた原爆の使用に向けた準備の展開である。

　ローズヴェルトは死去するまで原爆の使用についての検討や決定を先延ばしした。彼はドイツに対する原爆使用の可能性を排除したわけではなかったし、原爆を実戦使用するのではなく脅しの手段としてのみ用いるという選択肢も排除しなかった。1944年6月にノルマンディー上陸作戦の成功によりフランスに第二戦線が開かれてドイツの敗北が時間の問題となった後、同年9月のハイドパーク覚書が記していたように、「熟慮した上で、おそらくは」原爆を日本に対して（ドイツに対してではなく）使用するだろう、という考えにローズヴェルトは同意した。ただしその後も彼は、なんらかの具体的な決定をすることによって原爆の使用それ自体や原爆の対日使用に対して関与を深めることをしなかった。決定をあくまでも先送りしたのだった。

　その一方で、原爆の開発だけではなく実際に原爆を日本に対して使用する軍事作戦の準備は着実に進みつつあった。1944年8月にグローヴスは、B-29爆撃機を原爆を搭載できるよう改装して原爆投下機として使用することを決めた。そしてグローヴスのもとでアメリカ陸軍航空隊は、原爆投下作戦の遂行に特化した爆撃部隊である第509混成部隊を編成しその訓練を1944年12月から開始した。原爆の設計・開発と組み立てを任務としたロスアラモス研究所は、実戦使用できる原爆を準備する任務をもった「アルバータ計画」を1945年3月に組織した。このようにローズヴェルト大統領のもとでアメリカは、ドイツに対してではなく日本に対して原爆を使用するための準備を着実に進めつつあった。それは、アメリカ軍が実際に使用する兵器としての役割を原爆に与えていた以上は、原爆が現実のものとなった時に遅滞なくそれを日本に対して使用できる準備しておくことが軍としての任務だったからである。ローズヴェルト大統領のもとでアメリカ軍がこのように原爆使用作戦の準備を進めていたがゆえに、トルーマンがそれを引き継ぎ実際に原爆が現実のものとなったときに、アメリカは原爆を遅滞なく日本に対して使用することができることになるのだった。

　ローズヴェルトの死去により副大統領から大統領へと昇格するトルーマンは、原爆の対日使用に向けた実際的な準備をローズヴェルトの遺産として引き

継ぐこととなる。12年間にわたって国内外で指導力を発揮した偉大な前大統領が実行する直前近くにまで準備してきた政策を副大統領から昇格したばかりでまだ政治的基盤が固まっていない新大統領が変更することには大きな政治的コストが必要となっただろう。したがってローズヴェルト大統領が残した遺産は、新しく大統領となったトルーマンがとりうる政策の選択の幅を制限する意味をもった。

　ローズヴェルト大統領が亡くなる前日の日記に、スティムソン陸軍長官は次のように記した。「原爆には次のような特異性がある。すなわち、あらゆる予想はこれまでにすべて満たされてきたし、［その開発の］成功は99％間違いないと思える。しかし、その兵器を初めて実際に戦争で試すことによってのみ、その実際の確実性が明確となる」と。このようにスティムソンが日記に記してからおよそ4カ月後に、アメリカは実際に戦争で初めて原爆を使用することとなる。新しい大統領が陸軍長官とともに進んでいく原爆の対日使用へとつながる道のりを次章以降でたどっていく。

第3章

新大統領トルーマンの原爆使用をめぐる検討課題

――原爆の対日使用問題とその国際関係への影響――

1 はじめに

　アメリカの副大統領だったトルーマンは、ローズヴェルト大統領が死去したために1945年4月12日に第33代大統領に就任した。その時ヨーロッパにおける第二次世界大戦は最終局面にあり（ドイツの降伏は5月8日）、アジア・太平洋ではアメリカ軍が沖縄に上陸し（4月1日）その後3カ月近く続くこととなる地上戦を戦っていた。第二次世界大戦終了後の戦後処理の問題や新しい国際秩序の形成が、連合国とくにアメリカ、イギリス、ソ連の指導者たちにとっての大きな課題として存在していた。その年の2月にはヤルタ会談が開かれ、そのような課題を米英ソ三カ国の首脳は協議していた。4月25日にはサンフランシスコで国際連合を創設するための会議が始まる予定であり、戦後の新しい国際秩序へ向けて世界は歩みを進めつつあった。トルーマンは、第二次世界大戦の終結へ向けた連合国間協力の確保と戦後の新しい国際関係を視野に入れたアメリカの外交政策のかじ取りを、大統領として担うこととなった。

　それに加えて、大統領に急きょ昇格したトルーマンは、連邦議会上院議員そして副大統領を務めていた頃にはその存在さえもはっきりとは知らなかった原爆の開発計画を、その成功が間近に迫っていた段階で前大統領から引き継ぐこととなった。[1] 大統領就任の宣誓を終えたその日のうちにトルーマンは、原爆に関する文民責任者であるスティムソン陸軍長官から、原爆開発計画の存在を知らされた。[2] 新大統領は、間近にその完成が迫った巨大な破壊力を持つ原爆とい

うまったく新しい種類の兵器を戦争終結のためにどのように活用し、さらには原爆の出現に国際社会を準備させるという課題をも担うこととなった。

　本章は、大統領に就任してから1945年6月末までのおよそ3カ月の間に、トルーマンがそれらの課題に対してどのように対応し、そのように対応したのはなぜだったのかを分析し記述しようとするものである。第2節では、新大統領が前大統領から引き継いだ原爆に関する政策を継続させた姿勢を描く。その次に、いよいよ原爆の開発成功が目前に迫る中で、トルーマン政権の政策決定者たちが対日原爆使用の問題をどのように検討し、なぜ原爆を日本に対して実戦使用するという選択をしたのかを明らかにする。次に第3節では、戦後の国際関係とくに原爆の国際規制体制の確立に対して日本に対する原爆の実戦使用が悪い影響を与えることを懸念する意見を科学者たちが表明するが、対日原爆使用について検討した暫定委員会がそのような懸念を退けて原爆の対日実戦使用の方針を堅持したのはなぜだったのかを探る。本章は、アメリカの政策決定者たちが原爆の対日使用を第二次世界大戦終結後の核兵器をめぐる国際関係と関連づけて考察していた姿を示すことになるだろう。

2　2つの諮問委員会からの対日原爆投下の提言

(1) ローズヴェルト前大統領の政策の継続

　大統領に就任したトルーマンは、ローズヴェルト前大統領が進めていた政策を踏襲していく姿勢を示した。「前大統領がやろうとしたであろうと私が信ずることを続けていくよう私は努力します[3]」と述べて、彼は前大統領の政策を継続していく方針を公に示した。またトルーマンは、人事の面からローズヴェルト大統領政権との連続性を確保しようとした。大統領就任の宣誓を終えた直後にトルーマンは、閣議を招集して全閣僚の留任を求め、その翌日には大統領軍事問題特別顧問であるレーヒにも留任を要請した[4]。トルーマンが前大統領の政策を継承していく方針を示したことと、政策決定にあたって前大統領の助言者たちに依存したことによって、ローズヴェルトが進めていた諸政策を批判的に検討しそれらの是非を問う機会は遠のくこととなった。ローズヴェルトがとっ

第3章　新大統領トルーマンの原爆使用をめぐる検討課題

てきた原爆に関する政策もその例外ではなく、原爆が開発されたならばそれを日本に対して使用する可能性についても批判的に検討されることがなかった。

　大統領の交代によって政策決定における影響力を強めたのが、連邦最高裁判所の元判事で3月末まで戦時動員局長官を務めていたバーンズだった。バーンズは連邦上院議員だった1935年に、新人の上院議員としてワシントンにやってきたトルーマンと初めて会い、それ以来ワシントン政界における長老政治家としてトルーマンの後ろ盾となった。1944年の大統領選挙の際に、ローズヴェルト大統領と対をなす副大統領の有力候補と大方が目していたのはバーンズだったが、民主党党大会が副大統領候補として実際に選出したのはトルーマンだった。その出来事が、その後のこれら2人の関係に微妙な影を落としてきたのだが、大統領に就任したトルーマンは、国連創設会議が終了した後にステティニアス（Edward R. Stettinius）国務長官に代わってバーンズを国務長官に登用する考えをもった（バーンズが国務長官に就任するのは7月3日である）。1944年に副大統領の座をバーンズから奪ったことへの個人的な償いという理由もさることながら、自らのとぼしい外交経験をバーンズに補ってもらう現実的な必要がトルーマンにはあったからである。バーンズは、1945年2月に開かれたヤルタ会談にアメリカ代表団の一員として参加しており、ヤルタ会談ひいては外交に精通した政治家としての評価を得ていた。バーンズが記したヤルタ会談に関する記録は、たとえそれがヤルタ会談の一部分についての記録でしかなかったとしても、会談に参加した当事者による記録としてホワイトハウス内の金庫に最高機密文書として保管されていた。[5]

　原爆開発が進行中であることをバーンズは知っており、原爆に関するトルーマンへの助言者としての役割を果たしていく。大統領に就任した日にスティムソンから「信じられないほどの爆発力を持つ爆弾」の開発が進行中であるとだけ簡単に知らされたトルーマンだったが、[6]翌4月13日には詳しいことを知ることになる。回顧録の中でトルーマンは、「現在進行中のおよそ信じがたい開発とわれわれが間もなく手にするかもしれない恐ろしい力について自分が幾分か理解できるには十分なほど、［原爆について］私は教えられた」と記している。その日トルーマンに原爆開発について教えたのはバーンズだった。トルーマン

53

はやはり回顧録の中で「原爆は前例がないくらいの規模で都市を丸ごと破壊し人々の命を奪うような力をもつと、バーンズが私に述べた。さらに彼は、原爆が戦争の終わりの時点でわれわれが望む条件を相手に受け入れさせる立場にわれわれを立たせるという彼の考えを付け加えた」とも述べている[7]。こうしてトルーマンは、4月25日にスティムソンらと原爆について協議する前に、バーンズから原爆について教えられていたのだった。

　トルーマンが大統領に就任してからおよそ2週間がすぎた4月25日に、スティムソンはグローヴスを伴って大統領に面会し、原爆開発の現状と原爆開発が提起する将来の問題について報告した。この時スティムソンが大統領に提出した覚書はその冒頭に、「1発で1都市全体を破壊するという人類史上未曾有の恐るべき兵器を、われわれは間違いなく4カ月以内に完成させているでしょう」と記していた。スティムソンは原爆開発の進展について大統領に説明しただけではなく、原爆の開発が国際政治とアメリカ国内政治の上に重要な問題をもたらすであろうことも指摘した。「この兵器の規制は、特定の国の内部においても国家間においても、疑いなく困難きわまりない問題」となる、とスティムソンは大統領に訴えた。とくに彼が重要な課題として大統領に提起したのは、原爆開発を国際的に規制する体制の構築を構想しその実現に向け努力を始めることの重要性だった。そのためにスティムソンは、原爆開発が秘密ではなくなった時に「アメリカ政府の行政府と立法府に対してとるべき措置を提言する」小規模な委員会（スティムソンはこの委員会を「暫定委員会」とのちに名づける）の設立を提案し、トルーマンはそれを承認した。グローヴスがこの会談のために事前にスティムソンに提出していた覚書（トルーマンはこの会談の最中にその覚書に目を通した）は、「今後もアメリカが原子力兵器の分野での優位を保っていくならば、アメリカの将来はよりもっと安全であり、世界平和を維持する可能性は大きく高まるでしょう」と述べて、アメリカが原爆における優位を維持していくことの重要性も指摘していた[8]。

　原爆開発の成功がアメリカに与える軍事的優位をどのように活用して日本との戦争を終わらせるのか。この会談についての記録は、その点についてはっきりとは明らかにしない。スティムソンがこの会談のために大統領に提出した覚

書は、原爆を日本に対して使用する問題には何も言及していなかった。一方グローヴスの覚書は、「核分裂爆弾の開発成功は、より少ないアメリカ人犠牲者とより少ないアメリカの資産の損失によって、現戦争に勝利する決定的な要因をアメリカに与えることになるでしょう」と述べて、原爆が日本との戦争をより早く終わらせる上で果たすであろう大きな役割を強調した。またグローヴスは、「8月後半以降は10日毎に1発の原爆を投下できる」見込みであることもトルーマンに伝えている。けれどもこの会談では、原爆を日本に対して使用すべきかどうかを彼らは議論しなかったし、トルーマンがこの日その設置を決めた委員会が原爆を対日使用すべきかどうかの問題を検討する、と想定したものもいなかった。しかもトルーマンとスティムソンは、グローヴスが示唆した原爆の対日実戦使用方針（「現戦争に勝利する決定的な要因」と「10日毎に1発」はそれを意味した）に反対せず留保もつけなかった。それはあたかも、原爆が使用可能になった時にはそれを使用するという考えを、少なくともこの時点ではこの3人が共有していたことを意味していたかのようである。

(2) 原爆投下目標の選定──目標検討委員会

次節で論ずる暫定委員会による原爆の使用方法に関する議論よりも早くからそしてもっと緻密に、原爆を軍事的に使用することを前提としてその投下目標や投下作戦を検討したのが目標検討委員会である。1945年4月にグローヴスが、原爆を投下する目標を軍事的な面から検討する目的でこの委員会を設置し、トーマス・ファレル（Thomas F. Farrell）准将などの陸軍航空隊を代表した軍人たち、およびフォン・ノイマン（John von Neumann）やディヴィッド・デニソン（David M. Dennison）、オッペンハイマーらのロスアラモス研究所を代表した科学者たちが委員となった。

同委員会は4月27日に開かれた第1回会議で、原爆投下の対象として検討すべき目標を、次のような条件を備えた目標とすることとした。すなわち、広さが直径約5km［3マイル］以上あり人口が多い地域の中にある都市部であること、東京と長崎の間に位置していること、目標または照準点が戦略的に重要な価値をもつことである。目標検討委員会はその第1回会合で、それらの条件を

満たす17都市地域を、検討の対象として選びだした[11]。

　5月10日と11日に開かれた第2回会合で目標検討委員会は、原爆投下の目標となる都市地域を絞り込んでいった。この日の会議ではジョイス・スターンズ(Joyce C. Stearns)博士が、8月までに空襲を受けていないという条件を新たに加えて、「(1)直径約5km［3マイル］以上の大都市地域にある重要目標であること、(2)爆風によって有効に損害を受けられること、(3)次の8月までに［通常爆撃による］攻撃をうける可能性が少ないこと」という3つの条件を満たす目標がどこになるのかを調査した結果を報告した。スターンズがさらに検討をくわえるべき目標の候補としてあげたのは、5つの都市地域（京都、広島、横浜、小倉兵器廠、新潟）だった（京都と広島はAA、横浜と小倉兵器廠はA、新潟はBと評価された）。皇居を攻撃目標とする案も含めて検討した結果、同委員会は、新潟を除外して京都、広島、横浜、小倉兵器廠の4つを、原爆による攻撃目標の候補として選び出した。それは、目標検討委員会がこの日に合意した次の点を反映した選択だった。すなわち、「目標の選定において心理的要因が重要である。それには2つの側面がある。(1)日本にとって不利にはたらく最大の心理的効果を挙げること、そして(2)原爆に関する情報が公開されたときにその兵器の重要性が国際的に認識されるようにするために、原爆の最初の使用を十分に劇的なものにすること」である。このような合意が原爆投下目標を選択する上での基本方針となったのである。その結果、他の都市よりも高いレベルにある知識層が住民の中に存在する京都と、適度の大きさと山に囲まれた地形をもつ広島が、他の都市地域よりも投下目標にふさわしいと同委員会は評価した。この日の会議の記録はその理由を、京都の場合は使用された兵器の重要性をよりよく住民が理解できるだろうし、広島の場合は都市部の大部分が破壊されるだろう、と記している。原爆の投下目標の1つとして検討された皇居については、「目標候補の中で最も有名であるが、戦略的な価値は最も低い」と評価している[12]。こうして目標検討委員会は、原爆を日本の都市に対して使用し原爆の破壊力を誇示することによって、日本人に最大限の心理的衝撃を与えさらには世界中の人々に原爆の威力を印象づけることを、日本における原爆を投下する標的の選定において重視する方針をとったのだった。

これまでの目標検討委員会による目標選定の過程において特徴的に見られるのは、同委員会が爆風による破壊を重視していた点である。原爆の爆発力は、爆風、熱線、放射線などのエネルギーとしてあらわれるが、同委員会が原爆の投下目標や投下作戦の検討において重視したのは、一貫して爆風による破壊効果だけだった。第1回会合の冒頭での議論を集約してファレル准将は、目標選定の基準を次のように要約した。B-29爆撃機の航続距離は最大でおよそ2400km、目視爆撃が不可欠である、目標上空の気象状態、予想される爆弾の爆風効果とそれが与える被害、爆撃部隊は1つの主要目標と2つの代替目標をもつことである、と。これらには原爆の爆発が生みだす熱線と放射線にかかわる基準は1つも入っていないが、目視爆撃と目標上空の気象状態はともに爆風の効果を最大限に発揮させるための条件である。

　原爆が爆発する地点の天候は爆風効果を大きく左右する、と科学者・技術者たちは予想していた。1945年4月にパーソンズ海軍大佐はデニソン博士宛の書簡で「地上の豪雨あるいは濃霧は、爆風力を50％ほど低下させるであろう」と書いている（パーソンズもデニソンも目標検討委員会の委員である）。原爆の爆風効果は、目標地点の地形によっても大きく左右される、とやはり科学者・技術者たちは想定していた。1944年12月に同じくパーソンズ海軍大佐は、「最も有望な目標地域には丘陵や河川流域があることがまず確実であり、それらは、特殊装置［原爆］が的確な地点に投下された場合は、爆風力を増大させ、逆に、的確な地点をはずれた場合には、爆風力を弱めるだろう」と、パーネル海軍少将に宛てて述べている。したがって、晴れた天候のもとで、目標地域の地形を考慮して原爆の爆風効果を損なわないよう最も的確な地点に原爆を投下して爆発させることが重要であった。原爆を搭載した爆撃機は、通常の爆撃の場合よりもずっと高い高度を高速で飛行するはずだった。1945年当時は画面に写されるレーダー画像の解像度が低かったので、レーダーを使用しての爆弾投下よりも目標を直接目視しての原爆の投下のほうがより命中精度が高い、とパーソンズは考えていた。このような理由から目視爆撃は、原爆の爆風の効果を高める上で不可欠な条件だった。

　5月28日に開かれた第3回目の会合で目標検討委員会は、原爆投下目標や投

下に向けた準備についてさらに議論を進めた。会合では、ローリス・ノースタッド（Lauris Norstad）将軍に代わって陸軍航空隊の第20航空軍を代表する同委員会の委員となったウィリアム・フィッシャー（William Fisher）大佐が、最初の原爆投下作戦のために3つの目標が留保されて対日戦略爆撃の対象から除外されている、と発表した。また、スターンズ博士が京都、広島、新潟に関する資料を提出したあと同委員会は、軍事基地や軍需工場などの「大都市地域にある重要目標」を原爆の投下目標とするのではなく都市の中心部を目標として原爆を投下する、という結論に達した。その会合の議事録は次のように記している。

(1) ［原爆投下の］照準点［複数］は定めない。これは気象条件が明らかになった時点での前線基地での決定にゆだねる。
(2) 精密照準目標としての工業地域の位置を無視する。なぜならこれら3つの都市では工業地域は小さく都市のはずれにあり、しかもかなり分散しているからである。
(3) 選定された都市の中心部に最初の原爆を投下するよう努力する。すなわち、完全な破壊のためにさらに1、2発の原爆を投下することはしない。
(4) 高性能爆弾と模擬爆弾の建物に対する効果についての情報をさらに得ることが望ましい。それらは「機密」扱いとした上で通常の通信経路によって送られてよい。[17]

こうして第3回会合は、「大都市地域にある重要目標」の破壊を原爆投下によって達成すべき目標としていたそれまでの方針を変更して、「最初の原爆」の使用に際しては、「選定された都市の中心部」を標的とし広範な都市域を破壊することをその達成すべき目標としたのだった。

この合意はそれまでの合意とは異なる点をほかにも含んでいた。まず、地形を考慮に入れて「精密照準目標」を決めることによって、爆風による破壊効果を最大にしようとする方針の放棄である。目標検討委員会は、地形を度外視して、都市の中心部に原爆を投下する方針へと転換した。次に原爆投下目標となる都市の変更である。第2回の会合が原爆投下の標的として選び出したのは、京都、広島、横浜、小倉兵器廠の4つだった。しかし第3回の会合は、横浜、小倉兵器廠を除外して新潟を加えた。その結果、京都、広島、新潟の3つの都市を投下目標として選定した。（攻撃目標となる都市は、その後何度か変わった。ス

第 3 章　新大統領トルーマンの原爆使用をめぐる検討課題

ティムソンは京都を原爆攻撃の目標とすることを承認せず、京都に代わって長崎が 7 月 24 日に攻撃目標に入る。最終的に確定した目標は、広島、小倉、新潟、長崎の 4 都市である[18]。

　この会合が開かれた翌日の 5 月 29 日に、都市地域に対する事前警告なしでの原爆の使用に反対する意見を、マーシャル陸軍参謀長が表明した。スティムソンはこの日、最小限の犠牲によって日本との戦争を終わらせる方法について協議するために、ジョン・マックロイ (John J. McCloy) 陸軍次官補を伴ってマーシャル陸軍参謀長と会った。その時にマーシャルは、原爆使用の最初の段階では「原爆［複数］を大きな海軍施設のような純粋な軍事目標［複数］」に対して使用し、その結果が望むような成果を出さなかったならば、次に「大きな産業地域［複数］」に対して原爆を使用する、という原爆の使用方法についての彼の考えを示した。しかもマーシャルは、事前警告を与える重要性を強調した。具体的な都市名は伏せたままで都市・産業「中枢を破壊する意図をわれわれはもっていると日本人に伝え」ることによって、産業地域から避難するようあらかじめ住民に対して警告をした上で、都市地域への原爆使用を行なうべきであり、「われわれが警告を与えたという記録が明確となるようあらゆる努力をすべきである」と述べた[19]。このような考えをマーシャルが表明したことは、実際にアメリカがそうしたように事前警告なしで都市に対して最初の原爆を使用することに反対する考えを、トルーマン政権の中枢にいた政策決定者の 1 人が示した数少ない例である。しかし、スティムソンとマックロイはこの時、マーシャルが述べた原爆の使用方法に賛成も反対もしなかった。そしてマーシャルもその後そのような意見を表明することはなかった。

　さて、目標検討委員会の第 3 回会合の結果を受けてグローヴスは、5 月 30 日にスティムソンおよびマーシャルと会い同委員会の検討結果を報告した。この時スティムソンもマーシャルも、目標検討委員会が選んだ 3 つの原爆投下目標都市をすべて承認せず、とくに京都については強く反対した[20]。スティムソンはその後も京都への原爆投下の承認を拒み続ける。原爆を使用する 2 週間前の 7 月 24 日に彼がポツダムでトルーマン大統領に語ったその理由は、京都への原爆投下によって、その地域の日本人が「われわれに対して友好的な感情をもつ」

59

ことを戦後の長期にわたって不可能としてしまうのではないか、あるいは、「ソ連が満州地域に侵攻した場合には日本をアメリカに対して友好的な国にするというアメリカの目標が阻害されるのではないか」というものだった[21]。スティムソンは、戦後の日本がアメリカとソ連のどちらの友好国になるのかという戦後の世界への考慮から、京都を原爆投下の標的とすることに反対したのだった。

(3) 原爆の対日使用問題と暫定委員会

　目標検討委員会が第3回会合で原爆投下目標を3つの都市に絞り込んだ3日後に、暫定委員会は原爆投下の事前警告なしで日本の都市に対して原爆を使用することに同意する。それによりトルーマン大統領は、また一歩原爆の対日使用へと近づいたのだった。

　5月2日にスティムソンは、再び原爆の問題について協議するために大統領のもとを訪れた。スティムソンの来訪の目的は、彼が「暫定委員会」と名づけることになる原爆や原子力の産業的利用のアメリカ国内および国際的な規制や広報などの広範な問題について検討する委員会の委員の人選を協議することだった。スティムソンが用意していた委員候補案をトルーマンは了承した。委員としてスティムソンが提案したのは、次の面々だった。スティムソン本人（委員長。その代理としてジョージ・ハリソン［George L. Harrison］）、ブッシュ科学研究開発局長官、コナント国防研究委員会委員長、カール・コンプトン（Karl T. Compton）博士、ウィリアム・クレイトン（William L. Clayton）国務次官補、ラルフ・バード（Ralph A. Bard）海軍次官、そして大統領代理委員（未定）である。クレイトンとバードを除いて、スティムソン、ハリソン、コナント、ブッシュおよびカール・コンプトンはいずれも、原爆開発の始まりの段階から原爆とかかわってきた人物たちである。この時点でその委員会において大統領の代理役となる委員を誰にするかは未定だったが、翌5月3日にスティムソンがバーンズを大統領代理委員に推薦すると、大統領はそれを了承した（先述したようにトルーマンは次の国務長官にバーンズを任命する予定だった）[22]。同委員会は5月14日に開かれた非公式会議で、アーサー・コンプトン、ローレンス、フェル

ミ(これら3人はいずれもノーベル賞受賞者だった)、そしてオッペンハイマーの計4人からなる科学顧問団を同委員会のもとに設けることを了承した[23]。

暫定委員会が議論すべき課題としていた中には、原爆を日本に対して使用するかどうか、あるいは原爆をどのように使用するか、という問題は当初は入っていなかった。4人の科学顧問、マーシャル陸軍参謀長やグローヴスも加わって5月31日に開かれた暫定委員会の第1回公式会議の冒頭で議長であるスティムソンが強調したのは、原子力開発が「単なる軍事兵器としての問題ではなく、人間と宇宙との間の新しい関係の問題」であり、それが「文明に対する脅威ではなく平和の保障となるように規制されなければならない」という点だった。それゆえにスティムソンが委員たちに検討を求めたのは将来構想であり、それは、「1. 将来の軍事兵器、2. 将来の国際競争、3. 将来の研究、4. 将来の規制、5. 将来の特に非軍事面での開発」という五つの側面にわたっていた。日本に対する原爆使用は、スティムソンが示した検討課題に含まれていなかったのである。けれども、近づきつつあった日本に対する原爆使用が将来における原爆の国際的な規制のための国際協力の構築に与える影響を考慮に入れることは、委員たちの多くにとって重要な問題として意識されていたといってよいだろう。5月31日午前10時から始まった暫定委員会公式会合では、原子力の研究や開発にかかわる国際的な問題やアメリカ国内に生じる問題などが午前中に討議された[24]。

原爆の日本に対する使用が話題として提起されたのは、1時15分に午前の会議が終了したあとの昼食の席でのことだった(したがってその時の議論は公式記録には残されていない)。会議に出席した委員たちの一部が、日本を降伏させるために原爆を実戦使用するのではなく、日本に対して原爆の脅威を示し降伏を促す警告として原爆の示威的な公開爆発(demonstration)を行なうことの適否について論じ始めた。しかし、その実施には大きな問題点があるため適切ではないとして、原爆の示威的な公開爆発という考えは退けられた。議論となった案の1つは、日本政府に対して原爆の示威的な公開爆発の実施の日時と場所を事前に伝えておいてからの公開爆発の実施である。その案に対しては、公開爆発地点に向かって飛行する原爆搭載機を日本軍が攻撃してくる可能性や、その地点

に日本がアメリカ人捕虜を連れてくる可能性が、問題として指摘された。また、アメリカ軍が投下した原爆が爆発に失敗した場合には、アメリカが将来日本に対して発する警告の信頼性が傷つき日本の頑迷さを強める結果となる可能性の指摘や、堅固な建造物を原爆で破壊することが最も有効なその威力の示し方である、という意見もあった。その上、アメリカが原爆の開発に成功したとしても実際に使用できる原爆の数が少なく、1発の原爆を製造するのに数週間を要する見込みだった。結局その議論に加わっていた委員たちは、危険性が少なくしかも効果的な日本に対する原爆の示威的爆発の実施方法をみいだすことができなかった[25]。

昼食後に再開された暫定委員会の公式会合でスティムソンは、当初の予定を変更して、原爆による爆撃が日本人と彼らの戦意にどのような影響を与えることになるか、という問題を議論の論点として取り上げることとした。委員たちの間からは、1発の原爆による爆撃は今行なっている規模の空爆による効果と大きな差はないのではないか、という意見がだされた。それに対してオッペンハイマーは、「原爆による爆撃の視覚的効果は絶大となるだろう。それは高度3000mから6000mの高さに達するまばゆい閃光をともなうだろう」と指摘して、原爆による爆撃が通常の爆弾による爆撃ではみられない非常に高くまで達する閃光を発し、それが大きな印象を与えることになる点を強調した。またオッペンハイマーは、原爆がそれまでの爆弾と異なる点として、放射線による破壊の効果を指摘することも忘れなかった。原爆の「爆発によって中性子が与える影響は、少なくとも半径約1km［3分の2マイル］に存在する生命にとって危険なものとなるだろう[26]」と、彼は述べた。（ただしオッペンハイマーがこのおよそ3週間前の5月11日にファレル准将を通じてグローヴスに伝えていた推測は、これよりもずっと明確で直接的だった。すなわちオッペンハイマーは、人体に対する原爆の爆発による放射線量が、半径約1km［3分の2マイル］以内で致死量となり、半径およそ1.6km［1マイル］以内では障害を与える量に達する、との推測を示していた[27]。）

このような議論をへたあとで暫定委員会が達した日本に対する原爆の使用に関する合意を、公式の会議記録は次のように記している。

第3章　新大統領トルーマンの原爆使用をめぐる検討課題

　さまざまな［原爆の投下］目標およびもたらされる効果について大いに議論したあと、［スティムソン陸軍］長官は全員が同意した次のような結論を述べた。すなわち、われわれは日本に対して事前の警告を与えることはできない。われわれは民間地域に攻撃を集中させることはできない。しかしわれわれは、可能なかぎり多くの数の住民に深刻な心理的な印象を与えるようにすべきである。長官はコナント博士の提案を受けて、最も望ましい［原爆の投下］目標は、多数の労働者を雇用し、かつ、その近くを労働者たちの住宅がとり囲んでいる重要軍需工場であろうという点に同意した。

　この結論には、大きな矛盾が存在していた。それは、一般市民が住む民間地域を攻撃目標にしないことと、たとえ彼らが軍需生産に動員されている労働者たちであるとしても、一般の市民が住む住宅がそのまわりを囲むように建っている重要軍需工場を爆撃目標とすることとの間にある矛盾である。この日の午前に開かれた会合でオッペンハイマーは、ウラン235を原料とする原爆の爆発力が、2000t（2kt）から2万t（20kt）のTNT火薬爆弾の爆発力に相当するだろうという推測を述べていた(29)（広島で実際に爆発したウラン原爆の爆発力は16ktだった）。2ktのTNT火薬爆弾の爆発力とは、アメリカ軍が日本に投下してきた通常爆弾数百発が1度に爆発するような爆発力である。そのような爆発力をもつ原爆による破壊が広い範囲に及ぶ以上は、一般市民を直接の攻撃目標としなくとも一般市民に危害が及ぶことは想像にかたくない。しかし、一般市民が住む民間地域を攻撃目標にしないことと一般市民の住宅がその周囲に建つ軍需工場を爆撃目標とすることとの間に矛盾があることを指摘した委員は1人もいなかった(30)。そこには、原爆による破壊の目標が都市ではなく軍事施設（軍需工場もそれに含まれる）であるとみなすことによって、原爆の使用を正当なものであると考えようとする心理がはたらいていたのかもしれない。

　この日の会合では、複数の原爆を同時に1つの目標に投下するという案についても委員たちが議論した。そのような案に対して反対したのはグローヴスである。彼は、1つの目標に複数の原爆を同時に投下する場合には、1発ずつ何度か原爆を使用することによって得られるであろう知見を得られなくなってしまうし、原爆の組み立てを急がなければならなくなる結果、想定通りに原爆が爆発することへの信頼性が低下する恐れがある、さらには、原爆の爆発による

効果を他の通常爆弾による破壊と区別することが困難になる、として複数原爆の同時使用に反対したのだった。[31]

　5月31日の会合はこのあと別の議題へと移り、暫定委員会における原爆使用についての検討はこれで実質的には終了した。翌6月1日に開かれた暫定委員会会合は、5月31日に同委員会が達した合意を再確認したにすぎなかった。6月1日の暫定委員会記録は次のように記している。

> バーンズが [スティムソン] 陸軍長官に対して次のように提言することを提案し、委員会はそれに同意した。その提言とはすなわち、[原爆の投下] 目標の最終的な選定は軍事的決定事項に属するが、本委員会の現在の見解は、原爆は日本に対して可能な限り早く使用されるべきである、原爆は労働者の住宅に囲まれた軍需工場に対して使用されるべきである、しかもそれは事前の警告なしに使用されるべきである、というものである。小型の原爆は実験で使用され、大型の（砲身型）原爆は最初の日本に対する攻撃で使用される、というのが本委員会の理解しているところである。[32]

　暫定委員会は、日本に対してその使用を事前に予告することなく、示威目的の公開爆発ではなく日本の都市にある軍需工場を標的とする実戦使用として、開発され次第ただちに原爆を日本に対して使用するよう勧告したのだった。こうして暫定委員会の日本に対する原爆使用についての検討は終わった。同委員会の検討結果を、まずバーンズがついでスティムソンが、それぞれ大統領に伝えた。[33]

　このように5月末までに、完成が間近に迫った原爆開発計画を前大統領から引継いだトルーマン政権の政策決定者たちは、重要な諮問委員会から原爆を日本の都市に対して使用するよう求められその方向へと歩みを進めていくのだった。

3　原爆使用と戦後の国際関係

(1) 原爆開発科学者たちからの原爆の実戦使用への反対

　原爆開発にかかわっていた科学者たちの中から、ドイツが降伏し原爆の完成に近づきつつあった1945年5月から7月の時期に、原爆を日本に対して実戦使

用することに反対する意見を表明し始めるものがあらわれた。それらの科学者たちが懸念していたのは、第二次世界大戦後の国際関係に対して核兵器の出現が及ぼす影響であり、日本に対する原爆の実戦使用が戦後に原爆の国際的な規制や禁止に向けて諸国が合意を形成するのを妨げてしまい、その結果各国が原爆の軍備競争に入ってしまうことを憂慮していた。そのため彼らは、日本に対する原爆の実戦使用をしないことと核兵器の国際規制の必要性を主張したのである。

　5月24日に科学者の1人であるブルースター (O. C. Brewster) が大統領宛に書簡を記し、原爆の対日実戦使用に反対する考えを表明した。彼は原爆の「制限のない生産競争の悲劇」が将来の世界に到来するよりも、日本を征服するためにより多くの犠牲者がでるほうがましであるとすら記して、原爆の対日実戦使用をすべきではない、と訴えた。[34]

　5月28日には、レオ・シラードがほかの2人の科学者を伴って、サウス・キャロライナ州にあるバーンズの自宅を訪れ、バーンズに対して原爆の不使用と原爆の国際規制の必要性を訴えた。シラードは1939年に、ドイツによる原爆開発の可能性を警告したいわゆる「アインシュタイン書簡」を作成し、アメリカに原爆の開発を促した科学者である。しかしシラードはその後、ニールス・ボーアと同じく、原爆を国際的に規制する必要性を痛感するようになった。そして彼は、原爆をこの戦争で使用することが国際的な原爆の規制の実現を困難にするだけではなく、第二次世界大戦後のアメリカの安全保障を損なうことにもなる、と考えたのだった。1945年3月にシラードは、アインシュタインの仲介を通じて、ローズヴェルト大統領と5月に会談する約束をえた。しかし、ローズヴェルトが4月に死去してしまったために、シラードはやむをえずトルーマン大統領との面会を求めた。そのためにシラードがホワイトハウスを訪れた時に、トルーマン大統領は彼の秘書を通じてバーンズと話をするようシラードに指示した。その指示にしたがってバーンズに面会の約束を取り付けたシラードは、5月28日にシカゴ大学の科学者2人を伴ってバーンズの自宅を訪ねることとなった。[35]

　シラードがローズヴェルト大統領との会談に備え作成し始め、5月28日に

バーンズに手渡した覚書は、日本の上空で爆発する最初の原爆が劇的な効果をもつものとなり、ただちに国々の間に原爆の増産競争をもたらすことになる恐れがあることや、原爆を使ったわずか1度の奇襲攻撃によってアメリカの多くの大都市が破壊される時代の到来を予言し、アメリカとソ連が互いに相手による原爆の大量備蓄を恐れて両国の間に予防戦争がおこる危険性を説いていた。そしてそのような事態を招くことがないように適切な措置をとるよう大統領に求める内容を、その覚書は含んでいた。バーンズを目の前にしたシラードは、原爆の国際的な規制体制の確立にとって不可欠なソ連の協力を確実なものにするためには、日本に対して軍事的に原爆を使用することはせず、ソ連に原爆の開発について伝えた上で、適切な時期に示威的な原爆の公開爆発を実施するのが最も有効だろう、と論じた。これに対してバーンズは、原爆開発に巨額の資金をすでにつぎ込んでおきながらその成果を示さないとすれば、連邦議会に原爆や原子力の研究にさらなる予算をつけることを承認させることはできない、という考えを述べた。アメリカ政界における長老政治家としてアメリカ国内政治過程への影響を最も優先的に考慮しようとしたのが、バーンズの考えだったといってよいだろう。しかもバーンズにとっては、計画されつつあった日本本土侵攻作戦が多大なアメリカ兵の犠牲を生むことになれば、開発に成功している原爆を日本に対して使用しないことについてトルーマン政権が非難を受けることは政治的な自殺行為に等しかった。さらに加えて、原爆を日本に対して使用してアメリカの軍事力を示すことでソ連との外交交渉の上でアメリカが優位に立つことができる、という期待をバーンズはもっていた。このような理由からバーンズは、シラードの意見にまったく支持を与えることはできなかった。期待していた成果をこの日得られなかったシラードではあったが、次の機会を利用すべくシカゴ大学に戻った。翌6月にその機会が訪れる。

　シカゴ大学冶金研究所を拠点として原爆開発に加わっていた科学者たちは、6月11日に「フランク報告 (The Franck Report)」として知られる意見書を暫定委員会に提出して、原爆の日本に対する軍事的使用に異議を唱えた。暫定委員会の科学顧問団の一員であったアーサー・コンプトンは、原爆の開発や使用に対する科学者たちの意見を政策決定に反映させることを目的として、科学者た

ちを委員とする6つの委員会をつくって彼らの見解をまとめさせることとした。その1つが、シカゴ大学にいた亡命科学者であるジェームズ・フランク(James Franck. 1925年ノーベル物理学賞受賞)を委員長とする、原爆開発の社会的・政治的な影響を検討した委員会だった。委員として名を連ねた6人の中には、グレン・シーボーグ(Glenn T. Seaborg. プルトニウムの発見者、1951年ノーベル化学賞受賞)、ユージン・ラビノヴィッチ(Eugene Rabinowitch. のちに『原子科学者会報』の編集者となる)、そしてシラードらがいた。同委員会の見解をまとめたのが「フランク報告」である。[38]

「フランク報告」は、次のように議論を展開した。アメリカが核兵器による破壊の危険を避けるには2つの方法がある。1つは核兵器に関する科学的知識を秘密にしておく秘密主義であり、もう1つは他国がアメリカによる報復を恐れて抑止されるようにアメリカが核軍備で圧倒的な優位に立ちつづける道である。しかしながら、第1に核兵器についての科学的知識を永久に秘密にしておくことは困難であり、第2に他国は奇襲攻撃によってアメリカの核軍備での優位を覆そうとするだろう。したがって、それら2つの方法のどちらによっても、アメリカは核兵器による破壊の危険を逃れることはできない。核戦争を防止するという国際的な合意のみが、そうすることを可能とするだろう。そのような合意を達成しようという「意志の欠如ではなく、相互信頼の欠如」のみが、国際的な合意の達成を困難とする。このような観点に立てば、「この国で今ひそかに開発されている核兵器が初めて世界にその存在を示すそのしかたが、大きなおそらくは死活的な重要性をもっている。[39]」こう論じて「フランク報告」の著者たちは、日本に対する原爆の使用を、日本との戦争を終わらせる問題であると同時に、アメリカの長期的な核兵器政策・外交政策の一環の問題として提起したのだった。

それでは、原爆が世界に対して初めてその存在をあらわす時に、どのようなあらわれ方をすべきなのか。「フランク報告」は原爆の日本に対する無警告での実戦使用を、世界の人々の恐怖感と嫌悪感をわきたたせ、「核戦争を防止する国際的な合意」を形成していく上にまったく好ましくない結果をもたらす、として退けた。そして原爆の姿を初めて示す示威的な爆発は、「*砂漠または不*

毛の島ですべての連合国諸国の代表を前にして行なうのが最も適切である」[強調は原文のまま]と述べて、原爆の軍事的な使用ではなく、人的被害をださない示威的な公開爆発の実施を求めた。なぜならば、「もしアメリカがこの無差別破壊をもたらす兵器を人類の上に初めて使用する国となるならば、アメリカは世界中の人々からの支持を犠牲にし、軍備拡張競争を助長し、さらには将来におけるそのような兵器を規制する国際的な合意に達する可能性を危険にさらしてしまう」からである。このように「フランク報告」の著者たちは、日本との戦争を終わらせるという目的よりもむしろ国際的な核兵器の規制体制を構築するという目的を重視して、原爆の最初の使用を軍事的な実戦使用として行なうのではなく、人的な被害をださない示威的な公開爆発として行なうよう求めた。さらに彼らは、核兵器の国際的な規制体制を構築する可能性が小さいのであれば、「原爆の日本に対する使用だけではなく、早期の示威的爆発の実施ですらも」アメリカの利益に反するとして、たとえ原爆の開発に成功したとしてもその事実を世界に対して伏せておくことを提言したのだった。[40]

けれども「フランク報告」は、原爆の軍事的な実戦使用こそが将来の世界平和に貢献する、というそれとは真っ向から対立する反論に遭遇した。それはアーサー・コンプトンからの反論だった。彼は暫定委員会の科学顧問の1人であり、原爆開発にかかわっている科学者たちに意見を求めた人物にほかならなかった。「フランク報告」を暫定委員会に提出した際にアーサー・コンプトンは、同報告に対する自らの考えを記した覚書をスティムソンに提出した。その中で彼は、次の2つの点を「フランク報告」が十分に検討していないと批判した。すなわち、原爆の軍事的な実戦使用をしなければ、(1)「日本との戦争を長引かせ人的な犠牲をより大きくするかもしれない」点、および(2)「永続的な安全を得るためには国家的な犠牲を払わなければならないことを、世界中にはっきりと印象付けることはおそらく不可能である」点である。[41]「フランク報告」が、原爆の実戦使用は核軍拡競争を引きおこすことになる、と懸念したのに対して、アーサー・コンプトンはまったく逆に、原爆の軍事的な実戦使用こそが核兵器の危険性を世界の人々に実感させ、世界の平和に貢献することになる、と考えたのだった。

(2) 科学者たちからの反対を却下した暫定委員会

「フランク報告」をアーサー・コンプトンが受け取った4日後に、暫定委員会の科学顧問団はロスアラモス研究所に集まって同報告が展開した議論について協議し、その結果をスティムソン暫定委員会議長に報告した。

> あなた［スティムソン］は新兵器の最初の使用に対する意見をわれわれに求めました。われわれの見解では、この使用はわれわれの国際関係に好ましい影響をもたらすようなしかたでなされるべきです。それと同時にわれわれは、日本との戦争においてアメリカ人の生命を救うためにこの兵器を使うことがわれわれの国家に対する義務である、とも理解しています。[42]

このように科学顧問団は述べて、「フランク報告」が論じていたのと同じように、原爆の最初の使用が核兵器の国際的な規制の実現と対日戦の終結という2つの重要な目的と関係していることを認めた。しかし「フランク報告」が前者の第二次世界大戦終結後に核兵器の国際的な規制を実現させることをより重視していたのに対して、科学顧問団は後者の対日戦の終結をむしろ重視した。これら2つの目的を達成するために科学顧問団が提言した意見の1つは、「原爆を使用する前に」イギリスに対してだけではなく、ソ連、フランスおよび中国に対しても、原爆開発が進んでおりこの戦争において原爆を使用できるかもしれない、と伝えることだった。もう1つの提言は、原爆の最初の使用に関してである。科学顧問団は「日本との戦争を終結させることにつながるどのような原爆の技術的な示威実験も見いだせず」、したがって原爆の「直接的な軍事使用に代わる案はありません」と勧告して、6月1日に暫定委員会が採択した原爆を都市に対して軍事的に使用する方針を支持した。[43]

科学顧問団の代表だったオッペンハイマーは後年、日本が1945年6月におかれていた軍事的な状況について科学顧問団は何も知らされていなかった、と振り返っている。[44] 日本を降伏に導くために原爆の使用以外にどのような手段があったのか、日本本土侵攻作戦がどの程度避けられないものだったのか、日本が降伏に向けて外交ルートを探っているのかどうか、それらの点について科学顧問団が知っていれば、彼らの「フランク報告」に対する対応は異なったものになっていたかもしれない。

暫定委員会は6月1日の合意を変えなかった。21日に開かれた暫定委員会会合は、この科学顧問団の勧告を受けて、原爆を労働者の住宅に囲まれた軍需工場に対して事前の警告なしに使用すべきである、とした6月1日の結論を再確認した。この日の会議の記録は次のように記している。「原爆は最も早い機会に日本に対して使用されるべきであり、それは無警告で、二重目標すなわち破壊を受けやすい家あるいは建物に囲まれているか近接している軍事施設または軍需工場に対して、使用されるべきである」と。[45]

　ここで原爆の投下目標を「二重目標」と述べている点は重要な点である。「二重目標」とは、軍事的でもあり非軍事的でもある攻撃目標を意味する。つまり暫定委員会の委員たちは、軍事施設へと原爆を投下する意図のみならず、1発の原爆の使用によって非軍事的な民間施設をも同時に破壊する意図も自覚していたことを、それが明確に示しているからである。すでに目標検討委員会が、原爆投下目標の照準を都市の中心としたことによって広範囲な都市域を原爆による攻撃の対象とし、副次的に軍事施設の破壊も達成しようとする方針をとった。暫定委員会の委員たちは、それとは幾分異なって、軍事施設を原爆による攻撃の標的としたが、意図的に市民が居住する地域の破壊も実現しようとする方針をとった。「二重目標」への原爆使用方針は、都市地域の破壊と住民の死傷が意図せざる結果としておこるものではなく、それらがまさに意図した結果としておこるよう同委員会が望んだものであることを意味していた。(のちに最初の原爆を広島に投下したことを発表した声明文の中でトルーマン大統領は「16時間前に1機のアメリカ軍機が、日本の重要な陸軍基地の1つである広島に1発の爆弾を投下した」と述べて、原爆の使用が軍事目標に対して行なわれたよう印象づけようとした。[46]しかし最初の原爆の投下目標が日本の陸軍基地であったとしたこの言説は、大統領への助言者たちが意図的に「二重目標」に原爆投下の標的を定めた事実とは大きく隔たった原爆投下目標についての説明だった。)

　暫定委員会の委員の1人であるバード海軍次官は、同委員会におけるそれまでの議論と決定に対して6月末に異議を唱える。6月27日にバードは、「人道主義を尊重する国家としてのアメリカの立場とフェアプレイを重んじるアメリカ国民の態度に照らして」、原爆を日本に対して使用する前に日本に対して何

らかの事前警告を発するべきである、と訴えた覚書をスティムソンの補佐官であるハリソンに提出した。バードは、「日本政府が降伏のきっかけとなるような機会を模索している」とも感じており、ポツダム会談終了後に日本政府の代表と秘かに接触して、ソ連の立場やアメリカが原爆を使用する計画であることを伝えたり、無条件降伏後の天皇と国家としての日本の処遇について大統領が与えたいと考えている保証がどのようなものであるのかを伝えてはどうか、とも提案した。なぜなら、そうすることが日本政府が探し求めている降伏のきっかけとなる機会を提供することになるし、そのような試みがたとえ成果をまったく生まないとしてもアメリカが失うものはない、とバードは確信していたからである。[47] このバードの覚書をスティムソンに届けたハリソン補佐官は、すでに暫定委員会ができるだけ早く日本に対して事前に警告を与えることなく原爆を使用する、と決定していることを伝えるにとどまった。[48] 暫定委員会の6月16日の決定は、そのまま維持されることとなったのである。

このように1945年6月末までにトルーマン政権の政策決定者たちに政策提言をする重要な諮問委員会であった暫定委員会は、原爆を日本の都市に対して事前の警告なしに実戦使用する方針を固めたのだった。その際に同委員会が最も重視したのは、日本を降伏させるという目的であり、その目的を達成するための手段としての都市への原爆投下が日本人に与える心理的衝撃だった。さらにその目的に加えて、将来の核軍拡競争を予防したり、戦争を廃止する必要性を世界に印象づけるという目的も、第二義的にではあるがそのような方法による原爆の使用に含められた。これらの第二義的な目的は、原爆を日本に対して実戦使用しないことによって核兵器の国際的な規制体制の構築を促進しようとしたシラードらの考えとは正反対の、原爆の実戦使用こそが核兵器の国際規制の実現により良い結果を与えることになるという考えに基づいていた。そして、これらの目的を原爆の対日実戦使用に見出していた者たちは、原爆の都市に対する使用が多数の市民を殺傷するであろうことについて道義的な疑問をもたなかったのだった。なぜ疑問をもたなかったのか、その理由は明らかではない。

(3) 原爆開発についてソ連に知らせるべきかどうか

　原爆の対日使用と関係して政策決定者たちや科学者たちにとってもう１つの争点となったのは、アメリカ（および共同開発国であるイギリスとカナダ）が原爆開発を進めていることや原爆の使用を計画していることをソ連に知らせるかどうか、知らせるとするならばアメリカが原爆を実際に日本に対して使用する前に知らせるかどうかだった[49]。ローズヴェルト大統領とチャーチル首相は、1944年９月のハイドパーク覚書に両者が合意したように、米英両国が原爆の開発を進めている事実をソ連に対して秘密にしておく方針をとった。トルーマンもその方針を引き継ぎ、ソ連に対して原爆開発の事実については秘密とした。ところが、1945年５月から暫定委員会が将来の原爆や原子力の国際的な規制問題について議論を始めたこと、原爆開発にたずさわる科学者たちに彼らの意見を表明する機会が訪れたこと、そして原爆の開発成功が目前に迫ってきたことから、この問題が争点として浮上してきた。第二次世界大戦終了後に原爆の国際的な規制体制をつくるためにはソ連の協力が不可欠である、という点では政策決定者たちの間に広い合意がみられたが、原爆開発の事実をソ連に伝えることがアメリカがとるべき行動であるのかどうか、もし伝えるとすればどのような内容をいつ伝えるのか、が政策論争上の争点となったのだった。

　なぜ、アメリカ（および共同開発国であるイギリスとカナダ）が原爆開発を進めていることあるいは原爆の使用を計画していることを、ソ連以外の国に対して知らせることが大きな争点とはならず、ソ連に対して知らせることだけが大きな争点となったのか。その最大の理由は、第二次世界大戦終結後の世界で、米英加三カ国による共同開発に次いで原爆開発に成功するのはおそらくソ連である、とアメリカの政策決定者たちや科学者・技術者たちが想定していたからだった。先述した科学者シラードがローズヴェルト大統領との会談に備えて1945年春に作成した覚書は、ソ連が６年後には原爆を製造するのに十分な量の放射性物質を保有しているだろうと予想して、米ソ間で原爆を使用した戦争がおこる脅威について論じていた[50]。1945年５月下旬にグローヴスは、プルトニウムの生産を担当していたデュポン社の技術者の１人に、同社がプルトニウム製造を行なっているのと同じ工場施設をソ連、イギリスおよびフランスが建設す

第3章　新大統領トルーマンの原爆使用をめぐる検討課題

るとしてそれにどれくらいの時間がかかると予想するかを問い合わせた（それに対してその技術者は、ソ連はすべての技術者をそれだけに動員できれば4、5年、イギリスは早くとも2、3年、フランスは果てしなく長い時間がかかる、と回答した）。この時グローヴスは、とりわけソ連について強い関心を示していた[51]。グローヴスが尋ねたのと同じ問いをスティムソンは6月1日に開催された暫定委員会会合でもちだした。原爆開発のために巨大な製造施設を建造した4つの企業それぞれを代表する実業家たち4人がこの会合に出席していたが、他の国が原爆開発でアメリカに追いつくのにどれくらい時間がかかるのかという問いに対して、4人全員がもっぱらソ連について予想を述べ、そのうちの1人だけがソ連以外の国（イタリアとイギリス）にも言及したにすぎない。暫定委員会への参加者たちの他国による将来の原爆開発への関心の対象は、ソ連に集中していたのだった[52]。

　原爆開発が進んでいるという事実を実際に原爆を使用する前にソ連に知らせるべきであると考え、その考えを政策決定者たちに訴える科学者たちがいた。その1人はデンマークの物理学者ボーアだった。1945年4月25日にボーアはブッシュ研究開発局長官のもとを訪ねて、産業用原子力や核兵器の国際規制体制の必要性をあらためて説いた。第1章で述べたように、1944年の春と夏にボーアはチャーチル首相とローズヴェルト大統領にそれぞれ会い、産業用原子力や核兵器の国際規制体制の構築を訴えて、とくにチャーチルの不信を買っていた。そのボーアが、国際規制体制の構想を実現するためには、原爆が実際に使用されてその存在が広く世界に知られる前に、ソ連を国際規制体制の準備協議に加えておくことが不可欠である、とする持論をブッシュに対して説いたのだった[53]。シラードもまた、原爆が実際に使用される前にソ連に対して原爆開発について告げるべきである、と政策決定者に訴えた科学者の1人だった。先述したように、シラードは5月28日にバーンズを訪ねて、原爆の国際的な規制体制の確立に向けたソ連の協力を得るために、日本に対する軍事的な原爆の使用をせずに、事前にソ連に原爆開発の事実を伝えた上で、適切な時期に示威的な原爆の公開爆発を実施するのが最も有効だろう、と論じた。けれどもバーンズは、その考えを受け入れなかった[54]。

73

5月31日に開かれた暫定委員会の第1回会合は、産業用原子力や原爆の国際的な規制体制を確立する問題について議論する中で、アメリカとイギリス共同による原爆開発の事実をソ連に知らせるべきかどうかについても議論した。オッペンハイマーは、ソ連が科学の面で常に友好的であったことを指摘した上で、原爆製造の詳細については何も明らかにせずに原爆開発について一般的な形で、例えば、国家的な努力をアメリカは原爆の開発に注ぎ込んできておりこの分野での彼らとの協力関係を望んでいる、とソ連側に伝えてみてはどうか、と述べた。次にマーシャル陸軍参謀長が、原爆開発についてソ連が知ることになってもそのことを日本に明らかにするのではないかと恐れる心配はないと確信している、と述べた上で、「2人の卓越したソ連人科学者を［原爆の］爆発実験に立ち会わせる」ことが望ましいのではないか、と提案した。バーンズはただちにこの提案に反対する。その3日前にバーンズは、シラードが論じた同じような提案を退けていた。この会合でバーンズが述べた反対の理由は、3日前とは異なり、たとえ一般的な形であっても原爆開発について知ったならば、スターリンはソ連も原爆開発の共同国に加えるよう求めてくることを恐れている、というものだった。「イギリスとの間の協力関係に対するアメリカの関与と約束に照らせば、そうしてくる可能性は高い」とバーンズは付け加えた。このような議論のあとで暫定委員会のすべての委員たちは、「われわれが優位に立ち続けるよう全速力で原爆の製造と研究を進め、それと同時にソ連との間の政治的な関係の改善に全力を尽くす」ことが最も望ましい選択である、というバーンズの考えを受け入れた。この日の暫定委員会は、原爆を日本に対して使用する前に、アメリカが原爆を開発しているという事実をソ連には伝えないことに合意したのだった。この合意を、スティムソンは6月6日に大統領に面会した際に伝えた。「最初の爆弾が首尾よく日本に投下されたあとでなければ、ソ連にも他のどの国にもS-1［原爆］の作業について打ち明けてはならない」というのが、暫定委員会の合意点として大統領に伝えたとスティムソンが日記に書き残した内容である。

　6月11日付の「フランク報告」もまた、原爆を日本に対して使用する前に、ソ連に原爆開発の事実を伝えることを暗黙的ながら支持した。先述したよう

に、同報告が、原爆を日本に対して軍事的に使用する前にすべての連合国の代表の前で原爆を示威的に爆発させるか、もしくは日本に対して原爆を使用しないことを提案していたからである。すべての連合国の代表の前で原爆を示威的に爆発させることは、ソ連とその他の国々に原爆の開発に成功したことを示す以外のなにものでもない。[57]

　暫定委員会の科学顧問団は、6月16日付の報告書の中で、やはり原爆を日本に対して使用する前に、ソ連に（それに加えてフランスと中国にも）原爆開発の事実を伝えるよう暫定委員会に提言した。科学顧問団は原爆の示威的な公開爆発の実施については「フランク報告」と立場を異にしたが、この点では意見が一致していた。（なお、1947年にスティムソンが原爆投下の決定を政策決定の中枢にいた政府高官としての立場から説明した論文を発表するが、その論文は科学顧問団報告書の中のこの点に関する部分を引用しなかった。そのためにスティムソンの論文は、「フランク報告」と科学顧問団がまったく正反対の立場に立っていたという印象を与えることとなった。[58]）

　以上のような科学者たちによる主張を背景にして、暫定委員会は6月21日に開かれた会合で、原爆を日本に対して実際に使用する前にソ連に対して原爆開発の事実を伝えるかどうかを議論の俎上に載せた。同委員会は次の点で合意した。すなわち、将来の核兵器の国際的な規制の実現を確かなものにするために、また原爆開発の経緯については原爆製造にかかわる技術的な秘密を除いてアメリカ政府が近い将来に公開する予定なので（1945年8月にアメリカは「スマイス報告（The Smyth Report）」と呼ばれる報告書を公表する[59]）、ポツダム会談の際によい機会があれば、原爆開発をアメリカが鋭意進めており、開発に成功したあかつきにはそれを日本に対して使用する計画である、とソ連に伝えることには大きな利点がある。もしソ連が原爆についてさらに詳しい情報の提供を求めてきた場合には、われわれにはまだ詳しい情報を提供する用意がない、と回答すべきである。そして、ケベック協定にしたがってこの問題を事前にイギリス首相と協議すべきである。暫定委員会の委員たちはこのように合意した。[60]

　こうして暫定委員会は、3週間前の5月末にとっていた立場を変えたのだった。いまや暫定委員会は、原爆を日本に対して実際に使用する前に、アメリカ

が原爆開発を進めている事実と原爆の対日使用の意図をソ連側に通知する方針をとるに至った。

暫定委員会委員長のスティムソンは、6月21日の会合を欠席していたが委員会の討議の結果をハリソン補佐官から受け取り、7月2日と7月3日に大統領と会談した際にその問題を話し合った。スティムソンは暫定委員会が合意したソ連側に伝えるべき内容とソ連側からの質問に対する対応の仕方を、次のように大統領に助言した。

> われわれは原爆の開発で忙しく働いており、あなたもそのことで忙しく働いてることを知っています。われわれのほうでは開発がほぼ終わりに近づいており、敵国である日本に対してそれを使うつもりです。もし開発に成功した場合には、原爆の保有が文明を破壊するのではなく世界をより平和的で安全なものにするために、後日それについてスターリンと話し合いたい、とスターリンに伝えるだけです。もしスターリンがさらなる詳細や事実を尋ねてきた場合には、詳細をお知らせできる段階ではない、とだけお話したらよいでしょう。[61]

それを聞いたトルーマンは「それが最善の策だと思う」と述べて、ポツダム会談のあいだにトルーマン自らがスターリンに原爆開発と原爆の対日使用の意図を伝える計画を了承した。[62]

本節は、1945年5月から6月にかけてのトルーマン政権の政策検討過程において、アメリカが実際に日本に対して原爆を使用する前に、アメリカによる原爆開発の事実をさらにはアメリカが日本に対して原爆を使用する意図をソ連に対して通告するかどうかが重要な争点となった点を探求した。その結果明らかになったのは、トルーマン政権の政策決定者たちが日本に対する原爆の使用を、それが戦後の世界における国際関係なかんずくアメリカとソ連との間の関係に与える影響と結びつけて考慮していたことである。本節が明らかにしたその点が意味するのは、トルーマン政権の政策決定者たちが、その当時追求していた日本を降伏させるという目的を達成するための手段として原爆の対日使用を位置づけていたのだとしても、彼らが原爆の対日使用をその目的とだけ関連づけていたのではなかったということである。対ソ連要因が、このような形でアメリカによる日本に対する原爆の使用と結びついていたのである。

第 3 章　新大統領トルーマンの原爆使用をめぐる検討課題

4　おわりに

　本章は、トルーマンが大統領に就任した1945年 4 月から 6 月末までのおよそ 3 カ月の間に、原爆の対日使用問題と原爆をめぐる戦後の国際秩序形成という課題に対してトルーマン政権がどのように対応したのかを描き、そのように対応したのはなぜだったのかを分析し記述した。トルーマンが担ったのは、一方でまだ現実のものとはなっていないがその開発成功が近づきつつあった原爆をどのように戦争終結のために活用し、他方では巨大な破壊力をもつまったく新しい種類の兵器の出現にどのように国際社会を準備させるのか、という重要な課題だった。

　本章第 2 節と第 3 節ではまずはじめに、新たに大統領に就任したトルーマンがローズヴェルトの原爆に関する政策を継続させる姿勢をとったことを示し、トルーマンらの政策決定者たちが、使用する可能性がある兵器として原爆を考えていたにとどまらず、ひとたび開発に成功したならばそれを兵器として使用するという前提を共有していた可能性を指摘した。

　次に、主に目標検討委員会と暫定委員会において行なわれた原爆の使用方法についての検討作業を分析し記述した。その結果明らかとなったのは、都市にある軍事目標の破壊ではなく、都市中心部への原爆投下による大都市そのものの破壊を、目標検討委員会が原爆使用によって達成すべき目標としたことである。同委員会がその結論に達したことは、天候や地形を考慮した上で爆風による破壊が最大限となるように原爆の投下目標地点を設定するというそれまでの方針からの転換を意味した。他方で暫定委員会は、原爆の示威的な公開爆発を実施してはどうかという意見を退けて、原爆使用の事前警告なしに、労働者の住宅が取り囲む軍需工場（同委員会はそれを「二重目標」と呼んだ）に対して原爆を実戦使用することに合意した。

　本章はそれに続いて、原爆開発に参加していた科学者たちの一部が表明した（「フランク報告」がそれを代表していた）原爆の対日実戦使用に反対する意見が、暫定委員会の対日原爆使用方針の変更に至らなかった過程を分析し記述した。

その過程は、暫定委員会の委員たちや一部の科学者たちが、原爆の対日使用を日本との戦争終結だけにではなく第二次世界大戦終結後の核兵器をめぐる国際関係にも結びつけて、思考を重ねていたことを示すものだった。暫定委員会の科学顧問団は、対日戦終結のために原爆の使用が果たす役割をより重視して、原爆の示威的な公開爆発が日本を降伏させることにつながることはなく、原爆の都市に対する実戦使用だけが対日戦終結につながる、という結論に達した。その結果暫定委員会は、すでに合意していた原爆の都市に対する実戦使用の方針を再確認した。こうして1945年6月末までにトルーマン政権の政策決定者たちは、主要な諮問委員会から日本に対する原爆の実戦使用をとるべき政策だとする提言を受けたのだった。

　その過程で原爆を日本に対して使用する目的として最も重視されたのは、日本を降伏させることである。都市への原爆投下が与える心理的衝撃が日本を降伏させることが意図された。また、原爆の実戦使用によって将来の核兵器競争を予防したり戦争を廃止する必要性を世界に印象づけ、戦後の原爆の国際規制の実現を促すという目的もそこに加わった。その一方で諮問委員会の委員たちや政策決定者たちが、原爆の都市に対する使用に道義的な疑問を表明することはほとんどなかった。

　第4節では、アメリカが原爆開発を進めていることをソ連に対して伝えるかどうか、伝えるとすればどこまで踏み込んだ内容をいつ伝えるか、という問題をトルーマン政権の政策決定者たちが検討した過程を分析し記述した。彼らにとってその問題は、戦後の原爆や産業用原子力の国際規制体制の構築へ向けてソ連の協力を得る必要上重要な問題としてあった。原爆を使用する前にソ連に対してアメリカが原爆開発を進めている事実を伝えることはしない、というのが5月末の時点での暫定委員会とスティムソン陸軍長官の立場だった。これに対して、「フランク報告」や暫定委員会の科学顧問団は、原爆を使用した後ではなく使用する前に、しかも原爆開発の事実だけではなく原爆を日本に対して使用することもソ連に知らせるべきである、という立場をとった。暫定委員会とスティムソンはその後意見をかえて、「フランク報告」や暫定委員会の科学顧問団と同じ立場に立つようになり、トルーマンもその方針を受け入れた。こ

うして、やはりこの問題においても政策決定者たちは、原爆の対日使用を戦後の国際関係とりわけアメリカとソ連との関係に与える影響に直接的にではないものの結びつけて考えていたのである。

　ソ連に原爆開発と原爆の対日使用について伝える機会となるポツダムにおけるアメリカ、イギリス、ソ連三カ国の首脳会談が7月17日に開幕する。その時までにアメリカは原爆の開発に成功し、日本は戦争終結へ向けた新たな動きを始める。先述したバードによる6月27日付の覚書は、日本を降伏させるためにトルーマン大統領が実行すべき政策として、ソ連参戦（またはその警告）、無条件降伏要求の変更（とくに昭和天皇の処遇に関して）、原爆の使用（およびその事前警告）などのいくつかの選択肢を示唆していた。実際にどのような選択肢が現実に実行できる政策としてトルーマン大統領の前にあり、どのようにしてそしてどのような理由からとるべき政策を選択するのか。それらの問題の検討が次章以降の課題となる。

第4章

対日戦終結をめぐる国際関係と原爆

――ポツダム会談前夜――

1　はじめに

　大統領に就任したトルーマンは、第二次世界大戦を終結させ戦後の新しい国際秩序をつくりだすという課題を前大統領から引き継いだ。大統領就任から4週間後の5月8日にドイツが降伏し、ヨーロッパでの戦争は終わった。その結果、連合国を相手に戦争を継続しているのは日本だけとなった。その日本を、どのようにしたらできるだけ早く、しかもアメリカ兵の犠牲が少ない方法で降伏させて、第二次世界大戦を終結させることができるのか。トルーマンは対日戦を終結させる方法を模索することとなる。日本をすみやかに降伏させてアジアにおける第二次世界大戦を終結させるという課題は、トルーマン大統領にとって、交戦国である日本との間の問題であっただけではなく、対日戦の遂行におけるソ連との関係や戦後の世界におけるソ連との関係にもかかわる問題でもあった。

　本章は、日本を降伏させるためにトルーマン大統領がとることができトルーマン政権の政策決定者たちが検討を重ねた手段のうち、無条件降伏要求の変更を意味した戦後の日本における天皇位の存続容認の日本への通知、ソ連の対日参戦、そして日本本土侵攻作戦の実施の3つの手段をとりあげる。ポツダム会談が始まるまでにそれら3つの手段について、トルーマン政権の政策決定者たちはとるべき政策をどのようにして選択するに至ったのか、そしてそれはなぜだったのか。本章は、ポツダム会談前夜の政策決定者たちによる政策協議の過

程を分析し記述していく中で、それらの問いに対する答えを探る。その際に着目するのは、トルーマン政権の政策決定者たちがそれらの手段を原爆の使用や戦後の東アジアにおける国際秩序とりわけアメリカとソ連との関係にかかわる構想とどのように関係づけたのか、という点である。本章の考察を通じて、日本本土の侵攻をすることなく日本との戦争を終結させる可能性をトルーマン大統領が模索した過程において、戦後の対ソ連関係を視野に入れた対ソ連考慮が重要な要素としてはたらいていたこと、さらには原爆が1945年5月から6月にかけてトルーマン政権の対外政策に影響を与えた原爆外交の姿の一端を明らかにする。

　日本を降伏させる方法として、いくつかの軍事的・非軍事的な手段の活用がトルーマンには可能だった。トルーマンは、日本本土侵攻かそれとも原爆の使用かという二者択一の選択を迫られていたのでは決してなかったのである。1945年4月から8月にかけてトルーマンと彼の助言者たちが直面していた状況をそのように理解することは、現実を単純化した理解である。当時のトルーマン政権の政策決定者たちの主な関心は、多数のアメリカ兵犠牲者がでるであろう日本本土侵攻作戦を実施することなく日本を降伏させる方法を探ることにあった。アメリカ軍による日本本土侵攻に代わる手段が原爆の対日使用のほかにもいくつか存在していた。そしてトルーマンらの政策決定者たちは、原爆の使用以外の手段を原爆の使用に代わる手段として考えていたわけではなく、そもそも原爆の使用に代わる方法を模索していたのでもなかった。日本をできるかぎり早く降伏させるために原爆の使用が必要であるならば、原爆を使用することは当然実行されてしかるべき手段であることを、政策決定者たちは暗黙の前提としていた[2]。

2　天皇位存続の容認による日本降伏への道

(1) グルー国務長官代理の提案

　日本を早期に降伏させるために日本本土に侵攻するという軍事的な方法にかわるものとして、非軍事的な手段によって日本を降伏へと誘導する可能性を模

索する者が、トルーマン政権の政策決定者たちの中にいた。その中には、ジョセフ・グルー (Joseph C. Grew) 国務長官代理、スティムソン陸軍長官、ジェームズ・フォレスタル (James V. Forrestal) 海軍長官そしてマックロイ陸軍次官補などがいた。彼らは無条件降伏の要求が日本の降伏を妨げていると考え、日本に降伏を迫るためにアメリカが発表する対日声明の中で天皇位存続の保証を日本に与えることによって、日本が降伏を受け入れやすくなる条件づくりをするよう提唱した。そのような政策をとることは、無条件降伏というアメリカをはじめとする連合国が掲げてきた戦争目的を変更して、条件付き降伏を日本に認めることを意味した[3]。

トルーマン政権の政策決定者たちの中で、天皇位存続を日本に保証する内容をもつ対日降伏勧告声明を発することを通じて日本を降伏へと導こうとする政策の実施を最も強く支持した1人が、日米間に戦争が始まるまでの10年間駐日アメリカ大使の任を務めたグルー国務長官代理である。グルーは、連合国側からの日本に対する無条件降伏の要求を緩和して、日本に対して天皇位の存置を認めることによって日本を早期降伏へと誘導すべきであると考え、1945年5月28日にサミュエル・ローゼンマン (Samuel I. Rosenman) 判事とともにトルーマンと面会した際に大統領に対してそのような提案を行なった。グルーが強調したのは、降伏したのちの将来の日本の政治体制を、天皇位の存続を含めて、日本人自らが決めることができるのだと日本人に示唆するならば、彼らは体面を保つことができ降伏を受け入れるのではないか、という点だった。グルーの提言はまさに、アメリカと連合国が日本に対して求めている無条件降伏の要求を何らかの条件が付いた降伏の要求へと変更することを求めた提案にほかならなかった。トルーマンが5月31日に行なう予定をしていた演説の中にその点を盛り込むことはできないだろうか、ともグルーは提案した。このようなグルーの提言に対して大統領は、グルーの考えと同じように自分も考えてきたのだ、とその時グルーに答えている。そしてトルーマンは、グルーが強調した点について陸・海軍長官(スティムソンとフォレスタル)および陸・海軍参謀長(マーシャルとアーネスト・キング [Ernest J. King])とただちに協議するようグルーに指示し、その協議のあとで同じメンバーと会ってその問題を検討したい、とつけ加

えた。

　翌5月29日に、スティムソン陸軍長官、フォレスタル海軍長官、マーシャル陸軍参謀長そしてグルー国務長官代理が、大統領の指示にしたがって協議のために集まった（キング海軍参謀長は欠席した）。彼らはグルーが準備した大統領が発表する声明の草稿の内容については賛成だった。けれどもマーシャルが、日本に対して無条件降伏の要求の変更を含むような声明を今この時期に発するのは適当ではないとする意見をだし、他の参加者もそれに同意した。その結果、無条件降伏の要求を緩和して天皇位が存続する可能性があることを示唆することによって日本を降伏へと誘導しようとするグルーの提案は、ここでいったん立ち消えとなったのだった。

(2) 天皇位存続の容認案をめぐる政府内の協議

　トルーマン大統領にとっては、無条件降伏の要求の変更は国内政治上の問題としての意味を強くもっていた。6月18日にグルー国務長官代理が、日本に対する降伏勧告声明をだすよう再度トルーマン大統領に提案したものの、トルーマンは三カ国首脳会談でその問題を協議することにしたという理由でそれを退けた。しかしその日の午後に開かれた対日軍事戦略会議では、無条件降伏を支持する国内世論への配慮をその理由としてあげた。その会議の中でレーヒ大統領軍事問題特別顧問が、無条件降伏の要求が日本人を硬直化させてアメリカ兵犠牲者を増やす事態になるのであればそうすることはまったく必要ない、と述べると、大統領は無条件降伏については連邦議会が何らかの適切な行動をとれるように「扉をあけた」とそれに応じ、そして「この問題についての世論を変えるための行動を今この時点でとることはできない」とトルーマンはつけ加えた。無条件降伏の要求は前大統領が提唱して以来アメリカ国民の間に広く浸透している戦争目的であり、その変更を許すような世論の状況ではない、とトルーマンは6月半ばの時点で判断していたのだった。

　この6月18日の対日軍事戦略会議が終了する直前に、マックロイ陸軍次官補が日本本土侵攻に代わる非軍事的手段として、日本に対してアメリカが受け入れられる日本降伏の条件を日本に示してはどうかと提案した。その提案は無条

件降伏の要求という政策の変更を求めることを意味していた。それからおよそ20年後にテレビ放送用の番組制作のために受けたインタビューに答えて、そのときの大統領とのやりとりの様子をマックロイは次のように語っている。マックロイが示唆した日本に伝える日本降伏の条件とはどのようなものかと大統領が尋ねたのに対して「立憲君主制に基づく天皇の存置を含めて、日本人自らが［戦後日本の］統治体制を選ぶことをわれわれは認めるつもりである、と日本人に伝えることですと私は申しあげました。すると大統領は、『それは自分がこれまで考えてきたことだ。その考えを書面にまとめて国務長官［ママ］に提出し、われわれがその提案に基づいて何ができるかを検討してみてくれないだろうか』と述べた」と。[8]

　その翌日マックロイは、まだ正式には国務長官就任していなかったバーンズと会い（正式就任は7月3日）、その問題を協議した。その時バーンズは、日本が降伏する条件を日本との間で取引することはしないとして、無条件降伏の要求から条件付き降伏へとアメリカが立場を変えることに反対した。バーンズも、トルーマンと同じくおそらくアメリカ国内政治に及ぼす影響への配慮から、無条件降伏の要求を変更することに反対する立場をとったのだった。[9]

　こうして5月末から6月半ばの時期には、日本を降伏へと導くために、日本に対する無条件降伏の要求を変更して戦後も日本に天皇位の存続を認めることを内容として含む対日声明を発するよう求めたグルーの提案は、時期尚早であるという理由から、また無条件降伏に対する国内世論の支持への配慮という理由から、トルーマン大統領が政策として採用するには至らなかった。

　6月下旬以後は主にスティムソンが、戦後の日本における天皇位の存続の容認という政治的な手段によって日本を降伏へと導こうとする可能性を追求していった。6月26日に開催された「3人委員会」（スティムソン陸軍長官、フォレスタル海軍長官およびグルー国務長官代理の3人を構成メンバーとする会議）では、スティムソンが起草した大統領宛覚書の内容にグルーとフォレスタルが同意した。そして彼ら3人は、その覚書に添付することになる対日降伏勧告声明案を大統領声明としてではなく、アメリカ、イギリスそして（対日参戦している場合には）ソ連の三カ国の首脳による声明として発表する可能性がある点で意見が一致し、

「3人委員会」の下に設ける小委員会で対日降伏勧告声明案を起草することにした。小委員会での検討をへたのちマックロイ陸軍次官補が最終案をまとめ上げ、スティムソンが承認した対日声明案は、7月2日にスティムソンがトルーマン大統領宛に覚書を提出した際に「国家首脳たちによる宣言—アメリカ—イギリス—[ソ連][ママ]—中国」案として添付された。その文書がポツダム宣言の基礎となったことは広く知られている。

スティムソン陸軍長官がトルーマン大統領に提出したその覚書は、5月29日の会合でグルーが提案しスティムソン、フォレスタル、マーシャル陸軍参謀長が賛成した日本に対する無条件降伏要求の緩和を、あらためて大統領に進言していた。すなわちスティムソン覚書は、日本が降伏を受け入れやすくすることを目的として、近い将来に発表されるであろう対日降伏勧告声明が「現在の皇室における立憲君主制を排除しない」と日本に対して通告することを求めたのである。その覚書の中で陸軍長官が強調したのは、アメリカ軍が日本本土侵攻作戦を実施したならば狂信的な日本軍が「最後まで戦う」ことになる可能性への強い懸念だった。そのためスティムソン覚書は、長期間におよぶ人的被害が大きな戦闘をアメリカ軍が戦うことになるであろう日本本土侵攻作戦を実施せずに日本を降伏に導く案として、無条件降伏の要求を緩和し日本に対して戦後における天皇位の存続を認めるよう大統領に進言したのだった。

スティムソン覚書が対日降伏勧告声明を、5月から6月半ばの時期にグルー国務長官代理が求めたアメリカ大統領声明としてではなく、連合国（アメリカ、イギリス、中国[それにソ連]）首脳による共同声明として想定していた点は、2つのことを意味した。第1の意味は、それが対日降伏声明案の作成へのグルー国務長官代理の関与が大きく低下し、スティムソン陸軍長官が主導的な役割を果すようになっていったことを反映した結果だ、ということである。第2の意味は、対日戦終結におけるソ連の役割についてトルーマン政権がかかえていたジレンマがそこにあらわれていたことである。グルーが早期の大統領による対日声明の発表を望んだ理由の1つは、日本が降伏する過程へのソ連の関与を除外したいと望んでいたことだった。ところがスティムソンが率いる陸軍省へと主導権が移動したことにより、対日声明が日本を降伏へと導くより強い助けと

なることを期待して、ソ連が加わることを想定した連合国共同声明案への移行がおこった。しかし他方では、ソ連による共同声明への参加を通じて、日本降伏の過程へのソ連の関与が強まる可能性があった。日本の降伏を実現させるためにはソ連の関与が望ましいが、他方ではその過程へのソ連の関与には望ましくない面もある、というアメリカがかかえるジレンマがそこに凝縮していたのだった。[14]

　戦後の日本の政治体制を日本国民自らが選ぶにあたって「現在の皇室における立憲君主制を排除しない」旨を日本へ通告するようスティムソン覚書は求めたが、それが実行されるかどうかは7月後半に開かれるポツダム会談とポツダム宣言の作成過程の中でその運命を決せられることとなる。

(3) スティムソン陸軍長官にとっての対日降伏勧告声明発表の時期と原爆

　スティムソンは、5月29日にフォレスタル海軍長官、マーシャル陸軍参謀長そしてグルー国務長官代理らとの協議が終了した後、マーシャルとの話し合いの機会をもった。その際にスティムソンは、大統領声明の発表を延期するという判断をしたことは賢明だったが、「われわれは大統領声明を発する問題については原爆を使用する準備の段階で再度考えなくてはならない」と述べている。[15] スティムソンは、大統領声明の発表の時期を原爆の使用と関連させて考えていた。しかしフォレスタルやグルーも出席していた会議には原爆について知らない者(エルマー・ディヴィス[Elmer Davis]陸軍情報局長、ユージン・ドゥーマン国務次官補佐官、ローゼンマン判事ら)も出席していたために、その会議では原爆の使用と大統領声明を発する時期との間に彼がもたせようとする関連性について話すことができなかったのであり、その点を彼は不満に思った。[16]

　スティムソン陸軍長官が考えていた日本に対する大統領声明を発するのに適切な時期とは、原爆を使用する前ではなかった。日本を降伏に導くためにアメリカが日本に対して最終的な降伏勧告の声明をだすとするならば、それは原爆を使用した後であり、日本本土上陸作戦を開始する前でなければならない、というのが5月末から6月の時点でのスティムソンの考えだった。6月19日に開かれた「3人委員会」(この日はフォレスタルは欠席し彼の代理としてアーテムス・ゲ

イツ［Artemus L. Gates］海軍次官が出席した）は、グルーがすでに大統領に提出していた対日声明案について検討した。グルーはその声明の発表時期を沖縄戦終了の直後と希望していたが（沖縄戦の終了は公式には6月23日）、陸軍長官はその日程では近く開催される予定の三カ国首脳会談にかかわる大統領の計画とあわないと指摘した。そしてスティムソンは、対日降伏勧告声明を発する時期についてその日の日記に次のように記した。

> 私にとってただ1つ確定している日付は、地上軍が実際に日本に上陸する前に発せられなければならない最後の機会としての警告の時期についてだ。幸いなことに計画には十分な時間的余裕があるので、われわれは大規模な通常爆撃攻撃と原爆攻撃という形で警告に根拠があることを示すことができる。［中略］マーシャル陸軍参謀長は、警告を裏づけるさらなる根拠としてソ連の対日参戦がある、と示唆している。それで日本に対する脅威となりうるものはすべて出そろうことになる。

さらにその1週間後の6月26日に開かれたグルー国務長官代理およびフォレスタル海軍長官らとの会合でスティムソンは、「日本がおそらくは原爆によって十分に打ち砕かれた後で、日本に対して警告を与えることによって日本を降伏させるよう試みる」問題を取り上げた（そして7月2日大統領に提出することになる覚書の草稿に対する意見を求め、グルーとフォレスタルから草稿の内容に同意を得た）。スティムソンにとっての対日降伏勧告声明の発表時期は、通常爆撃と原爆が十分に日本に打撃を与えた後で、しかも日本が降伏勧告声明に従わない場合にはただちに日本本土侵攻作戦を開始できるよう準備が整った後が、最も適切な時期だったのである。つまりそれは、原爆使用の前にではなくその後に、しかも日本本土侵攻作戦の開始前に、対日降伏勧告声明が発表されるべきである、というものであった。

スティムソンは7月2日に大統領宛覚書を提出する。その際に「もし新兵器［原爆］の使用と連動して対日声明を発表するのであれば（声明を発表することはほぼ間違いないでしょうが）、新兵器［原爆］の効果にあわせて対日降伏勧告声明を修正しなければならないでしょう」と添状に記した。いくぶんあいまいではあるが、ここでスティムソンが前提としているのは、やはり対日降伏勧告声明の発表が原爆使用の後であるということだろう。原爆の使用が日本に与えた

「効果」が心理的に大打撃であったのかあまり心理的に大きな打撃とはならなかったのかをみて、与えた「効果」に応じて対日声明文が伝えようとする勧告の力点を変えるつもりでいることが、スティムソンの添状から推測できるからである。

　1965年に初版が出版された図書の中で「原爆外交」論を展開したガー・アルペロヴィッツ（Gar Alperovitz）は、6月半ばまでにはソ連の対日参戦を望まなくなっていたトルーマン大統領やスティムソンらの政策決定者たちが、ソ連参戦の前にあるいはソ連が参戦したとしても「満州」地域に深く入り込む前に日本との戦争を終えることを望み、原爆の使用をそのための手段とみなすようになった、と論じた。[22] しかし筆者は、この点でのアルペロヴィッツの議論には同意できない。確かにスティムソンは、ソ連が日本との戦争に深く関与することに警戒心をもっていた。その点は7月2日付大統領宛のスティムソン覚書が「もしソ連が脅威の一部であるならば、ソ連の日本に対する攻撃は、それが現実のものとなった場合には、進みすぎてはならない」という記述が示唆している。[23] しかしながら、ほかの政策決定者たちの考えがどのようなものであったのかはともかく少なくとも7月2日までのスティムソンは、ソ連の対日参戦を阻止する手段として原爆の使用を考えていたのではなかった。日本に対する降伏勧告声明の発表の最も適切な時期は、アメリカが原爆を使用したあと、本土侵攻作戦実施の前である、というのがスティムソンの考えだった。それが意味したのは、アメリカが原爆を使用したあとも日本との戦争が続くのであり、原爆の使用が日本との戦争を終わらせるとスティムソンが想定していたのではなかった、ということである。スティムソンにとって原爆は、それだけで日本を降伏させる決定的な役割を果たすと期待できた兵器ではなく、彼は対日降伏勧告と天皇位存置の保証そしてソ連参戦が、原爆の使用とあいまって日本を降伏させることを期待していた。スティムソンは原爆の使用を、それ自体が日本に対する警告であり、本土侵攻作戦が始まるまでに降伏しなければ日本が被ることになるだろう壊滅的な破壊の予告となる、と位置づけていたのだった。アルペロヴィッツが論じたように、6月半ばまでにスティムソンがソ連参戦の前にあるいはソ連が参戦したとしても「満州」地域に深く入り込む前に日本が降伏

することをスティムソンが望み、原爆の使用をそのための手段とみなすようになったのではなかった。

スティムソン陸軍長官にとって対日声明を発するタイミングはきわめて重要であり、日本を降伏させるのに最も効果的な時に対日声明を発しなければならない、と彼は確信していた。スティムソンが、対日降伏勧告と天皇位存置の保証そしてソ連参戦が、原爆の使用とあいまって日本を降伏させることを期待していたからである。その後スティムソンは、日本の国内情勢を伝える情報に接した後の7月16日になって、今まさにアメリカが日本に対して降伏を促す警告をだすべき「心理的な時点」に来たと判断する。そう判断した陸軍長官は、まだ原爆の使用が可能ではなかったにもかかわらず、ただちに日本に降伏を勧告する警告を発するようトルーマンに進言することになる。[24]

3 ソ連の対日参戦問題

(1) ソ連の対日参戦と第二次世界大戦後の国際秩序

ソ連の対日参戦は、ローズヴェルト大統領が求めた対日戦終結のための手段の1つだった。1945年2月に開かれたヤルタ会談でスターリンから対日参戦の約束を得ることはローズヴェルトが達成しようとした目標の1つであり、ヤルタ会談でローズヴェルト大統領は、ソ連の対日参戦への政治的見返りとして、千島列島などの領土や日本が中国で保有している権益の一部をソ連が戦後獲得することをスターリンに対して約束した。[25] アメリカ軍の戦略立案者たちはヤルタ会談開催直前の時点で、対日軍事戦略上ソ連による早期対日参戦が望ましく、「満州」地域に侵攻するソ連軍がそこに駐留する日本軍を釘づけにする結果、ソ連参戦はアメリカ軍の日本本土侵攻を助けることになると期待していた。[26] しかし、日本近海におけるアメリカ海軍の圧倒的な優位が確立されて日本軍兵力の中国大陸から日本本土への移動が困難になると、ソ連の対日参戦が果たす軍事的な役割への期待は低下していった。4月に入るとアメリカの軍事戦略立案者たちは、アメリカ軍が日本本土侵攻作戦を実施する場合のソ連による対日参戦の軍事的な評価を、それは望ましいが不可欠ではない、というものへ

と変えつつあった。[27]

　トルーマン政権の政策決定者たちにとってソ連の対日参戦は、軍事的な問題であるとともに、第二次世界大戦終結後の国際秩序にかかわる政治的な問題でもあった。ヤルタ会談のあとのナチス・ドイツの占領から解放された東ヨーロッパ諸国におけるソ連の行動が、ヤルタ会談で米英ソ三カ国の首脳が交わした約束や彼らが発表した「解放されたヨーロッパに関する宣言」に反しているという考えが、トルーマン政権の対外政策の決定者たちの中でしだいに強まりつつあった。そのような状況の中で、戦争終結後の東アジア地域においてアメリカはソ連とどのような関係を築くのか、その戦後構想との関連で対日戦の終結にあたってソ連に何を求め、ソ連からのどのような要求にならばそれに応じるのかあるいは応じないのか、という政治的な問題が、あらためて問われることとなった。

　5月に入ると、対外政策を担うアメリカ政府高官の中から対ソ連政策の再検討の動きが出始める。5月1日に、グルー国務長官代理、スティムソン陸軍長官そしてフォレスタル海軍長官による「3人委員会」が開かれた。その席でフォレスタル海軍長官は、次のような問いを発した。「極東地域におけるソ連の影響力に対するわれわれの政策は何か。その影響力に対する対抗勢力をわれわれは望むのか。その対抗勢力となるべきなのは中国なのか日本なのか」と。このようないくつかの質問を発することを通じて海軍長官は、アメリカの極東地域における政治的目標を再検討する時期が来ていることを示したのだった。[28]

　ソ連に対する警戒心を強くもっていた政府高官の1人が、アヴェレル・ハリマン（W. Averell Harriman）駐ソ大使である。一時帰国していたハリマンは、5月11日にフォレスタル海軍長官の執務室で海軍省高官たちとの会合に出席した。その会合で彼は、ソ連の早期対日参戦の必要性についてアメリカ政府が結論をくだすべき時期がきていると指摘して、「もし中国が弱いままであり続ければ、ソ連の影響が急速に中国におよび最終的にはソ連が中国を支配してしまうことになる」という懸念を述べた。[29]

(2) ソ連の対日参戦をめぐる国務省・陸軍省・海軍省三省の協議

5月12日にはグルー国務長官代理が、アメリカの対ソ連政策と対東アジア政策を再検討する必要を訴える列に加わった。この日グルーは、フォレスタル海軍長官、マックロイ陸軍次官補、ハリマン駐ソ大使、チャールズ・ボーレン(Charles E. Bohlen)国務長官補佐官らと会合をもち、対ソ政策とりわけヤルタ協定を再検討する必要性について協議した[30]。同日グルーはスティムソン陸軍長官宛(およびフォレスタル海軍長官宛)の覚書を送付して、それに対する陸軍省の見解を求めた。グルーの覚書は、ソ連の対日参戦とヤルタ協定にかかわる次の3つの問題を提起していた。すなわち、

1. ソ連が対日参戦してくる前に極東地域におけるいくつかの望ましい政治目的についてソ連から同意を取りつけるよう試みることを許さないほど、ソ連の対日参戦を早期に実現することがアメリカの死活的な利益であるのか。
2. 極東地域におけるソ連の政治的願望に関するヤルタでの決定は、再検討されるべきか、それとも、全面的にであれ部分的にであれ実現されるべきか。
3. もしソ連が日本本土の軍事的占領への参加を求めてきた場合には、それを認めるべきか、それとも、そのような占領は将来の日本に対するわれわれの長期的な政策にとってまったく好ましくない影響をもつのか[31]

という3つの問題である。これらはいずれも、ソ連の対日参戦に関連してアメリカが対応を準備すべき検討課題だった。グルー国務長官代理が対ソ連関係にかかわる諸問題をこのように提起したことは、ソ連による対日参戦が日本との戦争を終わらせるという軍事的な問題であっただけではなく、それが第二次世界大戦後の国際関係にかかわる重要な外交的・政治的な問題であることを、まざまざと示すものだった。

グルーの覚書を受け取ったスティムソン陸軍長官は、その重要性をただちに理解した。グルー覚書が提起した諸問題について、彼は5月13日の日記に「これらは非常に重要な質問である。(中略)これらの質問はきわめて鋭いものであり、私の考えではS-1[原爆]の成功と深く関連している」と記した[32]。

スティムソンはマックロイ陸軍次官補との協議をへた後[33]、グルー覚書(5月12日付)に対する陸軍省としての回答を5月21日付書簡としてまとめあげた。グ

ルー国務長官代理が提起した質問1に対しては、軍事的な考慮はソ連が対日参戦する前に極東地域におけるいくつかの望ましい政治目的についてソ連から同意を取りつけるようアメリカ政府が試みることを妨げない、と同書簡は答えた。ソ連の対日参戦は、アメリカがとる政治的目的のための行動とほとんどかかわりなく、ソ連側の軍事的・政治的状況に基づいてソ連自らが決めることがらである、というのがその理由だった。しかもスティムソンは、ソ連参戦が戦争終結を早めてアメリカ兵の命を救う「重大な軍事的影響」を与えると予想した。次いで質問2に対しては、ヤルタ会談でソ連との間で合意した極東に関する取り決めはソ連が日本に対する軍事力の行使によって獲得できるものである、と回答している。陸軍長官は、ヤルタでアメリカが行なったソ連に対する極東に関する譲歩をたとえ見直したとしても、ソ連軍が日本軍を撃退した地域を占領するという軍事的な現実の出現は避けがたい、と予想したのだった。そうである以上は、対日参戦したソ連はヤルタで政治的に認められたものを軍事的に手に入れるだけのことであり、ヤルタの合意の見直しには大きな意味はない、というのがスティムソンの判断である。最後の質問3に対しては、日本本土の占領にソ連を参加させるかどうかは「政治的決定の問題」である、と答えている。軍事的観点からは占領に必要なアメリカ軍の規模を縮小できるのでソ連の参加は望ましいと陸軍省はしながらも、ソ連を占領国の1つとするドイツの分割占領の経験から、日本本土の占領においてはアメリカ軍による単独占領のほうが望ましいとする判断が将来において必要となるかもしれない、と指摘した。したがって今現在のところ、まだソ連が実際に対日参戦する前に日本本土の占領へのソ連の参加を議論する必要はない、というのがスティムソンの見解だった。この回答を受け取った1人であるフォレスタル海軍長官は（もう1人はグルー国務長官代理）、ただちにスティムソン陸軍長官の意見に同意した。[34]

このように、ソ連の対日参戦が政治的に意味するアメリカ対外関係上の含意について1945年5月に国務省が問題を提起し、陸軍省と海軍省の両長官は、ソ連の対日参戦がもつ政治的影響がアメリカの対外政策に変更を迫るような重大なものではなく、ヤルタ会談で交わされたソ連との間の取り決めを見直す必要もない、という見解で一致した。それが意味したのは、ソ連の対日参戦をアメ

第4章　対日戦終結をめぐる国際関係と原爆

リカにとってもつ政治的な含意にてらして考慮する必要はなく、純粋に軍事的な観点から、その必要性や是非をさらには対日戦終結までのソ連との間の軍事的協力について検討すべきである、という基本方針を陸軍と海軍の両文民長官が明確にした、ということだった。そのような基本方針が明確になったところで、次にいよいよ対日戦最終段階となる軍事作戦が検討のための俎上にのせられることとなる。

　スティムソンがグルー覚書に回答してから1週間がたった頃に、スターリンがソ連の対日参戦の約束を再確認する。ソ連との間の意見交換のために大統領の特使としてハリー・ホプキンス（Harry L. Hopkins）が1945年5月末にモスクワを訪問し、スターリンやヴィヤチェスラフ・モロトフ（Vyacheslav M. Molotov）外相らと数度にわたって会談した。ホプキンスは5月21日にマックロイ陸軍次官補と長時間の話し合いをし、アメリカが進めている原爆開発の動向や日本本土侵攻作戦の実施に対するアメリカ軍首脳の考えなどを、マックロイから伝えられた。ちょうどこの日グルーに宛てられたスティムソン回答の作成に寄与したマックロイは、ソ連参戦に対する陸軍省と海軍省の考えをホプキンスに伝えたものと想像してよいだろう。[35] ホプキンスとの一連の会談の中でスターリンは、1945年2月に開かれたヤルタ会談において彼が約束したソ連の対日参戦を再確約し、対ドイツ戦終了からちょうど3カ月後の8月8日までにソ連の参戦準備が整うという見通しを明らかにした。[36] それと同時にスターリンは、アメリカ軍の戦略立案者たちを当惑させるほどの膨大な量の軍事物資の援助を、対日戦遂行にとって必要だとしてアメリカに要請した。[37]

　ホプキンスがモスクワを訪問していた5月30日までに、アメリカ・イギリス・ソ連の三カ国の首脳による会議を7月15日からベルリン近郊で開催することで、米英ソ三カ国の首脳の間で合意ができあがる（この首脳会談は「ポツダム会談」と呼ばれることになる）。[38] 6月に入ると4月1日に始まったアメリカ軍による沖縄攻略戦が終わりに近づき、対日戦の終結がいよいよ現実味を帯びたものとなってきた。

　このような事態の進展を受けてトルーマンは、対日軍事戦略の検討を軍首脳（文民・制服組両方を含む）と行ない、対日戦終結について何らかの見通しをもっ

93

て7月半ばから始まる予定の米英ソ首脳会談に臨むことができるよう準備することにした。

4　日本本土侵攻作戦の推進

(1) トルーマン大統領による九州上陸作戦の承認

　トルーマン大統領は6月14日に陸海軍統合参謀本部（Joint Chiefs of Staff）に対して、6月18日の午後に対日軍事戦略を検討する会議を開催する旨をレーヒ大統領軍事問題特別顧問を通じて伝えた。トルーマンがその会議を招集した目的は、「チャーチルとスターリンとの協議に備えて、われわれの目標と見通しについて完全な情報提供を受ける」ことだった。トルーマンはその目的のために、次のようないくつかの点についてその会議によって見通しを得たいと望んでいるとも伝えていた。それらの点とはすなわち、日本本土侵攻作戦を実施した場合と、それを行なわずに日本に対する封鎖と爆撃を続けた場合のそれぞれについて、日本を降伏させるために「要する時間と生じる死傷者・行方不明者数の推定」、「ソ連にしてほしいことは正確に何であるのか」などである。その上で大統領はさらに次のように付け加えた。「アメリカ兵の生命の犠牲を可能な限り最も少なくするという観点から対日軍事戦略について決定をくだす」ことが彼の意図であり、「時間と経費を小さくすることは相対的に重要ではない」と。[39]アメリカ兵死傷者・行方不明者の数を最小限にしつつすみやかに日本を降伏させる方法をトルーマンは求めていたのであり、彼の最大の関心が対日軍事作戦の遂行によってアメリカ軍に生じる死傷者・行方不明者の推定数にあったことを、この6月14日の指示は示していた。

　陸海軍統合参謀本部の軍人たちおよび文民の軍長官たちは、日本を降伏させるための対日軍事戦略について大統領と協議すべく6月18日にホワイトハウスに集まった。その会議に出席したのは、大統領、陸軍からマーシャル陸軍参謀長とイーカー中将（Ira C. Eaker. アーノルド陸軍航空隊司令官の代理）、海軍からはレーヒ大統領軍事問題特別顧問とキング海軍作戦部長、文民の軍長官であるスティムソン陸軍長官とフォレスタル海軍長官、そしてマックロイ陸軍次官補

だった。この会議で最初に意見を述べたのは、軍人たちを代表して発言したマーシャル陸軍参謀長である。この会議の議事録によれば、彼は九州に対する軍事作戦が「日本を締め上げる『絞殺』戦略」にとって不可欠なものであり、「沖縄戦の次に実施する価値のある軍事作戦としては最も犠牲が少ない作戦である」という陸海軍統合参謀本部の軍人たちの一致した見解を述べた。なぜならば、九州に軍事拠点を確保することが、「日本に対する封鎖と爆撃を強化するために、また東京平野〔関東平野〕侵攻によって日本を降伏させるためにも」不可欠だからである、とマーシャルは付け加えた。さらにマーシャルは、空軍力だけでは日本を降伏させることができず、同年11月に開始を予定している「九州侵攻作戦がとるべき唯一の策である」と強調した。

　陸海軍統合参謀本部の軍人たちが九州侵攻作戦を重視した最大の理由は、九州に新たにもつことになる軍事基地が日本を降伏させるために必要な軍事的価値をもつことになるからだった。爆撃機や戦闘機の発進基地が日本本土から離れた沖縄や朝鮮半島にあるよりも九州にあるほうが、空軍力が日本に対して発揮する効果はずっと高くなることは明らかだった。イーカー陸軍航空隊中将は「本州の封鎖は九州にある航空基地にかかっている」という主旨の見解を、この会議で述べている。日本を降伏させるための最終的な軍事作戦として1946年３月に開始する予定だった関東上陸作戦では、九州にある基地からの支援を受けることによって、アメリカ軍が受ける人的・物的被害を減らすことになることも期待できた。このような理由から陸海軍統合参謀本部の軍人たちは、九州上陸作戦の実施を大統領に提言したのだった。トルーマンは軍事的観点からみて九州侵攻計画には問題がないと判断して、軍が九州侵攻作戦の実施準備に着手することを承認した（関東上陸作戦を実施するかどうかについては後に決定することとした）。

(2) 死傷者・行方不明者数推定

　実はこの会議で陸海軍統合参謀本部の軍人たちは、大統領が事前に求めていた見通しのすべてを彼に対して明確に示したわけではなかった。あいまいにしか示さなかったことの１つが、九州侵攻作戦の実施によってアメリカ軍に生じ

る死傷者・行方不明者の推定数だった。彼らは、具体的な数字として死傷者・行方不明者数の推定値をこの日の会議で大統領に対して示すことを意図的に避けた。彼らがそうしたのは、議事録によれば「死傷者・行方不明者に関する太平洋戦線におけるわれわれの経験が実に多様であるため、数字で死傷者・行方不明者の推定数を示すことは誤りである」と判断した結果である。したがって彼らは、明確な推定数を示すのではなくその代わりに、それまでの日本軍を相手とした太平洋戦線における主要な戦闘でアメリカ軍に生じた死傷者・行方不明者数や、同じ戦闘で日本軍に生まれた死傷者・行方不明者数がアメリカ軍のそれの何倍だったのかを示す比率を示すにとどめた。この会議の議事録によれば、トルーマンに対して陸海軍統合参謀本部の軍人たちが示した参考数値の１つは、九州侵攻作戦の最初の30日間に生じる死傷者・行方不明者数がルソン島攻略に要した死傷者・行方不明者数３万1000人を超えない、というものだった。⁴³⁾なおこの会議の議事録には記載がないが、この会議に出席していたレーヒ大統領軍事問題特別顧問は、「マーシャルは九州上陸作戦に必要だと見積もられている19万人の戦闘員［combat troops］のうち死傷者・行方不明者は６万3000人以下におさまるだろうという意見である」と彼の日記に書き残している⁴⁴⁾。このように、大統領がこの会議から得た九州上陸作戦の遂行によって生まれる死傷者・行方不明者の推定数は、多分にあいまいなものだった。

　そうであったにもかかわらず、トルーマンは九州侵攻作戦の実施準備への着手を承認した。彼にとって大きな懸案だったアメリカ兵死傷者・行方不明者がどれだけでるのかについて陸海軍統合参謀本部の軍人たちが示した見通しが多分にあいまいであったとしても、「日本の端から端までが沖縄［のような戦場］となるのを避ける可能性があると期待していた」が、その期待が満たされるだろうことが彼には「今や明確となった」からである⁴⁵⁾。大統領は、九州攻略作戦が沖縄戦のようなアメリカ側に大きな犠牲を生むような軍事作戦とはならないし、アメリカ軍が受けるであろう人的・物的損害は彼にとって許容できる範囲に収まると確信したのだった。

(3) 対日軍事戦略とソ連の対日参戦

　もう1つ陸海軍統合参謀本部の軍人たちがトルーマンに明確に示さなかったのは、ソ連に何を求めるのか、より具体的には、ソ連の対日参戦が日本を降伏させるために必要なのかどうか、必要であるとすればどのような軍事的な協力を求めるべきなのか、という点だった。6月18日の対日軍事戦略検討会議の中でマーシャル陸軍参謀長は、陸海軍統合参謀本部の軍人たちの一致した見解として、日本を降伏させるのに必要な条件を次のようにあげた。

> 戦場における完膚なきまでの軍事的敗北を喫した場合をのぞいて日本がもし降伏しようとするのであれば、それは次のような事態によってもたらされた絶望的な見通しに日本が直面したときだろう。そのような状況とはすなわち、(1)すでに空爆によってもたらされた破壊と海上封鎖、それに加えて(2)日本上陸により示されるわれわれの断固たる決意、そしておそらくさらにそれらに加えて(3)ソ連の参戦もしくは参戦の脅威である。[46]

　そのような事態がもたらす絶望的な見通しに直面したときにようやく日本は降伏することになる、というのがマーシャルの考えだった。この見方によれば、ソ連が対日参戦してもアメリカ軍が日本本土侵攻作戦を実施しなければ日本は降伏しない、ということになる。[47]

　この会議でキング海軍作戦部長はソ連の対日参戦が必要ではない、との立場をとった。「ソ連参戦の望ましさがどの程度であろうとも、ソ連参戦は不可欠ではないし、ソ連に参戦を乞うようなことまですべきではない」とキングは述べた。[48]

　トルーマンはこの会議の開催にあたって陸海軍統合参謀本部の軍人たちに、対日戦にかかわってソ連にしてほしいことが何であるのかを問うた。しかしその問いが前提とするソ連による対日参戦の必要性について、この会議で彼らは明確で一致した見解を大統領に対して示すことはしなかったし、ましてやどのような軍事協力を必要とするのかを述べることはなかったのだった。

(4) 九州侵攻作戦における原爆の戦術的使用計画

　この対日軍事戦略を検討した会議の開催から4週間後の7月16日に、アメリ

カが原爆の爆発実験に成功する。原爆の開発成功が間近に迫っており、日本本土侵攻作戦をアメリカ軍が開始する時までに原爆をアメリカが手にしていることは想像に難くなかった。ところが奇妙なことに、この会議の議事録には原爆に対する言及がまったく見当たらない。そもそも原爆がこの会議の中で論及されたのかどうかを、議事録は明らかにしない。先述したマーシャル陸軍参謀長が日本を絶望的な見通しに直面させる事態としてあげた中に空爆による破壊が含まれていたが、それが原爆を使った空爆による破壊を含むのかどうか、あるいは九州侵攻作戦で原爆を戦術的に使用するのかどうかも、やはり議事録は何も明らかにしない。

しかしこの会議の終わり近くでマックロイ陸軍次官補が原爆に言及した。マックロイは、日本本土侵攻作戦の開始を最終的に決定する前にあるいは日本に対する原爆の使用を決定する前に、日本を降伏させるための政治的な手段を実行すべきであると述べ、そのような手段の1つとして原爆を日本に対して使用する可能性を日本人に対して警告することをあげたのだった（マックロイは日本に対する無条件降伏要求の緩和も政治的手段の1つとしてあげた）。マックロイの発言を聞いた大統領は、政治的な手段について検討を進めることに賛成したという[49]。

原爆の使用に先立って日本に対してその使用について警告を与えるというマックロイが提起した案については、第3章で述べたように、暫定委員会がすでに6月16日までに警告をださずに原爆を使用すべきである、と合意していた。また6月27日には暫定委員会の委員であるバード海軍次官が、やはり原爆の使用前に日本に対して警告を与えるべきであると主張した覚書をハリソン同委員会委員長代理に提出するが、暫定委員会は自らの決定を変更することがなかった。日本に対して原爆使用の事前警告をすべきであるという提案は、トルーマン政権上層部の政策決定者たちに影響力をもつことはなかったのである。

九州侵攻作戦で原爆を戦術的に使用するかどうかについて、6月18日の会議の議事録にはやはり何も言及がなかった。それが、会議では論じられたけれども議事録に残さなかったからであるのか、会議では論じられなかったからであるのかは明らかでない。しかし実際には、まだ確立された計画ではなかったと

第 4 章　対日戦終結をめぐる国際関係と原爆

しても、アメリカ軍が日本本土侵攻作戦において原爆を都市に対してではなく、アメリカ軍を迎え撃つ日本軍に対して戦術的に使用する可能性は存在していた。日本との戦争が終わってから10年ほどたったのちにマーシャルは、日本本土上陸作戦で9発の原爆を戦術的に使用する構想をもっていたことを明らかにしている。マーシャルの回想によれば、三方面から九州上陸作戦を展開するアメリカ軍部隊それぞれに3発ずつ原爆を配備して、それぞれの部隊が日本軍に対して上陸前に1発、上陸後に2発を使用する、という構想だった。マンハッタン計画の指揮官グローヴスは、1945年9月以降に新たに使用可能となる原爆の数を、9月と10月の両月にはそれぞれ3発か4発ずつ、11月は5発以上になると推測しており、そのことを1945年7月30日にマーシャルに伝えている。グローヴスの見込み通りに原爆の製造が進めば、アメリカ軍が9発の原爆を11月1日の開始を予定していた九州上陸作戦で使用することは可能だったはずである。

　マーシャル陸軍参謀長が、日本本土侵攻作戦の実施が日本を降伏させるために不可欠であると考え、さらには九州侵攻作戦での原爆の「戦術的」使用の可能性を構想していたということは、8月以降に日本に対して原爆を「戦略的」に使用したとしても日本はただちには降伏しない、と彼が想定していたことを示唆する。マーシャルはアメリカ軍全体を統括する参謀長として、1942年6月にアメリカが原爆の開発を始めた当初から原爆に関する機密情報に接してきた。彼は、8月1日以降原爆が日本に対して使用可能となることや、原爆の日本への投下を目的とする特別航空部隊の作戦準備が着々と進みつつあることを、グローヴスらからの報告を通じて知っていた。そのマーシャルが、原爆を日本に対してすでに使用したあとの1945年11月に開始する予定の日本本土侵攻作戦の実施が必要であると主張し、しかもその侵攻作戦における原爆の戦術的な使用すら考えていた事実は、マーシャルが原爆の戦略的使用が与える衝撃は日本を降伏させるには不十分であると予想していた可能性を示すものだろう。

5　原爆外交の実践

(1) スティムソン陸軍長官と原爆外交

　1945年5月12日にグルーが提起した諸問題への回答をつくりあげていく過程で、スティムソン陸軍長官が原爆開発の成功と結びつけてアメリカの対ソ連政策（その中にはソ連の対日参戦問題への対応も含まれている）を構想していこうとする原爆外交の立場に立っていたことが明らかとなる。ここでいう原爆外交とは、対外関係上の目的を達成するために原爆の脅威を外交的な手段として明示的・暗黙的に使用する対外政策を実施したり構想することを意味する。

　スティムソン陸軍長官にとって、グルーが提起した米ソ関係をめぐる諸問題の検討と原爆開発の成否とは、切り離しては考えられないものだった。5月14日にそれらの問題についてマックロイ陸軍次官補と話し合いをした際にスティムソンは、トランプのゲームにたとえて、アメリカがソ連に対してとるべき態度をマックロイに語った。「これはわれわれがすべてのカードをそろえているまさにその場所だ。『ロイヤル・ストレート・フラッシュ』だ。そのもちカードの扱い方を間違ってはいけない。ソ連人たちはわれわれの助けと産業がなけれはやっていけない。しかもわれわれには、もうすぐ使えるようになる新型の兵器［原爆］があるのだ」と。[52]

　さらにその翌日の5月15日に、国務省・陸軍省・海軍省の三省のトップが集う会議が開催された。グルー国務長官代理、スティムソン陸軍長官、フォレスタル海軍長官、それにハリマン駐ソ大使らがその会議に出席し、グルー覚書が提起した問題などを協議した。スティムソンはその席で、存在している困難を指摘するとともに、「これらの問題にまだ答えられる立場にわれわれはまだ立っていない」という彼の考えを示した。その理由は、スティムソン日記によれば、アメリカが原爆をまだ手にしていないことだった。陸軍長官は彼の考えを次のように記している。

　　悩ましいことに、大統領はスターリンとチャーチルとの会談を7月1日［ママ］に始

第4章 対日戦終結をめぐる国際関係と原爆

めると明らかに約束しており、それはちょうどこれらの問題が大きな争点となる時期である。満州［ママ］、旅順、そのほかの中国北部にあるさまざまな地域とソ連との関係について、そして中国のわれわれとの関係について、ソ連と協議する必要があるかもしれない。そのように複雑に絡んだ問題の上ではS-1 [原爆] の秘密が支配的な役割を演じることになるだろう。しかし、それがわれわれの手の中にある兵器なのかそうでないのかをわれわれが知るのは、おそらく7月1日以後かその首脳会談が終わった後のことだろう。[われわれが原爆を手にするのは首脳会談が終わった] すぐ後のことだと思うが、マスター・カードを手にもたずにそのように大きな外交上の賭けをするのは危険なことだ。[53)]

1945年5月半ばにおいてスティムソンが、原爆開発の成功と結びつけてアメリカの対ソ連政策を構想していこうとする原爆外交の立場に立っていたことを、これらの資料は浮き彫りにする。

(2) トルーマン大統領と原爆外交

1945年5月にはスティムソンだけではなくトルーマン大統領も、原爆外交の立場に立っていた。トルーマンもまた、原爆開発の成功を手にした上でソ連との交渉に臨みたいと望んだからである。

ドイツが降伏する2日前の5月6日にチャーチル・イギリス首相が、ポーランド問題などのヨーロッパにおける戦後処理問題を協議するために「できるだけ早く」米英ソ三カ国の首脳による会談を開催すべきである、とトルーマンに電報を送った。[54)] チャーチルからの三カ国首脳会談早期開催の要請に対してトルーマンは、アメリカ連邦政府の財政運営上の問題（中でも連邦政府予算をめぐる連邦議会との関係）を理由にあげて、会計年度が終わる6月30日までは首都ワシントンを離れるのがたいへん困難であり、7月にならなければ三カ国首脳会談への参加ができない、とチャーチルとワシントンを訪問したアンソニー・イーデン（Anthony Eden）・イギリス外相らに伝えた。[55)] 5月15日にはグルー国務長官代理やハリマン駐ソ大使が6月中の首脳会談開催を進言したのに対してトルーマンは、会計年度が終わるまでに連邦政府の予算に関する大統領見解を作成する必要を理由にあげて、彼らの助言を退けた。[56)]

ところがトルーマンがポツダム会談の開始日程を7月半ばまでに遅らせたも

101

う1つのそしておそらくは本当の理由は、予定されている最初の原爆の爆発実験の日程に合わせるためだった。5月21日に大統領と会談したジョセフ・ディヴィーズ（Joseph E. Davies）前駐ソ連アメリカ大使は、そのときの大統領との会話の様子を次のように日記に記している。「彼は7月まで［スターリンとチャーチルに］会いたくないと思っている。彼には予算［脚注つき］の問題がある。彼はもう1つの理由などについても教えてくれた。［原爆の］実験が6月に予定されていたが、7月に延期された」と。「予算」ということばにつけられている脚注には、「原爆。そのとき彼はネヴァダ州で行われる原爆実験について私に話した。そのことは絶対に秘密だと私に約束させた」と記している[57]。やはりトルーマンも、スティムソンと同様に原爆の開発が成功して実際に原爆を手にしたのかどうかを知った上でポツダム会談に臨むことができるほうがよい、と考えたのだった。
　原爆外交論を展開したアルペロヴィッツは、トルーマンがポツダム会談の開催を原爆実験の日取りに合わせて意図的に遅らせたことを、「対決」の先送りと呼びそれを原爆外交のあらわれであると解釈した[58]。トルーマンが原爆の爆発実験の実施予定に合わせてスターリンやチャーチルとの首脳会談の開催日程を7月半ばまで遅らせた、という点では筆者もアルペロヴィッツと同じ解釈である。ただしそれが、「対決」の先送りだったとは筆者は考えない。1945年4月に大統領に昇格してから5月末までのトルーマンの対ソ連政策は、前大統領がとってきた協調姿勢を踏襲したものであり、それを転換させて「対決」姿勢に転じてはいなかった。ホプキンスを大統領の特使として5月末にモスクワに派遣したことは前大統領の政策を継続していこうとするトルーマンの姿勢のあらわれであったし、ポーランド暫定政権問題についてホプキンスとスターリンとの間で達した合意が民主主義の原則からみて完全に満足できるものではなかったとしても、それをその時点での現実主義的な解決策であるとしてトルーマンは承認する。そのような外交姿勢を「対決」と呼ぶのは適切ではないだろう[59]。

第4章　対日戦終結をめぐる国際関係と原爆

6　おわりに

　本章は、日本を降伏させるためにトルーマン大統領がとることができトルーマン政権の政策決定者たちが検討を重ねた手段の中から、無条件降伏要求の変更を意味する天皇位の存続容認の日本への通告、ソ連の対日参戦、そして日本本土侵攻作戦の実施という3つの手段をとりあげた。ポツダム会談が始まるまでにそれら3つの手段について、トルーマン政権の政策決定者たちはとるべき政策をどのようにして選択するに至ったのか、そしてそれはなぜだったのか。本章はそれらの問いに対する答えを、ポツダム会談前夜の政策決定者たちによる政策協議の過程を記述していく中で探った。その際にとくに着目したのは、トルーマン政権の政策決定者たちがそれらの手段を原爆の使用や戦後の東アジアにおける国際秩序とりわけアメリカとソ連との関係にかかわる戦後構想とどのように関係づけたのか、という点だった。

　トルーマン大統領は多くのアメリカ兵犠牲者を生むことになるであろう日本本土侵攻作戦の実施を避けることを政策上の優先事項としており、日本本土の侵攻をすることなく日本との戦争を終結させる可能性を大統領は模索していた。本章の分析が明らかにしたのは、その模索の過程においてソ連との関係が重要な問題としてトルーマン政権の政策決定者たちの関心を集めており、その対ソ連考慮が対日戦を終結させるという課題においても重要な要素であったことである。

　まず第1に、天皇位の存続容認の日本への通告についてである。1945年7月2日にスティムソン陸軍長官は、国務省・陸軍省・海軍省三省首脳の合意に基づく提言として「現在の皇室における立憲君主制を排除しない」と日本に認める内容をもつ降伏勧告声明を日本に通告するよう求める覚書をトルーマン大統領に提出した。同覚書が日本に対する降伏勧告声明を、アメリカ大統領声明としてではなく米英中三カ国（ソ連が参戦している場合には米英中ソの四カ国）首脳による共同声明として発表するよう想定していたことには、対日戦終結におけるソ連の役割をめぐるアメリカにとってのジレンマがあらわれていた。そのジレ

103

ンマとは、日本を降伏させるためには連合国側の一国としてのソ連の外交的関与が望ましいが、逆にソ連の関与は日本の降伏や降伏後の占領や戦後処理ひいては東アジア国際秩序におけるソ連の発言力が増す可能性があり望ましくない、というものだった。

次いで第2に、ソ連の対日参戦についてはどうであったのか。5月末までに陸軍省・海軍省の両長官は、ソ連の対日参戦が戦後の東アジア国際秩序にもたらすことになるであろう帰結がアメリカの外交利害を損なうものではなく、ヤルタでソ連に与えると認めたものを見直す必要はない、という点で意見が一致する。グルー国務長官代理はそれに対して異議を唱えなかった。大統領の要請により6月半ばに開かれた対日軍事戦略検討会議でアメリカ軍首脳たちは、ソ連の対日参戦の必要性について明確な見通しを大統領に示すことはしなかった。ただし彼らは一致した見解として、アメリカ軍による日本本土侵攻を実施しなければ、たとえソ連が対日参戦しても日本を降伏させることにはならない、という見通しを大統領に示した。

最後に日本本土侵攻作戦の実施についてである。アメリカ軍首脳たちは日本を降伏させるためにその実施が不可欠であると大統領に進言し、トルーマンは6月18日に九州上陸作戦の実施を承認した。この決定に至る過程において、原爆の使用が日本本土侵攻作戦の実施や日本の降伏にどのように関係しているのかが考慮されたのかどうかは不明である。九州上陸作戦の開始予定日は原爆が実際に使用可能となる3カ月後だった。日本の都市に対する原爆の使用が、九州上陸作戦が始まるまでに日本を降伏させると想定していなかったのか、あるいは、九州上陸作戦における原爆の戦術的な使用がその作戦実施の決定において考慮されたのかどうか、いずれについても九州上陸作戦の実施を承認した会議の議事録からは判断できない。

本章の第5節が明らかにしたのは、原爆が1945年5月から6月の時期のトルーマン政権の対外政策に影響を与えた原爆外交の一端である。スティムソン陸軍長官はアメリカの対ソ連政策を原爆開発の成功と結びつけて構想していこうとしていた。トルーマン大統領もまた、原爆開発の成功を手にした上でスターリンとの交渉に臨みたいと望み、ポツダム会談の開始日を原爆の爆発実験

予定日にあわせて遅らせたのだった。
　トルーマン大統領やスティムソン陸軍長官がそうであったように原爆という切り札を手にして交渉の席に着くことを望むことと、原爆という切り札を実際に交渉の場で使うことは、2つの別のことである。7月半ばに始まるポツダム会談は、トルーマン大統領が切り札として使うことができる原爆を手にして交渉の席に着く機会となる。

第5章

ポツダムにおける米英ソ首脳外交と原爆の対日使用へ向かう最後の過程

1　はじめに

　アメリカとイギリスによる原爆開発の開始を促した一連の出来事から始まった道のりが、アメリカによる原爆の使用と日本の降伏によって1つの終わりを迎えることとなる。本章は1945年7月後半の時期に焦点をあてて、アメリカ、イギリス、ソ連の三カ国の首脳がポツダムを舞台にして展開した原爆を背景とした外交関係を、主としてアメリカの視角から分析して記述する。

　日本との戦争終結が迫りつつあると期待されたその時期に開催された米英ソ三カ国首脳によるポツダム会談では、ヨーロッパの戦後処理問題のみならず、対日戦終結の達成に向けた連合国間の協力問題や戦後の東アジア国際秩序構想が、米英ソ三カ国首脳が解決すべき課題としてあった。またちょうどその頃開発が成功し現実のものとなった原爆が、米英ソ三カ国間の関係に影響を及ぼしてもいた。本章が試みるのは、そのような複雑な国際環境の中でアメリカの政策決定者たちが、どのように原爆の使用をアメリカの対外関係と関連づけながら、なぜ実際にそうしたように、原爆の対日使用に至るのかを描くことである。

　本章の構成は次のとおりである。第2節はトルーマンとスターリンの初めての会談をとりあげる。第3節は原爆の爆発実験成功の直後にトルーマンが書いた日記と妻宛の手紙を分析する。第4節と第5節は原爆の使用と情報の公開をめぐる米英ソ関係に焦点をあてる。第6節と第7節は、ソ連の対日参戦問題がアメリカの政策決定者たちによってポツダム宣言と原爆の対日使用と結びつけ

られていた様子を描き、彼らによる原爆の対日使用の考慮においていわゆる「ソ連要因」がはたらいていたことを論ずる。そして第8節は原爆の対日投下作戦へ向けた準備が進んでいく様子を描き、「ストーン覚書」の重要性を指摘する。

2　トルーマン＝スターリン会談

(1) 届いた原爆の爆発実験成功の第1報

　米英ソ三カ国の首脳が出席したポツダム会談が1945年7月17日から8月2日まで開かれる。5月末から6月初めの時点で三カ国の首脳は、首脳会談の開始日を7月15日とすることで合意していたが、スターリンのポツダム到着が遅れ、実際に三カ国首脳による公式会談が始まったのは17日となった。

　アメリカが原爆の爆発実験に成功したのは、その前日の7月16日のことだった。ハリソン陸軍長官補佐官がワシントンから送った爆発実験成功を伝えた短い第1報[1]は、7月16日の午後7時30分にポツダムにいたスティムソン陸軍長官に届いた。その第1報を受け取ったスティムソンは、ただちにトルーマンとバーンズにそれを見せて、原爆実験の成功を伝えた。大統領と国務長官は、「その知らせに喜んだ」とスティムソンは記録している[2]。

　第4章で触れたように、日本がソ連にはたらきかけて降伏の機会を探る和平工作にのりだしたことを示す情報を受け取ったスティムソンは、対日降伏勧告声明をただちにだすよう7月16日に大統領に要請した[3]。スティムソンは当初、原爆を使用する前にではなく原爆を使用したあとで、なおかつ本土上陸作戦を実施する前に、日本に対する降伏勧告案をだして日本を降伏へ導こうと構想していた。しかし日本が降伏への道を外交手段を通じて探ろうとしていることを知った時点で、対日降伏勧告をだす時がまさに来たと考え、ただちに対日声明を発するようスティムソンは求めたのだった。だがその翌日7月17日の朝に協議のためにバーンズ国務長官と会ったスティムソンは、国務長官が対日降伏勧告声明をただちにだすことに反対であることを知った。そのときバーンズが示した対日降伏勧告声明をだすタイミングを大統領が支持しているのだとスティ

ムソンは判断して、その件を強くおすことはしなかった。

(2) 初めてのトルーマン＝スターリン会談

　同じく7月17日に、トルーマン大統領とソ連のスターリンが初めて会い、昼食をとりながら2時間にわたって非公式の首脳会談を行なった。ソ連が対日参戦するという確約をスターリンから得ることは、ポツダム会談に臨むトルーマンの重要目的の1つだった。トルーマンとの会談の中でスターリンは、ソ連軍が「8月半ばまでに」(または「8月半ばに」)対日参戦するとあらためて約束した。スターリンから参戦の確約を得るという重要な目的の1つが達せられた日にトルーマンは「8月15日にスターリンが対日参戦する。[ソ連が参戦したら]日本人は終わりだ」と日記に書き、その翌日の7月18日には妻に宛てて「ここへやってきた目的のものを得た。スターリンが[新たな]条件なしで8月15日にソ連を参戦させる。[中略]これで戦争を1年早く終えられる」と記して、ソ連の対日参戦の確約を得た喜びと、ソ連の参戦が日本を降伏させることへの期待を表明した。(これらの日記と手紙の記述については次節で詳しく論ずる。)

　最初のスターリンとの会談がトルーマンにとって喜ばしかったのは、7月初めから進められていた中ソ間協定の交渉がトルーマンが望んだような成果を生みつつあることを確認できたからでもあった。1945年2月のヤルタ会談の際にローズヴェルト大統領、チャーチル首相およびスターリンの三者の間で結ばれた秘密協定は、中国におけるソ連の権益にかかわる内容を含んでいた。その秘密協定を実現するためには、中国によるその受け入れと、日本が敗戦した後の中ソ関係を基礎づけるとともにソ連に対してアメリカが約束した権益の享受を可能とする取り決めを、中国とソ連が両者の間の交渉を通じて結ぶ必要があった。トルーマンとの最初の会談でスターリンは、モスクワで宋子文(T. V. Soong)中華民国行政院長(外交部長を兼務)との間で行なっていた交渉の進捗状況について、外モンゴルの問題では合意に達したものの、「満州」地域における鉄道の管理・運営や租借をめぐる問題、それに加えて大連港と旅順港の運営や地位に関してはまだソ連と中国の間に意見の相違がある、と述べた。スターリンの言によれば、「ソ連側が求めているものは[極東における]ロシアの権利

を復活させるヤルタ協定よりも穏当なものである」ということだった。大連港の地位に関して尋ねたトルーマンに対して、スターリンが大連港がすべての国に開かれた自由港となると答えると、トルーマンはそれは門戸開放政策に沿ったものとなるとスターリンに伝えた。スターリンとの最初の会談に臨んだトルーマンとバーンズは、中国がかかわる問題においてヤルタ協定でアメリカがソ連に認めた以上のものをソ連が得るような事態とはなっておらず、アメリカが重視していた大連の自由港化が実現できそうな見通しであることに安堵した。その日の夜に大統領は、「『満州』地域における門戸開放の問題に決着をつけた」とスティムソンに語った。またその翌日には、妻ベスに宛てた手紙の中でトルーマンは「スターリンが中国の問題の解決を望んでおり、それは自分が期待していた以上の現実的な解決となった。宋子文は私が頼んだ以上によくやってくれた」と記して、ソ連と中国との間の交渉がトルーマンが望む方向へと進んでいることへの満足感を示した。

7月17日のスターリンとの会談の結果トルーマンは、ソ連が対日参戦するという約束を再確認できた。それに加えて、ソ連が対日戦に参戦する結果もたらされることになるだろう極東の国際秩序が、ヤルタで合意ずみの範囲にとどまり、アメリカが求める開かれた経済活動のための機会の保障すなわち門戸開放を実現した国際秩序となる見通しを得た。ソ連軍による日本本土の占領が現実的な可能性とならない限りは、トルーマンにとってソ連の対日参戦を妨げる理由は何もなかった。

(3) 原爆実験成功の続報と第2回トルーマン＝スターリン会談

原爆開発に成功したことがトルーマン大統領の考えに変化をもたらしたかもしれない。原爆の爆発実験についてのやはり短いハリソン補佐官からの7月17日付の第2報となる電報がスティムソンに届いたのは7月18日である（グローヴスからの詳細な報告がスティムソンに届くのはその3日後の7月21日である）。爆発の閃光と爆音がかなり遠く離れた地点からも観測できたことを、第2報は伝えていた。スティムソンがその電報をただちにトルーマン大統領のところへ持っていくと、その電報にトルーマンは「たいへん喜んだ。」その後でトルーマン

は、昼食をとりながらチャーチル首相と2人だけで話し合う機会をもった。2人が話し合った話題の1つが原爆であり、原爆の爆発実験に成功したことをトルーマンがスターリンに伝えることで2人は合意した。[15]

　チャーチルとの昼食の後トルーマンは、スターリンとの2度目の会談を行なった。スターリンは、日本の佐藤駐ソ大使が天皇の意向として近衛文麿をモスクワに派遣したいという希望を伝えてきたことをトルーマンに語り、その希望に応えるだけの価値があるのかどうかをトルーマンに尋ねた。さらに続けてスターリンは、「日本人を寝かしつけておくのが望ましい」ので、近衛訪問の目的が不明確であると指摘してやってあいまいな回答をしておくのがよいのではないかと示唆した。スターリンが示したそれ以外の対応のしかたは、無視して何も答えない、あるいは明確に拒否する、というものだった。トルーマンは、スターリンが示唆したあいまいな回答をしておくという案に賛成して、日本の和平工作に応じない姿勢を示した。[16]

　スターリンとの2度目の会談をした7月18日の日記に、トルーマンは次のように記した。

　　チャーチルと私の2人だけで［昼食を］食べた。マンハッタン［原爆］について話し合った（それ［原爆］は成功した）。スターリンにそれについて伝えることを決めた。和平を乞う日本の天皇からの電報をスターリンはチャーチルに伝えていた。スターリンはそれに対する回答を私に読んでくれた。それは満足すべきものだった。ソ連が参戦する前に日本人は参ってしまうと思う。
　　マンハッタンが彼らの本土にあらわれれば、日本人はそうなるだろうと確信している。適切な時にそれについてスターリンに知らせるとしよう。[17]

　一見したところではこの7月18日付のトルーマンの日記は、ついに開発に成功した原爆を使用することによって日本との戦争を終結させることができる、と大統領が考えたのだと示しているようにみえる。7月17日と7月18日にトルーマンが書き残した日記と手紙が明らかにするのは、彼がもっていたソ連参戦と原爆の使用そして日本の降伏についてのどのような考えなのか。その問題を節をあらためて検討してみたい。

3　トルーマン日記と手紙の解釈

　この節で検討するトルーマンが1945年7月にポツダム滞在中に書いた日記と手紙は、1979年と1983年になって初めてそれらの存在が明らかとなった資料である[18]。それらの資料が原爆投下をめぐる問題に新たな光を当てるのではないか、と期待して多くの研究者がこれまでにそれらを活用してきた。ところが、これまでの研究が依拠してきた資料の1つ（後述するフェレル［Robert H. Ferrell］版の7月18日付のトルーマン日記）に誤りがあり、本節の議論はこれまでの研究の誤りを正す意味をもっている。

(1) 7月17日付トルーマン日記と7月18日付の妻ベス宛の手紙

　まずは、7月17日付のトルーマンの日記である。トルーマンが記した「［ソ連が参戦したら］日本人は終わりだ」という記述は、トルーマンがソ連の対日参戦が日本の降伏に与える効果についてどのような考えをもっていたことを意味するのだろうか。「［ソ連が参戦したら］日本人は終わりだ」という記述を、日本本土侵攻作戦を実施しなくてもあるいは原爆を日本に対して使用しなくても、ソ連による対日参戦が日本を降伏させるだろうと大統領が考えていたことを示している、と解釈することが可能である（ただし、「終わり」が日本の敗北を意味するのか降伏を意味するのか定かではない。敗北が軍事的な現実である一方で、降伏は政治的な決定である。敗北と降伏は同じ意味ではない[19]）。

　そのような解釈が日本に対する原爆使用の解釈にとってもつ論理的な含意は、次のようなものである。トルーマン大統領は、ソ連の対日参戦が日本を降伏させると考えていたのだから、日本を降伏せるために原爆を日本に対して使用する必要はない、と考えていたことになる。それにもかかわらず彼が原爆を日本に対して使用したのは、日本を降伏させるという軍事的な目的を実現するためではなく、それ以外の別の目的を達成するためだった[20]。このような含意を含む論点であるので、その当否の検討は避けられない。

　そのような解釈を支持した論説の1つが、アルペロヴィッツとロバート・

111

メッサー（Robert L. Messer）が1991年の終わりに発表した共著による論考だった[21]。彼らの議論によれば、1945年4月以降トルーマン政権の政策決定者たちの中に、ソ連による対日参戦によって日本の「敗北」がもはや不可避であることを日本人は理解することとなり、そのような絶望的な状況に直面した時点で、無条件降伏が日本の国家としての消滅を意味するものではないことを知れば（当時の日本政府の政策決定者たちは、日本の国家としての存続は天皇位の存続なくしてはありえないと考えていた）日本の早期降伏が実現する、という見方が広まっていた（そのような見方を「2段階論理」とアルペロヴィッツは呼んでいる[22]）。トルーマンの7月17日の日記はそのような文脈の中で理解すべきである。すなわち、トルーマンは、日本外務省の機密電信の解読から得られた情報として、無条件降伏の要求が天皇位の存続を必ずしも保証しないものであることが日本が降伏を受け入れる上で唯一の障害となっていることを知っていた。したがって、その保証を日本に対して与えてやれば、ソ連の対日参戦とあいまって日本は降伏する、というのがトルーマンの考えであり、7月17日のトルーマンの日記はそれを示している。このようにアルペロヴィッツとメッサーは論じた。

けれども、トルーマンの7月17日付の日記の記述を、日本本土侵攻作戦を実施しなくてもあるいは原爆を日本に対して使用しなくても、ソ連による対日参戦が日本を降伏させるだろうと大統領が考えていた証拠となる、とアルペロヴィッツとメッサーが主張したように解釈することはむずかしい。それは2つの理由からである。

第1に、もしそのように大統領が考えていたとすれば、それはアメリカ軍の指導者たちによるソ連参戦が日本に与える影響の予想とは大きく異なった予想だったことになる。第4章で述べたように、6月18日にホワイトハウスで開かれた対日軍事戦略会議でマーシャル陸軍参謀総長が示した日本を降伏させる見通しが、陸海軍統合参謀本部の軍人たちの見解を代弁したものであった。その時にマーシャルは、ソ連が対日参戦してもアメリカ軍が日本本土侵攻作戦を実施しなければ日本は降伏しない、という日本降伏への見通しを述べた。言い換えるとそれは、ソ連の対日参戦だけでは日本が降伏するとは軍指導者たちが考えていなかった、ということである。同じ会議でマーシャルはやはり陸海軍統

第5章　ポツダムにおける米英ソ首脳外交と原爆の対日使用へ向かう最後の過程

合参謀本部の軍人たちを代表して、「戦場における完膚なきまでの軍事的敗北を喫した場合」に日本は降伏するだろうという見解を示した。ソ連の対日参戦は、「完膚なきまでの軍事的敗北」を喫することを日本に予想させるかもしれないが、まだ現実にそのような敗北を日本が喫したわけではない。7月初めに米英軍統合参謀本部が、「ソ連の参戦は完全な敗北が不可避であることを日本人に最終的に納得させるだろう」と日本の情勢を分析したが、それはやはりソ連の参戦によって日本が「軍事的敗北」を避けられないと真に納得するであろうという予想であり、ソ連参戦によって日本が「完全な敗北」を実際に喫すると分析したわけではない。

　第2に、トルーマンがソ連の対日参戦後どのくらいあとに日本が降伏すると考えていたのかが明らかではない。トルーマンは7月18日に妻ベス（Bess Truman）に宛てた手紙に、ソ連の参戦によって「戦争を1年早く終えられる」と記したことはすでに述べた。こう書くことによってトルーマンは、具体的にいつ頃、ソ連の対日参戦からどのくらいあとに、日本が降伏するだろうと予測していたのだろうか。アメリカ軍は、1945年11月1日に九州上陸作戦を開始し、1946年3月には関東平野上陸作戦を実施する予定だった。日本本土侵攻作戦の実施に必要となる物資の生産や人員の配置を計画する上で軍参謀たちが想定した日本軍による組織的な戦闘が終了する日は1946年11月15日だった。アメリカ軍参謀たちににによるその想定は、1945年7月19日に開かれた米英軍統合参謀本部で追認され、その後トルーマンとチャーチルにも報告された。日本との戦争が予定していたよりも1年早く終わるとすれば、それは遅ければソ連が対日参戦してから3カ月後の1945年11月であり、アメリカが日本に対して原爆をすでに使用し、アメリカ軍が日本本土侵攻作戦をすでに開始している頃となっただろう。そのようなタイミングで日本との戦争が終結することになるのだとすれば、トルーマンがソ連の対日参戦は日本を降伏させることになるし、その結果戦争の終結が1年早くなると確信していた、とは考えにくい。

　このように、トルーマンの7月17日付の日記の記述（とその翌日の妻に宛てた手紙）が意味することは、明確ではなくあいまいである。それらのトルーマンが記した日記と手紙は、おそらくはスターリンとの会談がうまくいった喜びと

113

安堵感を強く反映した期待であり、当時のトルーマンの助言者たちがトルーマンに伝えていた政策や展望を反映した信頼できる予想ではなかった。日本がソ連を仲介者として戦争終結の道を探り始めたことをトルーマンが知っていたことが、おそらくそのような期待の前提となっていただろう。

(2) オリジナル版と活字版との間にある7月18日付トルーマン日記の違い

　7月18日付のトルーマン日記には、広く流布しているフェレルが編集して出版した版に誤りがある。トルーマン日記の手書きによるオリジナル版では、「ソ連が参戦する前に日本人は参ってしまうと思う」という文の後で段落がかわっている。ところが、フェレルが編集して出版した版では「ソ連が参戦する前に日本人は参ってしまうと思う」という文の後に段落の区切りがなく、次の「マンハッタン［原爆］が彼らの本土にあらわれれば、日本人はそうなるだろうと確信している」という次の段落の最初の文とひと続きになっている[29]。

　この7月18日付のトルーマン日記に言及したこれまでの研究のほとんどは、フェレル版に依拠しており、これら2つの文の間にある段落の区切りに気がついていなかった（おそらくその稀な例外はアルペロヴィッツとバーンスタインである[30]）。そのために、「ソ連が参戦する前に日本人は参ってしまうと思う」という文と、その次の「マンハッタンが彼らの本土にあらわれれば、日本人はそうなるだろうと確信している」という文を、ひとつながりのものとして解釈するのが定説となった。その結果この7月18日付のトルーマン日記を決定的な証拠として、原爆の対日使用によってソ連が対日参戦する前に日本を降伏させることができるとトルーマンが期待し、そのような期待が原爆使用の決定に影響を与えたとする解釈をする研究があらわれた[31]。

　ところが、これら2つの文の間に段落の区切りがあることは、そのような解釈に疑問をなげかけるものである。2つの文をひとつながりのものと考えないならば、ソ連が参戦する前に日本が降伏するのではないかというトルーマンの予想が、原爆の使用と関係づけられた予想ではないと解釈することが可能だからである。天皇自らがソ連を相手とする和平工作に乗り出したことや、その和平の仲介者として日本が期待するソ連が近衛特使の派遣についてあいまいな回

第5章　ポツダムにおける米英ソ首脳外交と原爆の対日使用へ向かう最後の過程

答をすることをトルーマンはすでに知っていた。日本が降伏の寸前に来ており、ソ連からの日本の期待にそぐわない回答が、ソ連が対日参戦する前に日本を降伏へと導く結果となる。そのようにトルーマンは考えた、と7月18日付のトルーマン日記を解釈することもできる。

このようにみてくると、トルーマンが7月17日と7月18日に記した日記と手紙は、トルーマンの原爆使用についての考えを明らかとする決定的な資料になるとはいえない。それらの資料が示すものはあいまいである。

4　イギリスによる原爆使用の承認

1943年8月19日にケベック協定に調印したことによって米英両国は、お互いに相手国の同意なしには第3国に対して原爆の使用をしないし原爆についての情報の提供もしない、と合意していた。その合意に基づいて1945年7月にイギリス政府は、アメリカによる対日原爆使用とソ連に原爆について知らせることに同意する。

原爆の開発に成功する4週間前に、原爆に関する政策を検討したアメリカの諮問委員会が、ケベック協定を修正してイギリスの同意がなくともアメリカによる日本に対する原爆の使用ができるようにすべきである、とする意見を表明した。1945年6月21日に開かれた暫定委員会の会合は（委員長であるスティムソン陸軍長官は欠席した）、ケベック協定が原爆の使用について米英両国の同意が必要であるとしている点を討議した。ハーヴェイ・バンディ（Harvey H. Bundy）陸軍長官補佐官がその問題を提起し、議論の途中でバード海軍次官が、ケベック協定の原爆使用に関する条項を取り消すのが望ましいと暫定委員会は考えるとスティムソン陸軍長官に提言すべきである、という動議を提出した。この会合の出席者全員がこの動議に賛成したのだった。どのような理由からその動議の採択に至ったのかは、会議の議事録からは明らかにできない。また、ケベック協定の原爆使用に関する条項の廃棄を求める意見に、暫定委員会の委員長であるスティムソンがどのように対応したのかも、やはり不明である。

このようにアメリカ政府内においてケベック協定を修正すべきであるとする

意見が表面化したにもかかわらず、イギリスはケベック協定を履行する。ケベック協定に基づいて設置されていた合同政策委員会の7月4日の会合で、同会議におけるイギリス側委員であるウィルソン卿が「イギリス政府はアメリカによる日本に対する原爆の使用に同意する」と述べて、アメリカによる原爆の対日使用に対するイギリス政府の承認を公式に表明した[35]。これにより、アメリカが原爆を日本に対して使用する上で必要だった条件の1つが満たされることとなった。

　原爆の共同開発国であるイギリスにとって、この同意を与えたことはどのような意味をもったのだろうか。イギリスの初期の原子力政策を研究したジャック・ハイマンズ (Jacques E. Hymans) によれば、それは第二次大戦中にイギリス政府内部にあった原爆の国際規制体制を構築するという構想の頓挫を意味した[36]。そのような構想を抱いていた中には、アンダソン卿、チャーウェル卿そしてハリファックス (Lord Halifax [Edward Frederick Lindley Wood Halifax]) 駐米イギリス大使らがいた[37]。彼らは1944年3月頃から原爆の国際規制について検討するようチャーチルを促した。1944年5月に行なわれた物理学者ボーアとチャーチルの会見の実現や、同年8月のボーアとローズヴェルト大統領との会見に向けてボーアに助言を与えたことも、彼らの努力の一環だった。しかしチャーチルは原爆の国際規制の構想を受け入れなかったし、9月にローズヴェルトとのあいだで交わしたハイドパーク覚書が示したように、彼のボーアに対する不信感は強かった[38]。アンダソン卿らは、原爆の国際規制の構想を十分に検討しないうちにアメリカが原爆を使用する結果、原爆の国際規制の実現が困難になることを危惧していた。けれどもチャーチルは、国際規制構想を考慮に入れることなく、アメリカによる対日原爆使用を公式に承認したのだった。

　原爆の日本に対する使用を決定したのはアメリカであり、イギリスはそれに同意を与えたにすぎない。だが、イギリスがそれに同意したのは事実であり、しかもイギリスがそうしたのは、まだアメリカが原爆の爆発実験を行なう前のことである。イギリスによる原爆開発の研究で著名なマーガレット・ガウイング (Margaret Gowing) は、原爆の使用が提起する問題についてイギリス政府が、大臣レベルでイギリス政府としての立場を検討すべき問題としてとらえる

ことをしなかった、と指摘している[39]。チャーチルによる原爆使用の承認の背景には、イギリス政府内での原爆にかかわる政策の検討不足があったのだった。

5 スターリンへの原爆開発成功の通知

(1) チャーチルによる同意

　かねてからスティムソンや暫定委員会が検討していた原爆開発についてスターリンに伝える機会をいつにするかについて、ポツダム会談の開催中にその機会をもつことをトルーマン大統領は決めた。原爆について何をどのようにソ連側に知らせるのかは、第3章で述べたように、1945年6月21日に暫定委員会が示した提言を踏まえてスティムソンが7月3日にトルーマンに伝えていた。すなわち、アメリカもソ連もどちらも原爆開発を進めていると承知している、アメリカの開発計画は最終段階にきており、原爆を日本に対して使うつもりである、開発に成功した場合には原爆について後日スターリンと話し合いたいとスターリンに話す、もしスターリンが詳細を尋ねてきた場合にはまだ詳しく話せる段階にはないとだけ答える、というのがトルーマンへのスティムソンからの助言だった[40]。

　他方でチャーチルは、ポツダム会談開始直後の頃には原爆についてソ連に知らせることに反対する立場をとった。トルーマンとバーンズは、ポツダムに到着した翌日の16日午前にイギリスのチャーチル首相やイーデン外相らの訪問を受けた。バーンズの補佐官だったウォルター・ブラウン (Walter J. Brown) が残した日記には、原爆についてスターリンに知らせることを望んだトルーマンとバーンズに対して、この会談の中でチャーチルが「スターリンに伝えるのを遅らせる」ほうがよいと述べた、と記している[41]。チャーチルが原爆についてスターリンに知らせるのを先延ばしするよう16日に提案した理由は明らかではない。翌17日の午後にスティムソンが原爆実験に成功したことをチャーチルに伝えた時も、彼はそれを喜びはしたが原爆について明らかにすることにやはり反対した[42]。

　チャーチルが意見をかえて原爆についてソ連に知らせることに同意したの

は、おそらく7月18日のことだった。その日トルーマンとチャーチルは、昼食をともにしながら2人だけで話し合う機会をもった。その時にトルーマンが、原爆についてスターリンに知らせたい、知らせるのはポツダム会談の終了時点がよいと思うがどうか、と尋ねると、チャーチルは知らせることに積極的には反対しなかった。ただしチャーチルは、スターリンからのいかなる質問にもうまく対処するために、新しい「兵器」を手に入れたという事実だけを簡単に伝えるのがよいだろう、とトルーマンに語った。[43] 原爆についてソ連に伝えることに、こうして米英両国は合意に達したのだった。

　グローヴスから届いた詳細な原爆爆発実験の報告書(7月18日付)[44]が7月21日にスティムソンの手元に届いた。その日の午後にスティムソンは、まずマーシャル陸軍参謀長の宿舎を訪ねてグローヴスの報告書をマーシャルに読んでもらい、それについて2人で協議した。次に陸軍長官は大統領の宿舎を訪れ、トルーマンとバーンズに対してグローヴス報告書の全文を読みあげ、やはりそれについて3人で話し合った。さらにそのあとでスティムソンはチャーチルを訪ねた。首相はグローヴスの報告書に目を通し始めたが、三カ国首脳による公式会談に出席するため読みかけのまま出かけていった。チャーチルは翌22日の午前に、来訪したスティムソンからグローヴスの報告書を受け取り、今度は最後まで目を通した。[45] その場にいた4人(チャーチル、チャーウェル卿、スティムソンそしてバンディ)は、原爆開発を進めておりそれが成功した時には日本に対して使うつもりであることをソ連に伝えるのが望ましいという点で見解が一致した。[46]

(2) トルーマンが伝えなかったこと

　トルーマンが原爆の開発成功についてスターリンに知らせたのは、その2日後の7月24日、8回目の三カ国首脳による公式会談の終了後のことだった。トルーマンは通訳を伴わずに1人でスターリンのところへ歩み寄った。その時のことをトルーマンは回顧録で次のように述べている。「われわれはこれまでにない大きな破壊力をもつ新しい兵器をもっている、と形式ばらずにスターリンに伝えた。彼は特別な関心は何も示さなかった。それはよかった、『日本人に対して有効にそれを使ってほしい』とだけスターリンは言った」と。[47] この時ト

ルーマンは、「原子爆弾」ということばを意図的に使わず、「新しい兵器」とスターリンに語った。トルーマンは、スティムソンが7月3日に助言したとおりの内容をスターリンに伝えたわけではなかった。トルーマンは、ソ連による原爆開発の事実をアメリカが知っていること、後日原爆についてスターリンと話し合いたいと希望していることを、この時スターリンに話していない。トルーマンがそうしなかったのはどのような理由からなのかは明らかではない。トルーマンが原爆についてスターリンと話し合いたいと伝えなかったことは、スターリンに原爆の開発について知らせることが原爆の国際規制体制の構築へ向けてソ連の協力を得るための第1歩となる、という6月21日暫定委員会の期待に反することだった。歴史家シャーウィンが指摘したように、この時トルーマンは暫定委員会による提言の「精神にではなく文面に」だけしたがったのだった。
(48)

スターリンはトルーマンが話しているのが原爆のことであると思わなかったようだ、とのちにトルーマンはレーヒ大統領軍事問題特別顧問に語ったという。しかしスターリンは、トルーマンが「新しい兵器」の開発に成功したと述
(49)
べた時ただちにそれが原爆のことであると理解した。すぐにスターリンは、ソ連による原爆開発を早めるようソ連の原爆開発担当者に指示した。スターリン
(50)
にとってトルーマンが原爆開発の成功についてほのめかしたそのしかたは、トルーマンが原爆についての情報をスターリンから隠している、とおそらく確信させただろう。さらにスターリンにとって重要だったのは、アメリカが原爆を使用することによって、ソ連が参戦する前に日本が降伏してしまう可能性だっただろう。日露戦争によって失った極東におけるロシア領土の回復などのヤルタ会談における密約がソ連に保証したものは、ソ連による対日参戦が前提となっていたからである。

6 ソ連の対日参戦と原爆の対日使用との間で

アメリカの政策決定者たちは、ソ連の対日参戦と原爆の対日使用との関係をどのように考えていたのか。この問題は原爆の使用をめぐる研究において重要

な論点であり、原爆投下研究におけるいわゆる「正統学派」と「修正主義学派」との間で争点となってきた問題である。政策決定者たちは、ソ連の対日参戦によってアメリカが原爆を使用しなくても（さらには日本本土侵攻作戦を行なわなくても）日本が降伏する、と考えていたのか。それとも彼らは、ソ連の対日参戦がなくとも、原爆の使用によって日本を降伏させることができる、と考えていたのか。あるいは彼らは、ソ連の対日参戦によってアメリカが原爆を使用する前に日本が降伏する可能性を危惧したために、ソ連の対日参戦を阻止するまたは遅らせる努力を秘かに行なう一方で、ソ連が対日参戦する前にもしくはソ連軍の進撃が深く進む前に原爆の使用によって日本を降伏させることを望んでいたのか。彼らはそもそも何を意図してソ連に対日参戦を求めたのだろうか。[51]

(1) ソ連の対日参戦についての評価

このような問題に関係する論点が、ポツダム会談のさなかに（日本がソ連を通じた和平工作を始め原爆実験が成功したあとで）アメリカの政策決定者たちのソ連の対日参戦の必要性や望ましさについての評価に変化があったのかどうか、という論点である。すでに第4章で、1945年6月下旬までにアメリカの政策決定者たちがソ連の対日参戦をどのように評価していたのかを検討した。7月16日と18日に原爆の爆発実験成功を告げるどちらも短い第1報と第2報が届いた頃に、しかも日本がソ連の仲介を通じて降伏を探ろうとしていることが明らかとなった時に、トルーマンの考えがどのように変わったのかについては、彼が書いた日記と手紙からは明確なことが分からないことは先に行なった分析が示したとおりである。

7月21日になってグローヴスから原爆爆発実験の詳細な報告書がポツダムに届くと、アメリカの政策決定者たちのソ連の対日参戦の必要性と望ましさについての評価に変化があらわれた。23日にバーンズと会談したチャーチルは、「今の時点でアメリカがソ連の対日参戦を望んでいないのは明らかである」と自らの観察を記した。[52] 同じ日にトルーマンは、「マーシャル陸軍参謀長がソ連の参戦を必要と考えているのかどうか、あるいはソ連なしでやっていけると思っているのかどうかを知りたい」とスティムソンに依頼した。その日の午後

第5章　ポツダムにおける米英ソ首脳外交と原爆の対日使用へ向かう最後の過程

にスティムソンがマーシャルおよびアーノルド（Henry H. Arnold）陸軍航空隊司令官と協議した際には、その点について「マーシャルは直接的にも明確にも答えられなかった。」けれどもスティムソンは「自分［スティムソン］がそのように感じているのと同じようにマーシャルも、われわれが新しい兵器［原爆］を手にしたおかげで日本を征服するためにソ連の支援を必要としない」と思っているようだった、と日記に記している。

　対日戦を終わらせるためにソ連の参戦を必要としないとマーシャルが考えていたとしても、それと同時にマーシャルは、アメリカがソ連の対日参戦を必要とするかあるいは望むかどうかにかかわりなくソ連は自らの利益のために参戦する、と見通していた。マーシャルはそのスティムソンとの協議の中で、ソ連抜きでアメリカが戦争を進めていってアメリカの条件のもとで日本を降伏させたとしても、その後ソ連が「満州」地域に侵攻して「実質的に彼らが望むものを手に入れる」ことを妨げることはできない、という考えを述べたのだった。おそらくマーシャルのこのような判断を受け入れた大統領は、ソ連との交渉の中でソ連の対日参戦を実現するためにアメリカの外交的利益を犠牲にするような方針はとらなかった。マックロイ陸軍次官補によれば、「ソ連が大きな交渉のカードと考えるもの—対日参戦—に対する無関心」が、グローヴスからの原爆爆発実験についての報告書が届いてからトルーマンとチャーチルの交渉態度を大きく特徴づけていた。

　その一方で、トルーマンとチャーチルがソ連に対して参戦を求める姿勢を示し続ける点に変化はなかった。7月24日に米英軍統合参謀本部が対日戦遂行における米英両国およびソ連との間の軍事的な協力関係について協議し、ソ連の対日参戦を促す方針を確認した。トルーマンとチャーチルは、米英軍統合参謀本部が作成した対日軍事戦略方針案をその日に承認している。トルーマンがソ連の対日参戦を望んでおらず、それが必要ないと考えていたならば、ソ連の参戦を促す軍指導者たちの方針を承認した理由はいったい何であったのか。それは明らかではない。

(2) バーンズ国務長官とソ連参戦

　ソ連が対日参戦する前に日本が降伏するあるいはソ連の対日参戦が遅れることを期待した1人がバーンズ国務長官だった。バーンズの補佐官としてポツダムへ同行したブラウンは、7月20日の日記に次のように書いている。

　　JFB［バーンズ］は、中国の問題でスターリンを出し抜く決意である。宋［子文］が
　毅然とした態度をとって、その結果ソ連が参戦しなくなることをバーンズは期待して
　いる。そうなれば日本はソ連が参戦する前に降伏しそれによって中国は救われる、と
　バーンズは考えている。もしソ連が参戦すれば、スターリンが支配して中国は困難に
　陥ることになる、とバーンズは確信している。[57]

　ソ連が対日参戦するために必要な条件は、1945年2月に結ばれたヤルタでの取り決めを基盤とした戦後処理にソ連と中国との間で合意が成立することだった。ポツダム会談からスターリンがモスクワに戻ったあと再開される予定のソ連と中国の間で行なわれる交渉で、ソ連の要求に妥協しない姿勢を宋・中華民国行政院長がとることによってその交渉が長引けばソ連の参戦が遅れることになる、というのがバーンズの期待だった。7月23日にバーンズは、その日の午前に宋子文に対してソ連の要求に屈しないよう求めた電報を送った、とチャーチルに伝えている。[58] けれども、バーンズとトルーマンが送ったパトリック・ハーレイ（Patrick J. Hurley）駐華アメリカ大使への電信は、宋子文にソ連との交渉の結果生れる合意がヤルタの約束の枠内のものとなるよう求めるものであり、交渉を長引かせるよう求める内容ではなかった。しかも長谷川毅が指摘したように、アメリカからの圧力ではなく、日本を降伏させるためにはポツダム宣言よりもソ連参戦のほうがずっと効果的であるという蔣介石の考えが、8月に再開される予定の中ソ交渉における中国側の交渉方針の基盤となった。バーンズが、中ソ交渉を長期化させることによってソ連の対日参戦を阻止するまたは遅らせようと望んでいたとしても、その望みを現実化するよう行動した事実は確認できない。[59]

　バーンズがソ連の対日参戦を望まなかったのは、東アジアにおけるソ連の影響力の拡大を防ぎ、ひいてはソ連の対外行動全般を抑制するという目標を、彼がもっていたからだった。ヤルタ協定に違反しているようにみえた東欧におけ

るソ連の行動やポツダム会談におけるソ連側の交渉態度が、そのような目標を追求する必要性をバーンズに痛感させたのだろう。戦後に発表した回顧録の中でバーンズは「われわれが知っていたドイツ東部におけるソ連の行動、およびポーランド、ルーマニア、ブルガリアにおけるヤルタ協定違反に照らして、ソ連が［対日］参戦しないと決めていたなら私は満足していただろう」と書いている。7月24日のブラウン日記は、「ソ連が力をつけて戦争から姿を現すのを許されるような状況を作りだすという大きな間違いを誰かがしでかした」とバーンズが言っている、と記録している。ソ連の影響力の拡大に対する警戒をバーンズは強くしていた。

バーンズにはソ連が参戦する前に日本を降伏させるために用いることができる手段が、ソ連参戦を妨害して遅らせることのほかにもまだあった。その1つが日本に対する原爆の使用である。7月24日のブラウン日記によれば、「バーンズはまだ時間に期待している。原爆［使用］のあと日本は降伏すると信じ、ソ連は戦争に深入りせずに終わり中国に圧力をかける立場に立つことはない、とも信じている。」バーンズにとって原爆の使用は、日本を降伏させるために用いることができる他の2つの手段（第1に日本に対する降伏勧告声明の発表、第2に無条件降伏ではなく日本が受け入れることができる条件つきでの日本の降伏の容認）との間で相互に関連づけたり、あるいはそれらの間から選択すべき手段だった。それらの手段をつなぎ合わせる役割をもったのがポツダム宣言である。

7　ポツダム宣言と原爆の対日使用

アメリカの政策決定者たちは、日本に対する降伏勧告声明として三カ国首脳が7月26日に発表するポツダム宣言を原爆の対日使用と関係づけて考えていた。それだけにとどまらず彼らは、原爆の対日使用をソ連との関係とも関連づけて考えていた。それは原爆使用の決定におけるいわゆる「ソ連要因」にほかならない。

(1) ポツダム宣言発表のタイミング

　すでに述べたように、スティムソンは 7 月 16 日にただちに対日降伏勧告声明をだすよう大統領に進言したが、翌 7 月 17 日にはそれがバーンズの反対により退けられた（トルーマンはバーンズを支持していた）ことを知った。バーンズが反対した理由は、彼が描いていた対日降伏勧告を発する予定表がスティムソンの提言と合致していなかったからである。それではバーンズが立てていた予定表（トルーマンはそれを承認していた）とはどのようなものだったのか。7 月 18 日にブラウンは日記に次のように記した。「バーンズはこの会談の結果ソ連が日本に対して宣戦布告することになると期待していた。しかし今やバーンズは、降伏するかさもなくば破滅に直面するかを選択する 2 週間の猶予期間を日本人に与える共同声明をアメリカとイギリスが発しなければならないだろう、と考えている（その時までに秘密兵器［原爆］の使用準備が整うだろう）」[63]。この 7 月 18 日付のブラウンの日記は、バーンズが日本に対する降伏勧告声明をだすタイミングとして考えていたものを示唆している。すなわち、原爆を使用する 2 週間以上前に日本に対して降伏勧告声明を発するというのがこの時点でのバーンズの考えであり、対日降伏勧告声明を発するタイミングが原爆の使用と関係づけられていた。（実際にはいずれも現地時間で、7 月 26 日にポツダム宣言が発表され 8 月 6 日にアメリカ軍が原爆を使用したので、その間には 10 日しかなかった。）

　トルーマンも対日声明の発表と原爆使用のタイミングを連携させて考慮していた。8 月はじめに原爆の使用が可能となる見通しである、と伝えた 7 月 21 日付ハリソン陸軍長官補佐官からスティムソン宛の電報[64]について話し合ったトルーマンは、原爆使用の予定が早くなったことを喜んだ[65]。23 日にトルーマンは、最新の修正をとりこんだ対日声明が机の上にあり「［原爆使用］作戦の実施確定日を聞いたらすぐにそれを発表したい」と、スティムソンに話している[66]。やはりトルーマンも、対日声明の発表と原爆使用のタイミングを連携させて考慮していることは明らかである。原爆が使用可能になる何日か前に対日降伏勧告声明を発表し、その声明に応じて日本が降伏しようとしない場合には声明が警告していた「即時の徹底的な破壊」[67]を原爆の使用によって与えることを、トルーマンもバーンズも明確に意図していたのだった。

遅くとも8月10日までに原爆の使用が現実となる見通しが、7月23日に明らかとなった。同日夕方スティムソンのもとに、原爆の使用準備の見通しについてさらに詳しく知らせるハリソン陸軍長官補佐官からの電報（7月23日付）が届いた。ハリソンは、8月1日以降に原爆の使用が可能となる予定であり、1日から3日の間にはいくらかの可能性があり、4日と5日には十分な可能性、それ以降8月10日までの間にはほぼまちがいない可能性がある、と伝えた。この時ハリソンが述べていたのは、まだ爆発実験をしたことがないウラニウム・砲身型原爆の使用準備見通しである。（したがってスティムソンは、爆発実験に成功した爆縮型原爆のほうの使用見通しについて、ハリソンに「最重要事項」であるとして回答を求める。）7月18日付のブラウン日記は、ポツダム宣言を発してから原爆を使用するまでの猶予期間を「2週間」と記していた。それが最短で2週間ではなく最長で2週間という意味であったとしたならば、それまでにアメリカ軍がほぼ確実に原爆を使用しているであろう8月10日の2週間前すなわち7月27日までに、ポツダム宣言を発しなければならないことになる。

　原爆の使用が可能となる予定日は、トルーマンにとってポツダム宣言を発するタイミングとうまく一致した。7月24日午前にトルーマンと会ったスティムソンは、その前日に受け取った7月23日付のハリソンからの電報を大統領に見せた。その時トルーマンは、これこそ自分が求めていたものだと喜んだ。なぜならそれが、トルーマンにとって「声明［ポツダム宣言］を発する合図となる」からだった。そして大統領はスティムソンに、蔣介石・中華民国総統がポツダム宣言に加わるかどうかを尋ねるために宣言案を先ほど彼に送ったところであり、蔣介石の了解が得られ次第すぐにポツダム宣言を発表する、と述べた。「そうすればハリソンから受け取った計画と時間的にぴったりとあう」というのがトルーマンの考えだった。実際トルーマンは、ポツダム宣言に加わるかどうかを「遅滞なく」回答するよう蔣介石に求めた。

(2) ポツダム宣言の発表国と宣言の内容

　さて、先に触れた7月18日付のブラウン日記からもう1つわかることは、ポツダム宣言をだすのがアメリカとイギリスであって、ポツダム会談に現に出席

しているスターリンをその宣言に参加させないということである。それから6日後の24日に、トルーマンは蔣介石にポツダム宣言に加わるよう誘った。蔣介石が、宣言案の冒頭部分の修正を求めながらもそれ以外の部分に同意してポツダム宣言に加わる、とトルーマンに伝えたのは、同宣言を発表する当日7月26日の午前だった。[71] チャーチルは一時帰国の途に就く7月25日に、24日に受け取った宣言案の第11項に一語挿入するよう求めただけで、ポツダム宣言案と同宣言に蔣介石が署名することを了承した。[72] こうして対日降伏勧告声明としてのポツダム宣言を実際に発表したのは、トルーマンとチャーチル、そしてポツダム会談に出席していない蔣介石であり、スターリンの名前はそこに入っていなかった。すでにロンドンに戻っていたチャーチルの代わりに同宣言に署名し、蔣介石については彼の肩書を記してしかも電信による同意だと注記したのは、トルーマン自身である。[73]

ではいったいポツダム宣言は何を日本に勧告したのだろうか。日本政府が降伏する最後まで固執することになる降伏の条件が、天皇の地位の保証だった。よく知られているようにポツダム宣言の第12項は、天皇位の存続について明確な保証を与えるものではなかった。それは次のように述べていた。

> 12、前記の諸目的が達成され、かつ自由に表明される日本国国民の意思にもとづいて、平和的志向を有し、かつ責任ある政府が樹立されたときは、連合国の占領軍はただちに日本国から撤収されるものとする。[74]

ポツダム宣言の基礎となったのは7月2日付のスティムソン覚書に添付されていた「国家首脳たちによる宣言―アメリカ―イギリス―［ソ連］［ママ］―中国」案である。その第12項は「現在の皇室のもとにおける立憲君主制を排除しない」と述べて、天皇位の存続を認めていた。[75]

だが7月2日付のスティムソン案は、トルーマン政権の内外から批判を受けてその後改訂を余儀なくされる。国務省からでた批判点の1つがこの天皇位に関する条項だった。7月6日にアーチボルド・マクレイシュ（Archibold MacLeish）国務次官補がポツダムへ出発する直前のバーンズ国務長官に提出した覚書は、天皇制は時代錯誤的であり「それを無傷のまま残すことはそれが過

去に利用されたのと同じように将来利用される重大な危険を冒すことになる」などとして、同案を批判した。ポツダム宣言案に対する意見をバーンズから求められたコーデル・ハル（Cordel Hull）元国務長官が7月16日に回答し、天皇位の存続を認めることが惹起する問題点を指摘して、「連合国軍による爆撃とソ連の参戦［の効果］が頂点に達するまで」その保証を与えるのを遅らせてはどうかという意見を述べた。7月18日には陸海軍統合参謀本部が、第12項から「現在の皇室のもとにおける立憲君主制を排除しない」という文言を、それが天皇に関する連合国の考えについて日本国内で誤解を招く恐れがあるという理由から削除する提案を大統領に行なった。日本を降伏に導くために天皇位の存続の保証を与えることを重視していたスティムソンだったが、彼はこれに反対せず陸海軍統合参謀本部の提案に同意している。

イギリス政府は第12項の修正は求めなかったが、いくつかの重要な修正をポツダムにおいて公式に求めた。その要求をとりこんで7月24日案が作成され、チャーチルと蔣介石の承認を得るべくそれが彼らに渡されたのだった。こうして、スティムソン案を大統領が受け取ってから3週の間に、その宣言案はいくつかの重大な改訂を受け、ポツダム宣言として26日に発表されたのだった。

(3) 発表国からのソ連の除外

ポツダム宣言の発表をめぐる過程と宣言の内容を原爆の対日使用の問題と重ね合わせてみると、ポツダム宣言と原爆の対日使用との間にはどのような関係があったといえるのだろうか。

まず第1に、ポツダム宣言の発表国の問題である。なぜトルーマンはスターリンをポツダム宣言の署名者に加えなかったのか。この点についての解釈の1つは、それが原爆を使用するために意図的にトルーマンがとった行動の一部分だったからである、と説明する。そのような解釈をした1人である長谷川毅は次のように論じた。スターリンの名前が入ったポツダム宣言の発表は、実質的にはソ連による対日宣戦の布告であり、日本がわずかな望みをつないでいたソ連を通じた和平工作の道が断たれたことを意味しただろう。その衝撃は日本にとって大きく、日本は降伏することになったかもしれない。したがってアメリ

カにとっては、ソ連が参戦する前に原爆の使用によって日本の降伏を実現させるために、ソ連がポツダム宣言に加わることは回避すべき事態だった。このような解釈を長谷川は示した[82]。

これとは別の解釈もある。バーンスタインは、ポツダム宣言に加わることへの見返りをスターリンが求めてくるのを避けたかったことが、トルーマンがスターリンにポツダム宣言への署名を求めなかった理由である、と解釈した。またバーンスタインは、ソ連の参戦だけによって日本が降伏することになるとアメリカの政策決定者たちが評価していたわけではない点を強調して、ソ連参戦が日本を降伏させることを政策決定者たちが恐れたとする解釈に疑問をなげかけた[83]。

ソ連が求めてくるかもしれない見返りの中には、日本本土占領へのソ連の参加があっただろう。トルーマンがソ連をポツダム宣言の発表国に加えなかったのは、ソ連が日本本土の占領に加わるのを避けるためだった。確かに、スティムソンがポツダム宣言の基礎となった7月2日の対日降伏勧告声明案を大統領に提出した時、その声明案がアメリカ、イギリスおよび中国三カ国の代表によって、そしてソ連がすでに対日参戦して「その時点で交戦国である場合には」ソ連の代表によっても、発表されるべきである、と彼は提言していた[84]。実際のところ、ポツダム宣言をだす時点でソ連はまだ対日参戦しておらず交戦国ではなかった。トルーマンが回顧録の中でポツダム宣言にソ連を加えなかった理由として述べたのは、まさにそのいわば技術的な理由だった[85]。しかしながらその一方で、ソ連による日本本土占領への参加を避けるべきであるという考えが、ポツダム宣言の発表までにアメリカ政府内で広く支持を集めるようになっていた[86]。ソ連がポツダム宣言の発表国に名を連ねたならば、日本が降伏したあとの連合国による日本本土の占領においてソ連の大きな発言権を求める根拠として同宣言をソ連が持ちだすかもしれず、そのような根拠をスターリンに与えないためにソ連をポツダム宣言の発表国に加えることをしなかった、と筆者は解釈する。

第5章　ポツダムにおける米英ソ首脳外交と原爆の対日使用へ向かう最後の過程

(4) 保証しなかった天皇位の存続

　さて、長谷川の解釈にしたがえばトルーマン大統領は、たとえ日本の降伏を遅らせることになったとしても原爆を使用するために、ポツダム宣言にソ連を加えなかったことになる。そのような解釈は妥当なのだろうか。その点を検討するためには、論点を広げる必要がある。

　ソ連をポツダム宣言から除外した理由は、ポツダム宣言が日本に勧告した内容にも関連する論点である。それが第2の問題である。政策決定者たちの前には、日本に対して求めてきた無条件降伏という要求を変更して、ポツダム宣言の中で日本に天皇位の存続を認めることによって日本を降伏に導くよう試みる、という選択肢が存在した。政策決定者たちの中にそのような内容をポツダム宣言に盛り込むべきであると考えていた者がいたことは、周知の事実である。ソ連が対日参戦する前に日本を降伏させる（その結果としてソ連の対日参戦を防ぐ）ことがトルーマンの目的であったとするならば、そのためには無条件降伏の要求を変更して天皇位の存続を認めることによって日本に降伏を受け入れさせるよう試みることがトルーマンにはできた。しかし実際には、トルーマンはポツダム宣言に天皇位の存続を認める内容を盛り込まなかった。そしてトルーマンはポツダム宣言をだす前日の7月25日の日記に「われわれは降伏し命を救うよう日本人に対して求める勧告声明をだす。彼らはそうしないだろうが、彼らに機会を与えるのだ」と書いて、日本がポツダム宣言を受け入れて降伏することはないだろうと考えていることを示した[87]。ブラウン国務長官補佐官は、「日本に対する共同声明が発表された。これは原爆への前奏曲だ」と26日の日記に記した[88]。無条件降伏の要求を変更して天皇位の存続を認める文言を入れず、日本が降伏勧告を受け入れることはないだろうと自らが予想していた内容のポツダム宣言を、なぜトルーマン大統領は発表したのだろうか。やはりソ連をポツダム宣言から除外したのと同じく、たとえ日本の降伏を遅らせることになったとしても原爆を使用するために、無条件降伏を求める内容のポツダム宣言を発表したのだろうか。

　長谷川毅は、ポツダム宣言の発表国についての解釈と同様に同宣言の内容についても、そのように解釈する。長谷川によれば、バーンズ国務長官の考えは

次のようなものだった。すなわち、ソ連が対日参戦する前に日本を降伏させるために原爆を使わなければならない。原爆を使用する前に日本に対する降伏勧告としてポツダム宣言をだす。その受け入れを日本が拒否すれば「即時の徹底的な破壊」を受けることになるとその中で警告しておいて、日本がその受諾を拒否したので警告通りに原爆を使用したのだと原爆の使用を正当化できるようにする。したがって、日本がポツダム宣言を受け入れるのではなく、拒否しなければならない。日本による拒否を確実なものにするために、日本が執拗に拒んでいる無条件降伏の要求を変更してはならなかった。ソ連が参戦する前に原爆を使用して日本を降伏させることによって、中国におけるソ連の影響力の拡大を防ぐことをバーンズは目標とした。長谷川はバーンズの考えをこのように解釈する。トルーマン大統領についてはどうであったか。トルーマンはポツダム宣言を発表するタイミング、署名国および宣言の内容がもつ政治的な意味を理解していたはずであるし、日本がポツダム宣言の受け入れを拒否するだろうとも予想していた。トルーマンにとって重要だったのは、最終段階に入っていた原爆の対日使用に向けた動きを妨害しないようにすることである。彼にとってのポツダム宣言の目的は、原爆を使用する前に日本に対して警告を発することによって、原爆の使用を正当化できるようにしておくことだった。長谷川はこのようにトルーマンの考えや行動を解釈する。バーンズにとって原爆の対日使用は、ソ連が参戦する前に日本を降伏させるという目的をもっていた。トルーマンがその目的をバーンズと共有していたのかどうかという点で長谷川の解釈はややあいまいである。ともあれ長谷川は、ポツダム宣言の内容に天皇位の存続を認める文言を入れないことによって、トルーマン大統領とバーンズ国務長官が日本の降伏を遅らせることになるとしても原爆を使用することを選んだ、とする解釈を示したのだった。

　荒井信一も同じような解釈をした。それは次のような解釈である。ソ連の対日参戦が8月15日であると知った時点で、トルーマンとバーンズはともにその日までに原爆の使用によって日本を降伏させ、ソ連による軍事行動の拡大の結果東アジアにおけるソ連の発言権の増大を防ごうとした。日本との「戦争はソ連の参戦によってでなく原爆によって終わらなければならなかった」のであ

り、そのために天皇位の存続を認める文言があったポツダム宣言の第12項を書きかえて、トルーマンとバーンズは原爆の使用前に日本が降伏しないようにした。そうすることによってポツダム宣言は、「原爆投下の形式的な事前準備という色彩を強めてしまった。」荒井はこのようにポツダム宣言が無条件降伏の要求を変更して天皇位の存続を認める文言を入れない内容になった理由を解釈した。

これらの解釈と対立する解釈もある。バーンスタインは、トルーマンやバーンズがソ連の対日参戦を防ぐあるいは遅らせることを期待したとは認める。しかしそれが、日本の降伏を遅らせて原爆を使用する機会を確保するためであったとする解釈には根拠がないとして退ける。ポツダム宣言が天皇位存続の保証を盛り込まなかった理由の中には、無条件降伏の要求から後退する立場を示すと日本がそれを弱さと受け止めて戦争を長引かせる結果になるのではないかという懸念を政策決定者たちがもっていたことに加えて、無条件降伏の要求を変えることに対する国内政治上の配慮などがあった。そして大統領に対するバーンズの影響力の大きさがことを決した。このようにバーンスタインは解釈し、ポツダム宣言の署名国にソ連を加えなかったり同宣言の内容を実際に発表されたものにした理由が、日本の降伏を遅らせてソ連が参戦する前に原爆を使用するためだったのではないと論じた。

(5) トルーマンにとってのポツダム宣言と原爆の対日使用

ポツダム宣言の発表のタイミング、署名国そしてその内容を、実際にそうであったように政策決定者たちがつくりだし演出したのは、彼らが日本の降伏を遅らせてソ連が参戦する前にアメリカが原爆を使用するためであった、とする解釈には、いくつかの問題点がある。

第1に、この解釈にしたがえば、原爆を使用するまでは日本を降伏させず、原爆の使用後にはソ連参戦の影響の拡大を小さくするためにできるだけ早く日本を降伏させる、というのがトルーマンやバーンズがとるべき合理的な行動となるだろう。しかし実際には、原爆使用とソ連参戦後の8月10日に日本政府が天皇に関する1条件を付けてポツダム宣言を受諾する意向を示した時、バーン

ズは無条件降伏にこだわり日本の要求にはじめは妥協しようとしなかった。だが、日本の意向を受け入れつつしかもポツダム宣言の趣旨に合致するような形の回答をしてはどうか、とフォレスタル海軍長官が提案すると、トルーマンはそれに同意した（大統領の指示によりバーンズが責任者となって作成した日本に対する回答がいわゆる「バーンズ回答」である。それは「天皇および日本国政府の国家統治の権限は、降伏の時点から連合国最高司令官に従属するもの」とするが、「日本国の最終的政治形態はポツダム宣言にもとづき、自由に表明される日本国国民の意思によって確定されるものとする」と述べていた）[92]。日本の早期降伏が原爆使用後の目標であったとするならば、その目標を達成できるにもかかわらず日本が求める条件付きでの降伏を認めず日本の降伏を遅らせたのはなぜなのか、という疑問が残る。バーンズが日本の早期降伏よりも無条件降伏に高い優先順位を与えたことがその理由であったとすれば、ポツダム宣言から天皇位の存続を認める文言を入れなかったことも、日本の降伏を遅らせてソ連が対日参戦する前に原爆を使用する機会を確保するためにそうしたのだという解釈とは異なり、バーンズが日本の無条件降伏を獲得するという目標を一貫して追求していたからだったという解釈も成り立つことになる。後者の解釈のほうが、バーンズの行動を一貫性のあるものとしてよりよく説明する解釈である。

　第2に、原爆の対日使用によってソ連が参戦する前に日本を降伏させることができるとバーンズは期待したが、トルーマンをはじめとして彼以外の政策決定者たちはそのような期待を抱いていなかったし、原爆投下作戦を実行する軍人たちは3発もしくはそれ以上の原爆の使用を前提として軍事作戦を立案していた[93]。そしてバーンズのそのような願いが現実にどれほどの基盤をもった予想であったのか、あるいは現実的な基盤の弱い希望に近かったのか、その問いに確定的な答えをだすことは困難である[94]。実際には原爆の使用後ソ連が参戦する前に日本は降伏せず、バーンズの期待は実現しなかった。

　このように、日本の降伏を遅らせてソ連が参戦する前にアメリカが原爆を使用するために、実際にそうであったタイミングでしかも実際にそうであった署名国と内容のポツダム宣言をトルーマンが発表したとする解釈には、いくつかの問題点がある。アメリカが原爆を日本に対して使用した目的や理由をめぐる

論争は、ポツダム宣言が原爆使用にとってもった意味を大きな争点の1つとしてきた。原爆投下の決定をめぐる主要な学説の1つであるいわゆる「修正主義学派」の議論の重要部分をなしているのがその解釈であり、「修正主義学派」の解釈の重要部分に問題があると言わざるを得ないことになる。

　ポツダム宣言が原爆の対日使用にとってもった重要な意味は、それが原爆の対日使用を正当化するための手続きとしての役割をはたしたことである。ポツダム宣言が盛り込まなかった天皇位存続の保証は、そもそも原爆の使用に代わる手段としてではなく日本本土侵攻作戦に代わる手段として構想されてきたものであり、それ自体が原爆の対日使用を排除するものではなかった。むしろ天皇位存続の保証なきポツダム宣言の発表は、日本がその受け入れを拒否したので日本に原爆を投下したという論理を用意し、ポツダム宣言に原爆使用を正当化するための手続きとしての性格を与えることとなる。日本政府がポツダム宣言を受け入れればそれで戦争は終わり、受け入れなければそれが原爆の使用を正当化する理由となるのであって、トルーマンにとってはどちらを日本政府が選択しても得るところがあった。

　ポツダム宣言の発表よりも前に、原爆を投下するよう命じる指令が発令される。いよいよ原爆の対日使用作戦が実行へ向けて最後の階段を上り始める。

8　原爆の対日投下作戦

　ポツダム宣言の発表準備が進む一方で、原爆を日本に使用する準備も進んでいた。原爆を使用する予定日程と原爆を投下する目標都市が、ポツダム宣言の発表よりも前に決まる。

(1) 原爆投下の日程

　日本に対して最初の原爆を使用するのは、8月1日から10日の間と確定する。すでに述べたように、7月23日にハリソン陸軍長官補佐官は、砲身型原爆の使用が8月1日以降に可能となり、8月6日から10日までの間にはほぼまちがいなく使用できる、とスティムソン陸軍長官に伝えた。[95]同日スティムソンは

「最重要事項」として、爆発実験に成功した爆縮型原爆の第1発目の使用準備完了予定日と同型の第2発目以降のそれぞれの準備見通しについてハリソンに回答を求めた。それに対してハリソンは、折り返しスティムソンに次のように回答した。爆縮型原爆の第1発目は8月6日頃太平洋の基地で使用準備が整い、第2発目は8月24日頃に使用準備ができあがる。それ以降の追加分の準備は「加速度的に」早まり、9月には3発、12月には7発かそれ以上の追加が可能となると期待している、と。スティムソンがその回答を受け取ったのは7月24日だった。こうして7月24日までに、まだ実験していない砲身型原爆と実験済みの爆縮型原爆それぞれ1発ずつ、合計2発の原爆を8月1日から10日の間に使用できる見通しが明らかとなった。

(2) 原爆投下目標の確定と「原爆投下指令書」

原爆を投下する目標都市も7月25日に確定する。最後まで焦点となったのは、京都を投下目標とするかどうかだった。7月21日にハリソン補佐官がスティムソン宛に発信した電報は、原爆投下作戦を準備している軍人たちがスティムソンの「お気に入りの都市［京都］」を最優先の原爆の投下目標とする意向であることを伝えた。翌22日にトルーマンと話し合った際にスティムソンは、京都を原爆の投下目標から除外するのが彼の方針であることを大統領に述べると、大統領はその方針に同意した。

スティムソンが京都への原爆投下を認めようとしなかったのは、戦後の世界におけるアメリカの利益についての政治的な考慮からだった。24日にスティムソンは京都を原爆投下の目標としない理由をトルーマンに対して再度述べた。その時スティムソンが強調したのは、京都への原爆投下によって、その地域の日本人が「われわれに対して友好的な感情をもつ」ことを戦後の長期にわたって不可能としてしまう恐れであり、ソ連が「満州」地域に侵攻した場合には日本をアメリカに対して友好的な国にするというアメリカの目標を京都への原爆投下が阻害することになるという懸念だった。

戦後の日本をアメリカの友好国とすることができるか、それとも日本をむしろソ連に友好的な国としてしまうのか。京都に原爆を投下するかどうかの選択

第5章　ポツダムにおける米英ソ首脳外交と原爆の対日使用へ向かう最後の過程

は、このような戦後の国際関係におけるアメリカの利益への関心と関連づけられていたのだった。それが意味するのは、原爆の使用なかんずく原爆の投下目標都市の選択が、スティムソンおよびトルーマンにとっては、日本を降伏させるという軍事的な目的だけではなく、戦後のソ連との関係におけるアメリカの利益を確保するという対外政策上の目標とも関連した問題としてあった、ということである。

　さて、スティムソンが京都を原爆投下の目標とするのを認めようとしなかったので、最初の投下目標として選ばれていたのは３つの都市だけだった。７月23日付のハリソンからスティムソン宛の電報は、ワシントンにいる原爆投下作戦を立案する軍人たちが京都を目標から除外して、広島、小倉、新潟を原爆投下目標都市に選んでおり、その順番が目標の優先順位をあらわしている、と伝えた。[101] 1945年４月と５月に原爆の投下目標について検討した目標検討委員会は、原爆投下作戦の実施にあたっては１つの主目標と２つの代替目標を選択しておいてそのうちの１つに目視爆撃をする、という前提で５月初旬に４つの投下目標を選んだ（京都、広島、横浜、小倉兵器廠。このあと投下目標は何度かかわる）。目視爆撃をするという大前提があり、３つの目標のうち１つまたは２つの目標上空の天候がよい日に原爆投下作戦を実施することによって、目視爆撃の実施を確実にする、と目標検討委員会は想定した。[102] ところが原爆の投下目標の候補が３つしかないならば、２回目の原爆投下作戦では代替目標が１つしかなく、３回目には代替目標がないことになってしまう。京都に代えて追加する投下目標をどこにするのかを早急に決めて、投下目標の候補を４つ決めておくことがやはり必要だった。また陸軍航空隊司令官のアーノルドは、原爆投下作戦を指揮する太平洋地域での現地司令官に就任したカール・スパーツ（Carl A. Spaatz）陸軍戦略航空隊司令官（原爆投下作戦を担う第509混成部隊を傘下におく第20航空軍やその他の航空軍をグアム島におかれた司令部で統括する司令官。まもなくグアムに赴く予定だった）が１つ１つの原爆投下作戦の実施に際してグローヴス・マンハッタン計画指揮官と協議しつつ投下目標の選択ができるようにすべきであると考え、その点についてスティムソンの同意を得た。そこでアーノルドは、これらの変更をグローヴスやスパーツと協議する任務を補佐官のロバート・ス

135

トーン（Robert S. Stone）大佐に与えて、彼をポツダムからワシントンへ派遣した。
[103]

　原爆の使用準備完了が近づく中で「原爆投下指令書」案があわただしく作成される。7月22日にマーシャルは、自身のポツダム滞在中にワシントンでその代理を務めているハンディ陸軍参謀長代理に対して、ポツダムから帰国の途にある陸軍航空隊のストーン大佐と協議したあと、「原爆投下指令書」案を作成してスティムソンとマーシャルに提出するよう命じた。7月23日にグローヴスは、ハンディ陸軍参謀長代理からいわゆる「原爆投下指令書」案を起草するよう指示を受けた。グローヴスが起草した「原爆投下指令書」案は、陸軍航空隊の軍人たち（イーカー中将やその指令書を受け取ることになるスパーツ陸軍戦略航空隊司令官本人）、ストーン大佐、ハリソン陸軍長官補佐官やハンディとの協議をへて完成され、7月24日にハンディがそれをポツダムにいたマーシャルに送り承認を求めた。
[104]
[105]
[106]

　長崎が原爆の投下目標都市に加わったのは、この7月23日から24日の「原爆投下指令書」案の作成過程においてだった。ストーン大佐らとの協議をへてグローヴスは、原爆の投下目標の追加と投下目標の選択を現地司令官のスパーツにゆだねる方針を「原爆投下指令書」案に盛り込んだ。グローヴスが起草したと思われる「仮（tentative）」と冒頭に記された日付のない「原爆投下指令書」草案が、グローヴスが管理していた書類ファイルにある。正式に発令される同指令書が4項目から構成されているのに対して、この草案には3項目しかなく最終版にある第4項が全文欠けている（第4項は第1項から第3項までの指令がスティムソンとマーシャルの指示と承認に基づくものであると述べている）。そしてこの草案の第1項には、原爆の投下目標都市が「優先度の高い順に広島、小倉および新潟」とタイプされている。その文言のうち「優先度の高い順に」と「および」が手書きの線で消されて、新潟の後ろに「および長崎」という語句を挿入する手書きによる書き込みがある。その修正の結果は「広島、小倉、新潟および長崎」となり、長崎が原爆の投下目標に加えられ、投下目標は3都市から4都市に増えた。それと同時にそれら4都市の間にあった優先順位はなくなった。「仮」草案の第1項が原爆の投下目標都市を「優先度の高い順に広島、小倉
[107]

第5章　ポツダムにおける米英ソ首脳外交と原爆の対日使用へ向かう最後の過程

および新潟」と記していた点は、7月23日付のハリソンからスティムソン宛の電報の内容と一致している。ところが、グローヴス（または彼の代理のファレル准将）が、その草案を陸軍航空隊の軍人たち、ストーン大佐、ハリソン陸軍長官補佐官やハンディと協議していく過程で、投下目標の1つに長崎が追加され、第4項も新たに加えられたのだった。その結果できあがった指令書案が、7月24日にハンディがマーシャルに送って承認を求めたものである。[108]

　7月25日にマーシャルは、スティムソンが同案を承認したとハンディに電報で回答した（トルーマン大統領の同意を得てそれを承認したのかどうかは明らかではない）[109]。こうして7月25日までにアメリカ軍は、広島、小倉、新潟および長崎の4都市を原爆の投下目標都市に確定した。

　同日ハンディ陸軍参謀長代理は、「原爆投下指令書」をスパーツ陸軍戦略航空隊司令官宛に発令した。「第20航空軍第509混成部隊は、1945年8月3日頃以降に目視爆撃が可能な天候となり次第、広島、小倉、新潟、長崎のいずれか1つに、最初の特殊爆弾［原爆］を投下せよ」とそれは命じ、「追加の爆弾［複数］は、作戦担当者によって準備され次第、上記の目標に対して投下される。上記の目標以外の目標［複数］に関しては、追加の指示をだす」とも命じるものだった[110]。ハンディ陸軍参謀長代理がだした指令はマーシャル陸軍参謀長がだした指令と同じ意味をもち、その指令を受けたスパーツ陸軍戦略航空隊司令官は原爆投下作戦を指揮する権限を持つ太平洋地域での司令官である。三カ国の首脳がポツダム宣言を発表する7月26日よりも前に、アメリカ軍は原爆使用の命令を発令していたのだった。

(3) トルーマンと原爆投下目標

　トルーマンは回顧録の中で「原爆投下指令書」を引用したあとでそれについて次のように書いている。「この命令によって軍事目標に対する1発の原爆の最初の使用に向けて車輪が動き始めた。その決定を私がした。われわれの通告［ポツダム宣言］に対する日本の回答が受け入れ可能なものであると私がスティムソンに伝えるまではその命令が有効である、と私は彼に指示した。」[111]この説明には虚実が入り混じっている。第1に、指令書は1発の原爆の使用を命

137

じたものではなく、使用する原爆の数を限定していない。複数の追加の原爆を使用することが命令の前提となっている。その意味でこの指令書は、特定の種類の兵器の使用に対して事前許可を与える性格をもっていた[112]。第2に、原爆の投下目標は「軍事目標」ではなく都市だった。第3に、原爆を使用する命令をトルーマンはだしていないし、トルーマンがこの「原爆投下指令書」の案をそれが発令される前に実際にみたのかどうかも明らかではない[113]。第4に、トルーマンの決定の幅は狭く、原爆を使用する決定をトルーマンが下したとどのような意味でそういえるのか、もしトルーマンが決定したのであれば、いつ、どのように決定したのか、どれも明確ではない。そして最後に、ポツダム宣言に対する日本の回答が満足できるものであるまでその命令が有効である、とスティムソンに指示したかどうかも疑わしい[114]。

7月25日午前にトルーマンはマーシャルと会った[115]。「原爆投下指令書」案をハンディ補佐官から受け取り、スティムソンの承認をハンディにすでに伝えたマーシャルは、原爆の使用日程と京都に代わる投下目標が決まったことを、この時にトルーマンに伝えたかもしれない（実際にマーシャルがそうしたことを裏づける記録はない）。その日の日記にトルーマンは次のように記している。

> この兵器［原爆］は今から8月10日の間に日本に対して使用される。女性たちや子どもたちではなく、軍事施設と歩兵や水兵が目標となるようにそれを使用するようスティムソンに告げた。たとえ日本人が野蛮で、残酷で、無慈悲でそして狂信的であるとしても、公共の福祉のために世界を指導する立場にあるわれわれはこの恐ろしい兵器を古い首都［京都］や新しい首都［東京］に落とすことはできない。

段落を変えてトルーマンはさらにこう続けた。

> スティムソンと私は考えが一致している。目標は純粋な軍事目標であり、われわれは降伏し命を救うよう日本人に対して求める勧告声明をだす。彼らはそうしないだろうが、彼らに機会を与えるのだ。ヒトラーの仲間やスターリンの仲間がこの原爆を発見しなかったのは、世界にとってまぎれもなく良いことだった。それはこれまでに発見されたものの中で最も恐ろしいものに思えるが、最も有用なものにできるのだ[116]。

原爆投下目標が「純粋な軍事目標」であるとトルーマンが思いこんでいたあるいはそう思い込みたいと願っていたとしても、スティムソンはその点でト

ルーマンと考えが一致していなかった。彼は目標が「純粋な軍事目標」ではなく、都市であることを知っていた。それでもなおスティムソンは、一般市民の殺害を可能な限り避けるという観点から原爆投下目標について再考していた。7月22日に彼は、すでに決まっている原爆投下目標が適切な目標であるかどうかをアーノルド陸軍航空隊司令官と協議し、23日と24日にもアーノルドと投下目標について話し合っている。

トルーマンが、原爆投下目標が「純粋な軍事目標」であると思いこんでいたとしたならば、あるいはそう思い込みたいと願っていたのであれば、大統領を安心させる報告が彼の手元に届いた。それはストーン大佐がグローヴスやスパーツとの協議の結果をアーノルドに報告した「グローヴス計画」と題された7月24日付の覚書である。グローヴスの補佐官パスコ (H. M. Pasco) からグローヴス宛の7月27日付の電報は、ストーン覚書の原本がトルーマンに渡されそれが大統領から返却されたあとに焼却された、と伝えている。ただしストーン覚書がトルーマンに届けられたのが何日だったのかをそれは記していない。

ストーン覚書は、グローヴスとの協議の結果「特殊爆弾［複数］を用いる最初の攻撃［複数］のための計画と日程」が策定されたとして、その内容を詳しく記していた。「最初の爆弾（砲身型）は8月1日から10日の間に投下準備が整う予定であり、準備が整い次第良い天候となる初日にそれを投下する計画である。」同覚書は、原爆の投下目標として選ばれた4つの都市がいずれも、重要な軍事拠点あるいは工業や輸送の拠点であることを強調していた。例えば広島については、「(1)広島（人口35万人）—「陸軍」都市、主要積み出し港、大きな陸軍の兵站補給施設［複数］がある、大規模な工業といくつかの小規模の造船所がある」と述べて、広島を軍事都市として描きだしている。同覚書は「破壊された主要都市から避難してきた実業家たちと政治家たちが多数これら4つの都市すべてに存在していると考えられる」とも付け加えた。それはあたかも、原爆の使用が仮に市民に被害を及ぼすことになるとしても、侵略的な日本を支える経済的実力者や政治権力者たちがその中にいるのだと強調することによって、これら4つの都市に対する原爆使用の正当性を印象づけようとする試みのようですらある（これとは対照的に「原爆投下指令書」には、投下目標都市の名前だ

書かれておりその特徴についての記述はなかったし、次に述べる原爆投下作戦計画に関する記述もなかった)。ストーン覚書はトルーマンにとって、日本に対する原爆の使用が正当な軍事作戦であることを裏づけるものだっただろう。

(4) 原爆投下作戦の最後の過程

さらにストーン覚書は、原爆投下作戦計画の詳細も記していた。原爆投下を実施するのはテニアン島から離陸する3機編成のB-29爆撃機隊で (原爆搭載機と2機の観測・記録機)、原爆搭載機は9000m以上の高度から原爆を投下したあとただちに急旋回して投下目標から遠ざかる、原爆は近接レーダーによって地上から約600mの高さで爆発する。そのように述べたあとで、2発目以降の原爆の準備予定を「実験された型の爆弾2発が8月に使用可能となる予定であり、1つは6日頃、もう1つは24日頃の予定である」と記した。[121]

7月25日のハンディ陸軍参謀長代理による「原爆投下指令書」の発令によって、ストーン覚書が記していた通りの方法でアメリカ軍の爆撃機が原爆を日本に対して投下する軍事作戦の最後の過程が始まった。7月28日に日本がポツダム宣言を受け入れる意思がないことを表明し、原爆の使用を中止する理由はなくなった。[122] もしアメリカ軍が原爆の使用に向けた準備を何もしていなかったならば、この時点でトルーマン大統領が原爆の対日使用を命令したとしても、8月上旬に原爆を日本に対して投下することはできなかっただろう。原爆を搭載した爆撃機を日本上空へ飛行させて原爆を投下する軍事作戦は、長期間にわたる周到な準備があったからこそ実行できた軍事作戦であり、命令を受けてすぐにそれを遂行できるような簡単なものではなかった。そのような意味で日本に対する原爆投下作戦の実施は「最後の過程」にほかならなかった。

その最後の過程を担ったのが第509混成部隊と「アルバータ計画」であり、どちらもテニアン島を最後の活動拠点とした。1945年5月以降第509混成部隊はユタ州ヴェンドーヴァー基地からテニアン島の北飛行場へと移動し、さらに飛行訓練と原爆投下に向けた訓練を重ねた。実際の原爆を模した「パンプキン」爆弾の日本の都市に対する実戦投下もその訓練の一環だった。「アルバータ計画」は爆撃機から投下して実戦使用できる兵器として原爆を完成させることを

任務とし、その指揮官であるパーソンズ海軍大佐が広島に向かって飛行中のB-29爆撃機エノラ・ゲイ号の機内で原爆の実戦使用準備を完了させた[123]。

ポツダム会談は8月2日に終わる。ハンディ陸軍参謀長代理が7月25日に「原爆投下指令書」を発令して以降は、作戦の実施を中止する命令が新たに発令されない限り、原爆投下作戦がその実施へ向けての歩みを止めることはない。そして実際、2発の原爆を日本に投下するまで、原爆の使用を中止する命令がだされることはなかった。トルーマンが原爆の使用の一時中止を命じたのは、ソ連が対日参戦しアメリカが2発目となる原爆を長崎に投下したあと、日本が条件付きでポツダム宣言を受け入れる意思を示した8月10日のことだった[124]。

9　おわりに

本章は1945年7月後半の時期に焦点をあてて、アメリカ、イギリス、ソ連の三カ国の首脳がポツダムを舞台にして展開した原爆を背景とした外交関係を主としてアメリカの視角から分析して記述した。その時期には、敗色濃厚な日本との戦争終結の行方、ソ連の対日参戦の可能性と戦争終結によって新しく生まれるであろう東アジア国際秩序の構想、ちょうど開発に成功したばかりの原爆の出現、さらには原爆の国際規制体制確立への展望とが相互に関連しあう複雑な国際環境があった。本章が試みたのは、そのような国際環境の中でアメリカの政策決定者たちが、どのように原爆の使用をアメリカの対外関係と関連づけながら、なぜ実際にそうしたように原爆の対日使用に至るのかを描きだすことだった。

本章が明らかにしたのは次のようなことである。

第1に、ソ連参戦と原爆の使用が日本の降伏に与える効果に関するトルーマン大統領の考えについてである。日本を降伏させる上でソ連の対日参戦が果たす役割についてのトルーマンの評価は、原爆の爆発実験成功の前後で大きく変わったのだろうか。そもそも、アメリカによる原爆の使用や日本本土侵攻作戦の実施がなくともソ連の対日参戦によって日本は降伏する、とトルーマンが考えていたとは言えない。同様に、アメリカが原爆の開発に成功して原爆が現実

のものとなった時にトルーマンは考えを大きく変えて、ソ連の対日参戦やアメリカ軍による日本本土侵攻作戦の実施がなくとも原爆の使用によって日本を降伏させることになる、とトルーマンが考えるようになった、ともやはり断定できない。トルーマンはスターリンがソ連の対日参戦を再約束したことに喜び、そのあとにもソ連参戦を促し米英ソ三カ国間の軍事協力を進めようとする米英軍首脳の方針を支持した。さらには、原爆の爆発実験成功の知らせが届いた直後にトルーマンが書いた日記と妻宛の手紙が、ソ連の対日参戦と原爆の対日使用との間の関係に対するトルーマンの考えが大きく変化したことを示す決定的な証拠とはならないことは、本章の第3節が示したとおりである。その際に、広く流布し引用されたフェレルが編集した版が収録した資料の1つ（1945年7月18日付日記）に誤りがあることを指摘するとともに、これらの資料を文面通りに解釈することに伴ういくつかの問題点を論じた。

　第2に、原爆の使用と原爆についての情報公開をめぐる米英ソ関係の一端を明らかにした。イギリス政府が原爆の使用に同意を与えたことは、イギリス政府内にあった原爆の国際規制体制を構築しようとする志向とは逆に、そのような体制の構築を重視しなかったチャーチルの姿勢のあらわれだった。

　第3に、アメリカの政策決定者たちにとってポツダム宣言は、原爆の対日使用と深く関連していた。それを発表するタイミングをいつにするか、どの国が発表国に加わるのか、その内容をどのようなものにするのかといった問題について、彼らは原爆の対日使用を考慮に入れながら検討し、トルーマン大統領がとるべき政策を最終的に決定した。トルーマンやバーンズ国務長官が、日本の降伏が先延ばしとなってでもソ連が参戦する前に原爆の対日使用によって日本を降伏させようとした、とする解釈には疑問の余地が大きくある。

　とはいえ、政策決定者たちによる原爆の対日使用の考慮においていわゆる「ソ連要因」がはたらいていたことは疑いない。第8節で原爆投下の目標が確定する過程をとりあげたが、スティムソン陸軍長官が京都を原爆の攻撃目標とすることに反対する姿勢を最後まで貫いた理由が、日本人が戦後に反米親ソ的な感情をもつようになるのを避けるという配慮だったことは、その証左である。原爆投下目標の選定には、軍事的な理由だけではなく戦後の国際関係にお

けるアメリカの利益の考慮も関係していたのだった。

　最後に、いわゆる「原爆投下指令書」が指定した４つの原爆投下目標都市が軍事・輸送拠点としてもつ性格を、同指令書の作成に関与したストーン大佐の覚書はことさらに強調しており、その覚書が原爆の投下目標が軍事目標であるとトルーマンが自らに思い込ませる一助となったことを指摘した。

　アメリカとイギリスによる（形式的にはカナダも加わるが）原爆の開発を促した一連の出来事から始まった道のりが、1945年８月のアメリカによる原爆の使用へとこうして到達したのだった。

終　章

　本書は、アメリカがイギリスと協力して原爆の開発に着手してから、それに成功して実際に原爆を日本との戦争において使用するに至る過程を、主にアメリカ対外関係の展開と原爆投下にかかわる軍事政策に着目して分析し記述する試みだった。1945年のアメリカによる原爆使用については、すでに大きな量の研究の蓄積があるが、原爆の使用をめぐる歴史の解釈には歴史家の大多数が合意できる定説がまだ確立されていない。そのような研究状況を踏まえて本書が取り組んだ問いは次のようなものであった。すなわち、なぜ、実際におこった過程をへてアメリカは原爆を開発しそれを使用したのか。そして、原爆の開発と使用をめぐるアメリカ対外関係が、なぜ実際におこった経緯で展開したのか。これらの問いである。

　これらの問いに答えるにあたって本書は、1990年代以降に主要な論争点となったがまだ論争に決着がついていない、日本を降伏させるために実施する政策の選択の問題にほかならない3つの論点をとりあげた。すなわち、第1に日本本土侵攻作戦をめぐる死傷者数推定の問題を日本本土侵攻作戦の実施の是非の問題としてとらえなおした論点、第2に戦後日本における天皇位の存在の容認にかかわる論点、および第3にソ連の対日参戦問題という論点がそれであった。

　本書は次のような3つの分析視角をとった。第1の分析視角は、アメリカと原爆を共同で開発しアメリカによる原爆の使用に明示的に同意を与えたイギリスとの間の外交関係が、原爆の開発と使用の過程ではたした役割に着目する視角だった。マンハッタン計画が進むにつれて原爆開発におけるアメリカの優位

終　章

が歴然となっていくことが、原爆の開発と使用にかかわる米英二国間の関係に及ぼした影響を考慮する視角である。第2に、原爆投下作戦を実行するアメリカ軍にかかわる軍事政策を視野に入れて、マンハッタン計画の指揮官であっただけではなく原爆を実戦使用する軍事作戦の陰の指揮官でもあったグローヴス陸軍准将の役割に着目する視角だった。そして第3に、最先端の科学研究の成果に基づく新しい種類のそれまでになかった大きな破壊力をもつ兵器が、第二次世界大戦終結後の国際関係にどのような影響を与えると政策決定者たちや科学者たちが予想しその使用を考えたのかを探る視角だった。それは現在の公共政策の構想者に対して原爆の開発と使用が与える教訓を探ろうとする視角であった。

　以上で述べた問いと分析視角をもって本書は、重要な先行研究を批判的に継承しつつ可能な限り一次資料に依拠して、第1章から第5章の中で次のように論じた。

　第1章は、マンハッタン計画の展開をたて軸とし、原爆開発をめぐる国際関係（とくにアメリカとイギリスの関係）の展開をよこ軸にして、原爆開発の始まりからその成功に至る過程をとりあげた。その過程を描く中で、次のような問いに対する答えを探った。アメリカが原爆の開発に着手したのはなぜだったのか、原爆開発をめぐる米英関係が実際におこったように展開したのはなぜだったのか。これらの問いに対する答えは次のようなものだった。

　アメリカが原爆の開発に乗り出した最も重要な理由は、ドイツが他国よりも先に原爆開発に成功することへの強い懸念だった。ドイツよりも先に原爆開発に成功することを目標としてローズヴェルト大統領は原爆開発に着手する決定をしたが、その決定を促したのは、原爆の開発が第二次世界大戦が終わるまでに実現する、という見通しを得たことだった。つまりアメリカは、実戦で使用することができるであろう兵器だからこそ原爆の開発を始めたのであり、原爆が開発されたならばそれを使用する可能性が原爆を開発する決定の前提となっていたのだった。ドイツよりも先に原爆を開発するためにアメリカは、ドイツによる原爆開発を阻止する目的で「アルゾス」作戦と呼ばれる破壊工作を実施した。その作戦で重要な役割を果たしたのがマンハッタン計画の指揮官である

グローヴスだったことは、マンハッタン計画が単に原爆開発だけを目的としたのではなかったことを意味している。

　マンハッタン計画が始まって原爆開発におけるイギリスの当初の優位が崩れていくのにともない、原爆開発をめぐる米英関係は大きく変化した。1942年末までにローズヴェルトは、原爆開発におけるイギリスの貢献が小さいことなどを理由として原爆開発にかかわる情報のイギリスへの提供の停止を承認した。これに対してチャーチルは、戦後の世界におけるイギリスの影響力を確保するために、さらには戦後大きくなるであろうソ連の脅威に対する懸念から、原爆共同開発国としての関係を回復しようと腐心した。1943年8月のケベック協定への調印によって、原爆開発にかかわる情報の交換を軸とするアメリカとイギリスの間の協力関係が再構築される。その過程で米英両国は、一方による原爆の使用や第3国への原爆開発にかかわる情報の提供には他方による同意を必要とすることに合意した。ローズヴェルトとチャーチルは、米英両国による原爆の秘密の独占を望み、1944年9月に両首脳が合意したハイドパーク覚書はその方針を再確認したものだった。

　第2章は、ローズヴェルト大統領の原爆使用方針とアメリカ軍が進めた原爆使用準備をとりあげて、次のような問いに対する答えを探った。同大統領の原爆使用方針がどのようなものであり、なぜそうであったのか。また彼が1945年4月に亡くなるまでにアメリカ軍が進めた原爆の使用準備はどのようなものであり、なぜそうであったのか。これらの問いに対する答えは次のようなものだった。

　ローズヴェルト大統領は死去するまで、原爆の使用についての決定を先延ばしした。彼はドイツに対する原爆使用の可能性をけっして排除したわけではなかったし、原爆を実戦使用するのではなく、降伏を促す脅しの手段としてその使用をほのめかすだけにとどめる、という選択肢も排除しなかった。1944年6月のノルマンディー上陸作戦成功によりドイツの敗北が時間の問題となったあとの同年9月に彼は、「熟慮した上で、おそらくは」原爆を（ドイツ人に対してではなく）日本人に対して使用するだろう、という考えに同意した（ハイドパーク覚書）。ただしその後もローズヴェルトは、原爆の使用に対して自らの関与を

終　章

深めることをせず、決定をあくまでも先送りしたのだった。

　その一方でアメリカ軍は、原爆の開発だけではなく実際に原爆を日本に対して使用する軍事作戦の準備を進めていた。1944年8月にグローヴスはB-29爆撃機を改装して原爆投下機として使用することを決め、アメリカ陸軍航空隊は原爆投下作戦の遂行に特化した第509混成部隊を編成しその訓練を同年12月から開始した。原爆の設計・開発と組み立てを任務としたロスアラモス研究所は、実戦使用できる原爆を準備する任務をもった「アルバータ計画」を1945年3月に組織する。このようにローズヴェルト大統領のもとでアメリカは、ドイツに対してではなく日本に対して原爆を使用できるよう準備しつつあった。それは、アメリカ軍が実際に使用する兵器としての役割を原爆に与えていた以上は、原爆が現実のものとなった時に遅滞なくそれを日本に対して使用できる準備しておくことが軍としての任務だったからである。

　ローズヴェルトが亡くなった時トルーマンは、成功間近の原爆開発と原爆の対日使用に向けた準備とを前大統領から遺産として引き継いだ。偉大だった前大統領のもとで実行可能となる近くにまで準備してきた政策を、まだ政治的基盤が固まっていない新大統領が変更することには大きな政治的コストが必要となっただろう。前大統領から受け継いだ遺産は、トルーマンがとりうる政策の選択の幅を狭くする意味をもった。

　第3章は、トルーマン政権が1945年4月から6月末までの間に行なった原爆の対日使用問題と原爆の使用が戦後の国際関係に与える影響についての検討作業をとりあげて、次のような問いに対する答えを探った。原爆の対日使用と原爆の使用が与える国際関係への影響という関連した2つの課題に対して、トルーマン政権がどのような政策の採用を決定したのか、なぜ実際にたどったような過程をへてそのような決定に至ったのか。これらの問いに対する答えは次のようなものだった。

　トルーマンは前大統領の原爆に関する政策を継続させていく方針をとったが、継続させたものの中には原爆の開発に成功したならばそれを兵器として使用する可能性も含まれていた。けれども原爆の開発成功が数カ月後に迫ってくると、政策決定者たちは原爆の使用について決定をくだす必要性に直面するこ

ととなった。2つの重要な諮問委員会は、原爆を使用する可能性をもつ兵器としてではなく実際に使用する兵器とする位置づけを鮮明にして、原爆の使用方法を検討した。両委員会による検討の結果、2つの方針がトルーマンがとるべき政策として提言された。まず1つは、軍事目標に対してではなく都市中心部に対して原爆を投下する方針である。目標検討委員会は、原爆投下目標都市の地形を考慮する方針から転換して、都市中心部に原爆を投下する方針を選択した。もう1つの方針は、事前予告なしでの原爆の実戦使用である。暫定委員会は6月初めに、無人島のような場所での原爆の示威的な公開爆発の実施という案を退けた。同委員会がそうしたのは、原爆使用の事前警告なしに、労働者の住宅が取り囲む軍需工場(同委員会はそれを「二重目標」と呼んだ)に対して原爆を実戦使用することが、原爆の威力を強く印象づけて大きな衝撃を日本人に与える最も効果的な方法である、と結論づけたからである。

　原爆開発に参加していた科学者たちの一部が、原爆の実戦使用によって戦後に原爆の国際的な規制へ向けた国際的な合意の形成が困難となるという理由から、原爆の対日実戦使用に反対する意見を表明した(「フランク報告」がその代表例)。だがそのような反対意見は、暫定委員会の対日原爆使用方針を変更するには至らなかった。その過程は、原爆の対日使用を日本との戦争終結だけにではなく、第二次世界大戦終結後の原爆をめぐる国際関係にも結びつけて、暫定委員会の委員たちや一部の科学者たちが思考を重ねていたことを示していた。暫定委員会の科学顧問団は、対日戦終結のために原爆の使用が果たす役割をより重視した。そして、原爆の示威的な公開爆発が日本を降伏させることにつながることはなく、原爆の都市に対する実戦使用だけが対日戦終結につながる、という結論に達した。それに加えて科学顧問団の一員は、原爆の実戦使用こそが原爆の危険性を世界の人々に実感させ世界の平和に貢献する、という見解も表明した。このような科学顧問団の意見を受けて暫定委員会は、すでに合意していた都市に対する実戦使用の方針を再確認する。こうして1945年6月末までにトルーマン政権の政策決定者たちは、都市に対する爆撃というしかたで原爆を対日実戦使用するよう求める提言を重要な諮問委員会から受けたのだった。

　政策決定者たちが都市に対する実戦使用を原爆の使用方法として選択して

終　章

いった過程において、その目的として彼らが最も重視したのは都市への原爆投下が与える心理的衝撃によって日本を降伏させることだった。目的としての重要性はそれよりも低かったが、核兵器増強競争の予防や戦争の廃止の必要性を世界に印象づけ戦後の原爆の国際規制の実現を促すという目的も、彼らは原爆の実戦使用の目的に加えた。その一方で政策決定者たちが原爆の都市に対する使用に道義的な疑問を表明することはほとんどなかった。

　第3章は次に、アメリカが原爆開発を進めていることをソ連に対して伝えるかどうか、伝えるとすればどこまで踏み込んだ内容をいつ伝えるか、という問題をトルーマン政権の政策決定者たちが検討した過程を分析し記述した。政策決定者たちはその問題を、戦後の原爆の国際規制体制の構築へ向けてソ連の協力を得る必要性との関連で考慮していた。原爆を使用する前にソ連に対してアメリカが原爆開発を進めている事実を伝えることはしない、というのが5月末の時点での暫定委員会とスティムソン陸軍長官の立場だった。これに対して、「フランク報告」や暫定委員会の科学顧問団は、原爆を使用した後ではなく使用する前に、しかも原爆開発の事実だけではなく原爆を日本に対して使用することもソ連に知らせるべきである、との立場をとった。暫定委員会とスティムソンはその後意見をかえて、「フランク報告」や暫定委員会の科学顧問団と同じ立場に立つようになり、トルーマンもその立場を受け入れた。やはりこの問題においても政策決定者たちは、原爆の対日使用を戦後の国際関係とりわけアメリカとソ連との関係に与える影響と間接的ながら結びつけて考えていたのである。

　第4章は、日本を降伏させるためにトルーマン大統領がとることができトルーマン政権の政策決定者たちが検討を重ねた手段の中から、無条件降伏要求の変更を意味する天皇位の存続容認の日本への通告、ソ連の対日参戦、そして日本本土侵攻作戦の実施という3つの手段の検討過程をとりあげた。ポツダム会談が始まるまでにそれら3つの手段について、トルーマン政権の政策決定者たちはとるべき政策をどのようにして選択するに至ったのか、そしてそれはなぜだったのか。本章はそれらの問いに対する答えを、ポツダム会談前夜の政策決定者たちによる政策協議の過程を分析していく中で探った。その際にとくに

着目したのは、トルーマン政権の政策決定者たちがそれらの手段を原爆の使用や戦後の東アジアにおける国際秩序とりわけアメリカとソ連との関係にかかわる戦後構想とどのように関係づけたのか、という点だった。

　第4章が明らかにしたのは、日本本土の侵攻をすることなく日本との戦争を終結させる可能性を模索する過程においてソ連との関係が重要な問題としてトルーマン政権の政策決定者たちの関心を集めており、対ソ連考慮が対日戦を終結させるという課題においても重要な要素だったことである。

　まず第1に、天皇位の存続容認の日本への通告についてである。1945年7月2日にスティムソン陸軍長官は、国務省・陸軍省・海軍省三省首脳の合意に基づく提言として「現在の皇室における立憲君主制を排除しない」と日本に認める内容をもつ降伏勧告声明案をトルーマン大統領に提出した。同案がソ連との関係上重要であったのは、アメリカ大統領声明としてではなく米英中三カ国（ソ連が参戦している場合には米英中ソの四カ国）首脳による共同声明案だった点である。そこには対日戦終結におけるソ連の役割をめぐるアメリカにとってのジレンマがあらわれていた。それは、日本を降伏させるために連合国の1つとしてのソ連の外交的関与が望ましいが、そのソ連の関与は日本の降伏や降伏後の占領や戦後処理ひいては東アジア国際秩序におけるソ連の発言力を強める可能性があり望ましくない、というジレンマだった。

　第2に、ソ連の対日参戦についてである。5月末までに陸軍省・海軍省の両長官は、ソ連の対日参戦が戦後の東アジアにおけるアメリカの外交利益を損なうことはないという点で意見が一致し、国務長官代理はそれに対して異議を唱えなかった。6月半ばに開かれた対日軍事戦略検討会議でアメリカ軍首脳たちは、ソ連の対日参戦の必要性について明確な見解を示さなかったが、たとえソ連が対日参戦してもアメリカ軍による日本本土侵攻を実施しなければ日本を降伏させることにはならない、という見通しを彼らは大統領に示した。

　第3は日本本土侵攻作戦の実施についてである。トルーマン大統領は九州上陸作戦の実施を承認したが、その決定に至る過程において原爆の使用が日本本土侵攻作戦の実施や日本の降伏にどう関係してくるのかが考慮されたかどうかは不明である。日本の都市に対する原爆の使用がその3カ月後に始まる予定の

終　章

九州上陸作戦の実施までに日本を降伏させる、と想定しなかったのかどうか、九州上陸作戦における原爆の戦術的な使用がその作戦実施の決定において考慮されたのかどうか、いずれについても同作戦の実施を承認した会議の議事録からは判断できない。

　第4章はまた、原爆が1945年5月から6月の時期のトルーマン政権の対外政策に影響を与えた原爆外交の一端を明らかにした。スティムソン陸軍長官はアメリカの対ソ連政策を原爆開発の成功と結びつけて構想していこうとしていた。トルーマン大統領もまた、原爆開発の成功を手にした上でスターリンとの交渉に臨みたいと望み、ポツダム会談の開始日を原爆の爆発実験予定日にあわせて遅らせたのだった。

　第5章は1945年7月後半の時期に焦点をあてて、アメリカ、イギリス、ソ連の三カ国の首脳がポツダムを舞台にして展開した原爆を背景とした外交関係を、主としてアメリカの視角から分析し記述した。敗色濃厚な日本との戦争の行方、ソ連の対日参戦の可能性、そして開発に成功したばかりの原爆の出現といった流動的な状況の中で、トルーマン政権の政策決定者たちは、どのように原爆の使用をアメリカの対外関係と関連づけながら、なぜ実際にそうしたように原爆の対日使用に至るのか。第5章はそれらの問いに対する答えを、ポツダム会談を舞台とした三カ国間外交および主にトルーマン政権の政策決定者たちによる政策協議の過程を分析していく中で探った。

　第5章が論じたそれらの問いに対する答えは次のようなものだった。

　第1に、ソ連参戦と原爆の使用が日本の降伏に与える効果に関するトルーマン大統領の考えについてである。原爆が現実のものとなった時に、ソ連の対日参戦やアメリカ軍による日本本土侵攻作戦の実施がなくとも原爆の使用によって日本を降伏させることができる、とトルーマンが考えるようになった、とは断言できない。ポツダム会談が始まる頃にトルーマンはスターリンがソ連の対日参戦を再約束したことを喜び、その1週間後にもソ連参戦を促す軍首脳の方針を支持した。また、原爆の爆発実験成功の知らせが届いた直後にトルーマンが書いた日記と妻宛の手紙が、ソ連の対日参戦と原爆の対日使用との間の関係に対するトルーマンの考えが大きく変化したことを示す決定的な証拠とはなら

151

ないからである。

　第2に、アメリカの政策決定者たちにとってポツダム宣言は、原爆の対日使用と深く関連していた。ポツダム宣言を発表するタイミングが原爆の使用可能となる日にあわせて調整されたのだった。彼らはまた、原爆の対日使用を念頭におきながらその発表国や内容を決定した。ポツダム宣言は、日本がその受け入れを拒否したので原爆を使用したという原爆の使用を正当化する論理を用意するはたらきをした。しかしポツダム宣言に関連して、トルーマンやバーンズ国務長官は日本が受け入れられないような内容をもつ宣言の発表によってあえて日本の降伏を先延ばしさせ、原爆の対日使用によってソ連が参戦する前に日本を降伏させようとした、とする解釈があるが、そのような解釈には疑問の余地が大きくある。

　その一方で、トルーマン政権の政策決定者たちによる原爆の対日使用の考慮においていわゆる「ソ連要因」がはたらいていたことは疑いない。スティムソン陸軍長官が京都を原爆の攻撃目標とすることに反対する姿勢を最後まで貫いた理由が、日本人が戦後に反米親ソ的な感情をもつようになるのを避けるという配慮だったことは、その証左である。原爆投下目標の選定には、軍事的な理由だけではなく戦後の国際関係におけるアメリカの利益の考慮も関係していたのだった。

　第5章は、原爆の使用と原爆についての情報の公開をめぐる米英ソ関係の一端も明らかにした。イギリス政府が原爆の使用に同意を与えたことは原爆の国際規制体制の構築を重視しなかったチャーチルの姿勢のあらわれであったし、ソ連に原爆開発について伝えたトルーマンの姿勢はその体制の構築へ向けてソ連の協力を得るという目的に完全に合致したものではなかった。これに加えて第5章は最後に、いわゆる「原爆投下指令書」が指定した4つの原爆投下目標都市が軍事・輸送拠点としてもつ性格を、同指令書の作成に関与したストーン大佐の覚書はことさらに強調しており、その覚書が原爆の投下目標が軍事目標であるとトルーマンが自らに思い込ませる一助となったことを指摘した。

　以上が第1章から第5章で分析し記述した内容である。それらの分析と記述に基づいて本論全体から言えることを記して終章を結びたい。

終　章

　どのような理由からまたは目的のために、アメリカは原爆を日本に対して使用したのか。アメリカの政策決定者たちは、すでに原爆の開発を始めた可能性があるドイツよりも先に、また第二次世界大戦が終わるまでに、それを実現することを目標として原爆の開発に着手した。彼らにとって原爆は、その時戦っていた戦争で勝利するための兵器であり、開発されれば兵器として使用する可能性をもつものだった。他方で、軍事作戦の実施を担当する軍人たちにとって原爆は、それまでの爆弾に比べて破壊力はずっと大きいがその時戦っていた戦争で実際に使う兵器という点では他の爆弾と同じだった。彼らは原爆が開発されればそれを使用するという前提に立って、原爆を使用する準備を進めていった。当初はドイツを念頭において始められた原爆開発だったが、原爆投下作戦を担当するアメリカ軍は1944年終わりまでに原爆を使用する対象をドイツではなく日本と想定するようになった。そうなってからもやはり、原爆を使うべきかどうかは問題とならなかったのであり、軍人たちにとって原爆が開発されればそれを使用するという前提にかわりはなかった。1945年４月から６月にかけて目標検討委員会と暫定委員会の２つの諮問委員会が、原爆を日本の都市に対して実戦使用するよう政策決定者たちに対して提言する。両委員会は原爆をどのように使うかを検討したものの、やはり原爆を使うべきかどうかを委員たちの間で公式に議論したことはなかった。両諮問委員会からの提言が確定した頃までに、政策決定者たちにとって原爆は、使用する可能性がある兵器から実際に実戦使用する兵器へとその位置づけを変えていた。そしてトルーマンにとっては日本に対して原爆を使用しない理由はなかったし、政策決定者たちの中に原爆の使用をすべきではないとする意見を表明した者はいなかった。イギリスのチャーチル首相も、アメリカによる原爆の使用に反対しなかった。むしろ彼は積極的にそれに承認を与えた。

　どのような理由からまたは目的のために、アメリカは実際にそうしたようなしかたで原爆を使用したのか。原爆をどのように使うのかという問題は、原爆を何のために使用するのかという原爆の使用目的と深く関係していた。それまでに攻撃をほとんど受けていなかった都市を事前の警告なく１発の原爆で破壊し、その事実が日本人に与える衝撃が日本を降伏させることが、原爆を対日使

用する主たる目的だった。原爆の示威的な公開爆発によって日本を降伏させることはできない、とした諮問委員会の提言を、政策決定者たちは受け入れた。原爆開発に関わった科学者たちの一部にとって戦後の世界において実現すべき核兵器の国際規制という目標は、原爆の実戦使用によってこそその実現の可能性が高まる目標であった。他方グローヴス・マンハッタン計画指揮官にとって原爆の実戦使用には、兵器としての原爆が実戦に使用できるかどうかを確認する「実戦での試験」という目的が込められていた。いずれにしろ原爆の実戦使用こそが、それらの目的に最もよく合致していたのだった。

　そして、なぜ、実際にそうであったような過程をたどって、原爆の開発と使用をめぐるアメリカ対外関係が展開したのか。その局面の1つは米英関係だった。1943年前半の時期をのぞいてローズヴェルト大統領は、原爆開発をイギリスとの「完全な」情報の交換に基づく共同事業として進めていく政策をとった。その理由には、チャーチル首相との間の個人的な信頼関係の存在や、アメリカの最も重要な同盟国であり、第二次世界大戦においてはドイツに対抗し戦後にはおそらくソ連に対抗する国家であるイギリスと原爆の秘密を共有することの現実政治上の利益についての考慮があっただろう。チャーチルにとっても、戦後の世界におけるイギリスの安全保障と大国としての地位の確保のために、米英間の原爆をめぐる協力関係の継続が望ましかった。チャーチルの主導と譲歩によって、両国の協力関係は原爆の使用と原爆についての情報公開における米英同意の原則となって結実した。トルーマン大統領はそのような協力関係を維持する方針をとり、イギリスの同意のもとで、ソ連に原爆開発について知らせ日本に対して原爆を使用した（戦後まもなく原子力問題がアメリカ国内政治上の争点となると米英協力関係の維持は困難となり終わりを迎えることとなる）。

　もう1つの局面はソ連との関係だった。多くの歴史家たちがこれまでに認めるに至っているように、原爆の開発やその成功はアメリカの対外政策とくに対ソ連政策に影響を与えた。トルーマンは原爆の爆発実験の予定にあわせてポツダム会談の始まりを7月半ばに遅らせた。スティムソン陸軍長官は、ソ連に対してあらかじめ原爆が存在することを知らせることなくそれを日本に対して使用することが戦後の米ソ関係に悪い影響を与える可能性を懸念して、暫定委員

終 章

会の見解と同じく、原爆を使用する前に原爆開発についてソ連に知らせるようトルーマンに提言した。大統領はスティムソンの助言にしたがって、ポツダムでスターリンに原爆開発の事実を伝えた。その一方で本書は、原爆を実際に使用する機会を確保するためにアメリカの政策決定者たちがソ連の対日参戦を遅らせようとした、とする解釈には十分な根拠がない、と結論づけた。

　原爆の開発やその成功がアメリカの対ソ連政策にどのような影響を与えたのかという問いとはまったく逆方向の関係を問うのが、アメリカの対外関係上の考慮が原爆の使用にどのような影響を与えたのかという問題である。その問題は、アルペロヴィッツが述べていたように、彼が1965年に出版した『原爆外交』[1]を執筆した時点で利用できた資料では答えがだせない問題であり、したがって『原爆外交』はその問題を十分に論証しなかった（そうであったにもかかわらず、ソ連に原爆の威力を印象づけてアメリカの対外政策をソ連に受け入れさせるのを容易にする目的で原爆を使用したとする解釈が、アルペロヴィッツの名前と結びついて流布する結果となった）。それから50年以上が過ぎてより多くの資料の利用が可能となった2016年現在においても、やはり決定的な答えがだせない状況であることにかわりはなく、序章でみたように、原爆の使用の決定について多くの歴史家が同意できる学説は確立されていないのが現状である。アメリカのソ連との関係への考慮が原爆の使用に与えた影響について本書は、日本が降伏するのを一時的に遅らせることになるとしても、ソ連が対日参戦する前に原爆によって日本を降伏させるためにアメリカの政策決定者たちが原爆を使用した、とする解釈には大きな疑問の余地があることを指摘した。

　それと同時に本書は、ソ連との関係への考慮が原爆の使用に影響を与えなかったわけではないことも述べた。スティムソンが戦後の日本をソ連よりもアメリカに友好的となるようにするという考慮から京都を原爆の投下目標とするのを認めなかったように、直接的にではないとしてもソ連との関係への考慮が原爆の使用に影響を与えた。また、原爆の威力をソ連に印象づけて戦後の原爆の国際規制体制の構築に協力させるためには、原爆の実戦使用が適切な方法であるとする考えが暫定委員会の科学顧問団の一部にあった。そのような考えは、原爆の対日実戦使用がソ連との関係を損ねるのではなく逆にソ連との協力

155

関係を生みだす助けとなる、とみる考えだった。戦後に原爆の国際規制を実現することへの期待とそのためのソ連の協力を得るという目的は、原爆の実戦使用を正当なものだとみる考えを補強する意味をもっていたのだった。

　本書の視角の1つは、最先端の科学の成果に基づく新しい種類のそれまでにない規模の破壊力をもつ兵器が、第二次世界大戦終結後の国際関係にどのような影響を与えると政策決定者たちや科学者たちが予想しその使用を考えたのかという視角から、原爆の開発と使用に至る過程が現代の公共政策の構想者に対してもつ教訓を探ろうとするものだった。その視角から原爆の開発から使用に至るまでをふりかえってみると、次の2つのことが言える。

　第1に、現代の多くの人間が核兵器について想起するであろう核爆発がもたらす放射線被害について、政策決定者たちがまったくといってよいほど関心を払っていなかったことである[2]。原爆の対日使用を検討した過程で、原爆の爆発が与える放射線被害が注目を集めた機会はほとんどみられなかった。1945年5月31日に開かれた暫定委員会の公式会合でオッペンハイマーが、原爆の爆発によって発生する中性子の影響が半径1kmにいる生命にとって危険となると述べたのが、原爆の使用が生む放射線被害について公式の場で語られた唯一の機会である[3]。暫定委員会の委員たちと政策決定者たちは、原爆がそれまでの兵器では生むことがなかった新しい種類の被害を生むことをよく理解しないまま、原爆の使用方法を検討し実際にそれを使用したのだった。

　第2に言えることは、原爆の出現に国際社会を備えさせる準備が不十分だったことである。原爆の登場が国際平和に与える危険性がどのようなものであるのかを示し、原爆の国際的な規制体制の構築に戦争終結後ただちにとりかかれるように熟慮された政策を用意しないままに、アメリカの政策決定者たちは原爆を使用した。戦後の原爆の国際規制体制の構築へ向けた具体的な政策の作成は、公職を引退するにあたって1945年9月11日にスティムソンが大統領に提出した覚書によって始まるのであり、原爆を使用する前にそのような政策の準備はできていなかった[4]。しかも、国際的な規制体制の構築に不可欠なソ連の協力を、結局アメリカは得ることができなかった。シャーウィンが指摘したように、ソ連の協力が得られない場合に戦後の新しい国際秩序をつくっていく上で

終　章

原爆をどのように利用するのかを、政策決定者たちは構想していなかった[5]。

　以上の2つの点から現代の公共政策の構想者が得られる教訓が2つある。その1つは、革新的な科学技術の成果についての正確で十分な情報とその理解に基づいてその使用について検討することが重要である、という教訓である。もし半径1km以内の人間に致死量の放射線を浴びせる兵器であることをきちんと理解していたならば、暫定委員会の委員たちはそのような兵器の使用方法として都市の中心で爆発させることを、実際に彼らがそうしたようには承認しなかったかもしれない。もう1つの教訓は、革新的な科学技術の成果が社会や国際関係に与える影響に対して十分に備えた政策構想を準備する必要がある、という教訓である。ある1つの公共政策構想の前提とは異なった事態の展開となることに備えて、それとは異なった前提に立った公共政策を構想しておかなければ、立案する公共政策がめざすところの目標を達成する機会を失ってしまうことになるかもしれないからである。

　ロシア革命の研究で名高かったイギリスの歴史家E.H. カーは、歴史とは現在と過去の対話である、と述べた[6]。アメリカが原爆を開発しその使用に至った過去は、国際関係に影響を与える科学技術の役割がその当時よりも大きくなりしかも技術革新が早くなった現在の世界を見るわれわれの目を新しくしてくれる歴史である。

補　章

アメリカはなぜ異なった2種類の原爆を
日本に対して使用したのか

1　はじめに

　1945年8月のアメリカによる日本に対する原爆の使用を、日本との戦争を終わらせる目的とは無関係な一種の実験であった、とする解釈が、日本でしばしば表明される。ジャーナリストである日高義樹が2012年に公刊した図書の第2章を「広島・長崎への原爆投下は人体実験だった」と題していたのは、その一例である。また、インターネット上で公開されている言説の1つも、「アメリカは実験を行［な］う為に原爆を都市部に落とした」、都市部に原爆を投下したのは人体実験をするためだった、と論じた。

　アメリカが行なった日本への原爆の使用を実験だったとみる見方が、その論拠としているのはおおむね次のようなことである。すなわち、すでに日本の軍事的な敗北が明らかであるにもかかわらず、それまでに空襲の被害をほとんど受けていない都市に対して、無警告で、2つの異なった種類の原爆を使った、しかも日本の降伏後には、原爆が人々に与えた医学的な被害を徹底的に調査し、その結果を治療に役立てることをしなかった。したがって、原爆の使用は実験以外の何物でもなかったし、それは人体実験だった。おおむねこのような議論を実験説は展開する。そして、アメリカが2種類の原爆を使用したという事実が、実験説の議論の中では重要な論拠の1つとなっているのである。実際、先に挙げたインターネット上の言説は、種類の異なる原爆をアメリカが使用したという事実を議論の有力な根拠の1つとしている。

このような実験説の存在を背景にしてこの補章は、なぜアメリカが1945年8月に異なった2種類の原爆を日本に対して使用したのか、という問いに答えることを目的とする。本章は、その問いに対する答えが、種類にかかわりなく使用可能になった順に原爆を使った結果、アメリカは2種類の原爆を日本に対して使用することとなった、実験を目的として意図的に2つの異なる種類の原爆をアメリカが使用したのではなかった、というものであることを示す。

　ここでたてた問いに関連する問題として、次のような問題群がある。すなわち、①なぜアメリカは、ウラニウムを用いた原爆を最初に投下し次にプルトニウムを用いた原爆を投下する、という順番で実際に日本に対して原爆を使用したのか。②もし日本に対して3発目の原爆を使用することになったならば、その原爆はウラニウム原爆だったのか、プルトニウム原爆だったのか。もし4発目、5発目を使用する機会があったならば、それらはどちらの種類の原爆だったのか。③アメリカが原爆の使用を1発だけで終わらせなかったのはなぜか。このような問題群である。本章はこれらの問題群に対する答えを探るべく、原爆の爆発原料となる物質の生産状況に着目する視点から原爆の製造と使用の過程を分析し記述していく。その際には、アメリカが原爆を使用した理由や目的を問うことをしない。

2　原爆製造の見通し[3]

　アメリカによる原爆の開発計画は、その当初からウラン235とプルトニウムの2種類の元素を材料とする原爆の開発を目標とした。1942年6月13日付の、ブッシュ科学研究開発局長官とコナント国防研究委員会委員長が作成し、ウォーレス副大統領、スティムソン陸軍長官、マーシャル陸軍参謀長の承認を得たあとローズヴェルト大統領に提出した覚書は、「およそ5kgから10kgのウラン235または94番元素［プルトニウム］があれば爆発するだろう」と記していた。また同覚書は、爆発させるのに必要な量のウラン235とプルトニウムを手に入れるための4つの方法を同時に進めていくことが望ましいとして、そのために必要な諸施設の建造を提言した。[4]

第1章ですでに述べたように、現実的な原爆製造の見通しがはっきりとし始めたのは、マンハッタン計画が始まって2年以上が過ぎてからのことだった。1944年9月30日にブッシュとコナントは、「『25』と呼ばれるウランの同位元素」［ウラン235］と「『49』と呼ばれている新元素」［プルトニウム］の2つの物質が、原爆の原料用に生産されつつあり、1945年8月1日までに原爆の爆発実験を実施して1945年の春から夏の時期には原爆数発分を製造できる量の原爆を爆発させる原料物質を手にする見込みであることをスティムソンに報告した。ただし、それら2つの原料物質のうちどちらの生産のほうがより進んでいるのか、どちらの物質のほうが実際に原爆に使われることになるのか、両方ともに原爆に使われることになるのかを、彼らは明確にしなかった[5]。

　それから3カ月が過ぎた1944年の終わりまでに、原爆製造の見通しはより一層はっきりとしたものになった。やはり第1章で述べたように、1944年12月30日にグローヴスがマーシャルに報告したかなり具体的な原爆製造の見通しは、次のいくつかの点を明らかにした。すなわち、①ウラン235・砲身型原爆は、爆発実験の実施を必要とせず1945年8月1日頃に実戦使用可能となる、②これと同じ型の2発目の原爆が1945年中に使用可能となる、③プルトニウム・爆縮型原爆の1発目が完成するのは1945年7月後半以降となる、④原爆の使用計画は砲身型原爆だけではなく爆縮型原爆の使用も想定している[6]。

　これらの点は、次のことを意味する。それは、このグローヴスの見通しのとおりに原爆製造過程が進んでいき、しかも1945年7月後半にプルトニウム・爆縮型原爆の爆発実験を行なうとすれば、1945年8月初めにアメリカが実際に行なったような原爆を2発連続して使用する作戦においては、ウラン235・砲身型原爆のみ2発またはプルトニウム・爆縮型原爆のみ2発を使用することはおそらく不可能である、ということである。なぜならば、アメリカが使用できるようになるウラン235・砲身型原爆は、1945年8月初めには1発しか存在せず、同型原爆の2発目が利用できるようになるのはその数カ月後のこととなる。またプルトニウム・爆縮型原爆は、7月後半に行なう爆発実験により1発も存在しなくなり、新たに2発もの同型原爆の製造は8月初めまでには実現していないだろうからである。したがってアメリカが1945年8月初めに2発の原

爆を使用する場合には、ウラン235・砲身型原爆とプルトニウム・爆縮型原爆をそれぞれ1発ずつ使用せざるを得ないことになる。

グローヴスがマーシャルに原爆製造の見通しを報告した1週間後に、コナントはプルトニウムの生産量の予測を下方修正した。マーシャルに報告した時点でのグローヴスによるプルトニウム生産量の推定は、1946年1月1日までに90kgというものであり、グローヴスの想定ではそれはプルトニウム・爆縮型原爆18発分に相当する量だった。しかし1945年1月5日にグローヴスと協議したコナントは、1946年1月1日までのプルトニウムの生産見通しを65〜70kg（プルトニウム・爆縮型原爆13発から14発分）へと変更した[7]。

1945年1月初めにおける原爆製造の見通しは以上のようなものだったが、その見通しは1発の原爆が必要とするウラン235やプルトニウムの量によってかわるはずだった。翌2月にグローヴスやオッペンハイマーらの科学者・技術者たちは、ウラン235・砲身型原爆とプルトニウム・爆縮型原爆の2種類の原爆を開発し、爆縮型原爆にはプルトニウム6.1kgを使用することを決定した（前者には39から60kgのウラン235が必要だとすでに計算されていた[8]）。

3 プルトニウム生産量の増加を求めるグローヴス

グローヴスはプルトニウムの生産を担っていた企業であるデュポン社に、プルトニウムの生産速度をあげるよう何度も迫った。デュポン社が1944年11月に示したプルトニウムの生産見通しは、1945年6月末までの総生産量が5.7kg、同年7月末で8.8kg、同年8月末で12.1kgというものだった[9]。この予想にしたがえば、1発のプルトニウム・爆縮型原爆に5kgのプルトニウムを使うと仮定した場合には、6月中に最初のプルトニウム・爆縮型原爆に必要な量のプルトニウムが手に入る見込みとなる。しかし、7月と8月のプルトニウムの平均月産量は3.2kgであり、その生産速度では1945年12月末までの総生産量はおよそ25kgにしかならない。それは、1944年12月にグローヴスがもっていた、1945年後半にはプルトニウムが90kgが手に入る、という予想からはほど遠い数字である。

グローヴスは1944年12月27日に、デュポン社の担当責任者ロジャー・ウィリアムズ（Roger Williams）に対して1945年5月1日までにプルトニウム5kgの生産が可能であり、同年5月末までにはさらに5kgの生産が可能であるはずだ、との考えを示して、プルトニウム生産速度の上昇を迫った。この要求どおりに生産が進むならば、1発のプルトニウム・爆縮型原爆に5kgのプルトニウムを使う場合には、5月中に最初のプルトニウム・爆縮型原爆が完成でき、2発目を6月中に完成できる見込みとなる。1945年4月末までの総生産量が5kg、同年5月以降は月産5kgを維持したとすれば、1945年12月末までの総生産量は45kgとなる。

　1945年2月14日にデュポン社のウィリアムズは、グローヴスに対して新たなプルトニウムの生産予定を示した。同年6月末までに5kg、7月末までに次の5kgを生産する、というのが新たな生産予定だった。その生産予定にも満足しなかったグローヴスは、3月22日にデュポン社の幹部と協議した。その結果グローヴスは、6月1日までに5kg、7月5日までに次の5kgを引き渡すという確約をデュポン社から得ることとなる。

　このようにみてくると、1944年12月末の時点でグローヴスが、1945年中に90kgのプルトニウム、合計18発のプルトニウム・爆縮型原爆を手に入れる、という見通しをもっていたとしても、その時点ではそれは楽観的な推測だった、と筆者は考える。他方で1944年12月30日付のマーシャル宛の覚書は、ウラン235・砲身型原爆とプルトニウム・爆縮型原爆それぞれの最初の完成時期について、グローヴスがかなり正確な見通しをもっていたことを示す、といってよいだろう。

4　原爆投下へ向けて

　1945年に入ってから原爆製造はどのように進んでいったのだろうか。まず、ウラン235・砲身型原爆の完成である。ウラン235の抽出・濃縮方法の革新、濃縮施設の増設などの結果、ウラン235の濃縮は着実に進められた。1945年7月末までに、64kgの濃縮ウラン235を原料とする砲身型原爆1発分のウラン235を

生産できたのだった。ウラン235・砲身型原爆の爆芯部分の一部（発射体。標的に衝突させて臨界量を生みだす）を積んだ巡洋艦インディアナポリス号が、7月16日にサンフランシスコを出発し、7月26日にテニアン島に到着した（その輸送任務を終えて帰途にあった同艦を日本海軍の潜水艦が撃沈した）。7月28日と29日には残りの爆芯部分（発射体を衝突させる標的）が空輸によりテニアン島に到着し、8月1日にはウラン235・砲身型原爆の使用準備が完了した。実際にその原爆が使用されたのは、8月6日のことだった。

このウラン235・砲身型原爆は、事前に爆発実験をすることなく使用された。模型を使って砲身装置の試験をした結果、装置の信頼性が確認されたからである。科学者・技術者たちは点火装置部分の投下試験を22回実施し、そのうち失敗したのは電気系統の接続不備による1回だけだった。砲身型の原理が単純だったこともあって、爆発実験をしなくともウラン235・砲身型原爆が実際に爆発するのは間違いない、と彼らは考えたのだった。

次に、プルトニウム・爆縮型原爆の製造である。1944年12月後半からハンフォードでのプルトニウムの生産速度が上昇し、1945年7月初めまでに同型原爆1発分に十分な量を得ることができた。プルトニウム・爆縮型原爆が実際に核爆発をおこすかどうかを確かめる爆発実験が7月16日に成功し、アメリカが使用可能な原爆はその時点で1つも存在しなくなった。次にプルトニウム爆芯部分が完成したのは7月23日で、それは日本に投下する原爆用として7月26日にテニアン島へ向けて送られた。同島へ到着したのが8月1日、それを組み込んだプルトニウム・爆縮型原爆の使用準備が完了したのが8月8日である。翌9日にその原爆が長崎に投下されることとなった。

5 アメリカが実際に爆発させた原爆と使用できる予定だった原爆の種類

1945年にアメリカが実際に爆発させた（爆発実験と実戦使用）原爆は、爆発準備が整った順に並べると次のようになる。

①プルトニウム・爆縮型原爆。7月15日に使用準備完了。7月16日に爆発実験で爆発させた。

②ウラニウム235・砲身型原爆。8月1日使用準備完了。8月6日広島に投下した。

③プルトニウム・爆縮型原爆。8月8日使用準備完了。8月9日長崎に投下した。

これらの実際に爆発させた3発の次に、プルトニウム・爆縮型原爆1発が8月18日（現地時間）か19日以降に使用可能になる予定だった。8月10日にグローヴスは、「次の爆縮型爆弾は…8月17日か18日すぎの天候がよい最初の日に投下できるよう準備される」とマーシャルに伝えている[18]。

なお、9月以降に使用可能となる原爆の数は、プルトニウムの増産が期待できたために飛躍的に大きくなるはずだった。7月終わりの時点でグローヴスは、9月以降に新たに使用可能となる原爆の数を、9月3発または4発、10月4発または3発、11月少なくとも5発、12月7発、合計18発から20発と推測していた[19]。この合計18発から20発という数は、1945年中にプルトニウム原爆18発を製造するとした1944年12月末時点での見通しと一致し、1945年9月から12月末までにウラン235を材料とする原爆が1発または2発製造されることを前提としている。なおマーシャルは、11月1日に作戦開始が予定されていたアメリカ軍による日本本土上陸作戦において、9発の原爆を戦術的に使う構想をもっていた[20]。その9発という数は、9月以降に使用可能となる原爆の数についてのグローヴスの推測とおおむね一致する数字である。

1945年8月半ばまでに爆発実験と実戦使用によってアメリカが実際に爆発させた原爆と使用できる予定だった原爆を使用準備が整った順に並べてみると、次の2つのことがわかる。第1に、2発の原爆をアメリカが日本に対して使用したのは、使用可能になった原爆を順番に使っていった結果と一致していたこと、そして第2に、使用可能だった原爆は常に1発しかなく、アメリカが使用する原爆の種類を選択する余地はなかったこと、である。最初に使用可能になった原爆は、プルトニウム・爆縮型原爆であり、それを実験のために爆発させて実際に爆発することを確かめた。2番目に使用可能になったのはウラニウム235・砲身型原爆であり、それを広島に投下した。3番目に使用可能になったのがプルトニウム・爆縮型原爆であり、それを長崎に投下した。4番目に使

用可能になる予定だったのが、やはりプルトニウム・爆縮型原爆であり、日本がまだ降伏していない場合には8月18日か19日以降に日本に対して使用可能になるはずだった[21]。手元にただ1つだけある使用できる原爆を順に日本に対して2発使い、次の3発目を日本に投下する機会が訪れることがなかった結果、種類の異なった原爆を1発ずつ日本に対して使用したという結果が残ったのである。

　日本に対して使用した最初の原爆が、まだ実際に爆発させたことがなかったウラン235・砲身型の原爆であったのは、このような事実の結果である。それと同じように、日本に投下した2発目の原爆が1発目の原爆とは種類が違っていたのも、このような事実の結果である。アメリカは実験を目的として、意図的に異なった2種類の原爆を日本に対して使用したのではなかった。

6　決まっていなかった原爆の投下予定数

　アメリカが2発の原爆を日本に対して使用したところで日本が降伏し、結果的にはアメリカが3発目の原爆を投下することはなかった。それでは逆に、アメリカが原爆の使用を1発だけで終わらせなかったのはなぜだろうか。

　アメリカが日本に対して2発の原爆を使用したことについて、日本を降伏させるためには原爆1発の使用で十分であり2発目の使用は必要なかった、という見方がある[22]。そのような見方は、それにもかかわらずアメリカが2発の原爆を使用したのには日本を降伏させるという目的とは別の目的（例えば、実験）があったからである、という方向へと議論を展開させる可能性をもつ。

　日本を降伏させるためには原爆1発の使用で十分であり2発目の使用は必要なかったとするこの見方は、証明が不十分であり成立しない。日本を降伏させるためには1発の原爆の使用で十分だった、すなわち、日本政府が1発目の原爆攻撃を受けて降伏する意思を固めたと言える根拠は十分ではない。それに、日本を降伏に導いたのが原爆なのかソ連参戦なのかをめぐる論争には決着がついていない[23]。また、2発目の原爆の使用は不必要だったという議論は、1発目の使用が必要だったことを暗黙の前提としている。けれども、たとえ1発だけ

であろうとも、原爆の使用が日本を降伏させるために必要であったかどうかは、疑わしい。原爆の使用もなくソ連参戦がなくとも、アメリカ軍による日本本土上陸作戦の開始が予定されていた1945年11月1日までに日本は降伏しただろう、という推測が成り立つ余地があるからである。このような理由から、1発の原爆で日本を降伏させるのに十分だったのであり2発目の使用は必要なかった、という解釈は説得的ではない。

　他方には、歴史家マイケル・ゴーディンが原爆使用に関する「2発神話」と呼ぶ解釈がある（ゴーディン自身はそのような解釈を支持していない）。それは、政策決定者たちが2発の原爆の使用が日本を降伏させるのに十分である、と原爆を使用する以前に考えていたし、アメリカは原爆を2発だけ使う計画だった、という見方である。このような解釈も、根拠が不十分である。原爆を使用する以前に、2発の原爆の使用が日本を降伏へと導くのに十分であると考えていた政策決定者がいた明確な証拠がないからである。1944年9月にローズヴェルト大統領とイギリスのチャーチル首相は、原爆による「爆撃は日本が降伏するまで繰り返されると日本に対して警告すべきである」と合意しており（ハイドパーク覚書）、原爆を2発しか使用しないと合意したわけではない。グローヴスは、1945年7月19日にオッペンハイマーに対して、当初の計画通りに「最初のリトル・ボーイ［ウラン235・砲身型原爆］を投下し、最初のファット・マン［プルトニウム・爆縮型原爆］を投下し、そしておそらく2発目のファット・マンを投下することが必要となるだろう。…計画された戦略的作戦と整合させるためには、現在の形態で最良の状態にあるファット・マンを3発投下しなければならないかもしれない」と書き送っている。このようにグローヴスは、原爆を使用する以前に、原爆を2発だけ使うと計画していたのではなく3発以上の原爆の使用が必要であると考えていた。

　1945年7月25日付のいわゆる「原爆投下指令書」も、2発の原爆を投下するよう指令したものではない。それは、「2. 追加の爆弾［複数］は、作戦担当者によって準備され次第、上記の目標［広島、小倉、新潟、長崎］に対して投下される。上記の目標以外の目標［複数］に関しては、追加の指示をだす」と記していた。この指令書は、投下準備が整った原爆が新たに用意されれば、それを

補章　アメリカはなぜ異なった２種類の原爆を日本に対して使用したのか

日本に対して使用するよう命じたものであり、使用する原爆の数を限定してはいない。それは、戦場にいる指揮官に対して特定の種類の兵器の使用許可を事前に与える指令書という性格をもっており、使用する原爆の数を原爆投下作戦の指揮官の裁量にゆだねたのだった。どの種類の原爆をいつ使用するのかは、原爆の爆発材料となるウラン235とプルトニウムの生産の進み具合によって大きく決められた。

　このようにアメリカは、原爆を１発だけあるいは２発だけ使う、と計画していたのではなかった。それでは、アメリカがそもそも原爆を使用したのはどのような目的や理由からであったのか。そして、アメリカが実際にそうしたように、爆撃の被害をほとんど受けていない都市に対して無警告で、２発の原爆を連続してアメリカが使用したのは、どのような目的や理由からであったのか。これらの問いはまさに本書の序章から終章が取り組んだ問いにほかならず、それらの問いに対する答えはすでに示したとおりである。

7　おわりに

　この補章は、なぜアメリカが1945年８月に異なった２種類の原爆を日本に対して使用したのか、という問題を考察してきた。その問いに対する答えは、アメリカが２種類の原爆を日本に対して使用したのは、種類にかかわりなく使用可能になった原爆を順に使った結果であり、実験を目的として意図的に２つの異なる種類の原爆を使用したのではなかった、というものである。最初に日本に対して使用可能になったウラン235・砲身型原爆を１発目として使用し、次に使用準備が完了したプルトニウム・爆縮型原爆を２発目として使用するという順番で、日本に原爆を投下した。もし日本に対して３発目の原爆を使用する機会があったならば、その原爆はプルトニウム・爆縮型原爆であり、早ければ８月18日に使用準備が完了するはずだった。

　このように、アメリカが２種類の原爆を日本に対して使用したことを、実験説とは別のしかたで説明することが可能である。本章が展開した議論は、日本に対する使用準備を終えつつあった３発目の原爆がプルトニウム・爆縮型原爆

であったことを説明できるし、おそらく４発目もプルトニウム・爆縮型原爆になっただろうと推測できる。しかし実験説では、３発目の原爆がプルトニウム・爆縮型原爆であったことの説明や、４発目の原爆の種類がどちらであるのかの推測を、おそらくできないだろう。

　原爆投下に関していくつもの「神話」がある。原爆投下が100万人の命を救ったとする「百万人神話」や、京都や奈良が第二次世界大戦中にアメリカ軍によって爆撃されなかったのは日本の文化財を保護するためだったとする「ウォーナー伝説」[30]などが、その代表的なものである。本章が議論の背景とした原爆使用が実験だったとする説も、その論拠をアメリカが実験を目的として２種類の原爆を意図的に使用した、という点に求めるのであれば、もう１つの「神話」となってしまうだろう。

註

序　章

1）　原爆の使用は必要だったのかという問いは、原爆の使用が日本を降伏させる上で決定的なはたらきをしたのか、あるいは、決定的ではなかったとしても日本を降伏させる上で何らかのはたらきをしたのか、そのどちらかを問うものである。いずれの意味であるとしても、原爆の使用が必要だったのかという問いに答えるためには、日本政府が降伏を決定するに至った過程に原爆の使用が与えた影響の分析が不可欠となる。その問いに対して、1945年7月末時点での弱体化した日本の軍事力や経済力からみて日本を降伏させるために原爆の使用は必要なかった（すなわち、原爆を使用しなくても日本は降伏したはずだ）という答えがある。その答えは、実際にはおこらなかった事実（原爆を使わない）と実際におこった事実（日本の降伏）の間の関係について述べたものであり、実際におこった2つの事実の間の関係について述べたものではない。なお、アメリカの政策決定者たちが日本を降伏させるためには原爆の使用が必要であると考えていたのかという問いは、アメリカによる原爆使用に至る政策決定過程にかかわる問いである。

2）　原爆投下に関する先行研究の蓄積はすでに多い。その研究史・研究動向を整理した論考に次のようなものがある。Barton J. Bernstein, "The Atomic Bomb and American Foreign Policy, 1941-1945: An Historiographical Controversy," *Peace and Change*, Vol. 2, No. 1 (Spring 1974), pp. 1-16; 立花誠逸「原爆投下問題の研究について―アメリカにおける研究状況と今後の課題」岩垂弘・中島竜美編『日本原爆論体系　第1巻　なぜ日本に投下されたか』日本図書センター、1999年、249-278頁［初出は『歴史学研究』第459号（1978年8月）］。J. Samuel Walker, "The Decision to Use the Bomb: A Historiographical Update," in Michael J. Hogan (ed.), *Hiroshima in History and Memory* (Cambridge: Cambridge University Press, 1996), pp. 11-37［この論文の初出版は、*Diplomatic History*, Vol. 14, No. 1 (Winter 1990), pp. 97-114に掲載された］; Barton J. Bernstein, "The Struggle over History: Defining the Hiroshima Narrative," in Philip Nobile (ed.), *Judgment at the Smithsonian* (New York: Marlowe & Company, 1995), pp. 127-256; 菅英輝「原爆投下決定をめぐる論争」『海外事情』1996年4月号、47-68頁。中沢志保「ヒロシマとナガサキ―原爆投下決定をめぐる諸問題の再検討」『国際関係学研究』（津田塾大学）23号、1997年3月、47-59頁。山田康博「ナンバーズ・ゲーム―日本本土上陸作戦はどれくらいの死傷者をだすと推定されたのか―原爆投下をめぐる最近の研究動向」『アジア太平洋論叢』第9号（1999年3月）、1-28頁。J. Samuel Walker, "Recent Literature on Truman's Atomic Bomb Decision : A Search for Middle Ground," *Diplomatic History*, Vol. 29, No. 2 (April 2005), pp. 311-334; Michael Kort, "The Historiography of Hiroshima: The Rise and Fall of Revisionism," *New England Journal of History*, Vol. 64, No. 1 (Fall 2007), pp. 31-48;

HAYASHI Yoshikatsu, "The Dropping of the Atomic Bombs on Japan: A Brief Status Report of Recent Interpretations," *Nanzan Review of American Studies*, Volume 37 (2015), pp. 101-117.

3）「正統学派」に属する論考には次のようなものがある。Henry L. Stimson, "The Decision to Use the Atomic Bomb," *Harper's Magazine* (February 1947), pp. 97-107; Herbert Feis, *Japan Subdued: The Atomic Bomb and the End of World War in the Pacific* (Princeton: Princeton University Press, 1961)［ただしファイスが原爆の使用は必要なかったとする立場に立つ点ではここでの「正統学派」の分類に完全にはあてはまらない。*Ibid.*, pp. 178-179］; McGeorge Bundy, *Danger and Survival: Choices about the Bomb in the First Fifty Years* (New York: Random House, 1988), pp. 54-97; Robert James Maddox, *Weapons for Victory: The Hiroshima Decision Fifty Years Later* (Columbia: University of Missouri Press, 1995); Robert P. Newman, *Truman and the Hiroshima Cult* (East Lansing: Michigan State University Press, 1995); Wilson D. Miscamble, *The Most Controversial Decision: Truman, the Atomic Bombs, and the Defeat of Japan* (Cambridge: Cambridge University Press, 2011).

4）「修正主義学派」に属する研究には次のようなものがある。P. M. S. Blackett, *Fear, War, and the Bomb: Military and Political Consequences of Atomic Energy* (New York: Whittlesey House, 1949)［邦訳パトリック・ブラッケット（田中慎二郎訳）『恐怖・戦争・爆弾―原子力の軍事的・政治的意義』法政大学出版局、1951年］; Gar Alperovitz, *Atomic Diplomacy: Hiroshima and Potsdam*, 2nd Expanded Ed. (London: Pluto Press, 1994)［初版の刊行は1965年］; 西島有厚『原爆はなぜ投下されたか―日本降伏をめぐる戦略と外交』（新装版）青木書店、1985年。荒井信一『原爆投下への道』東京大学出版会、1985年。Dennis D. Wainstock, *The Decision to Drop the Atomic Bomb* (Westport: Praeger, 1996); 進藤榮一『戦後の原像―ヒロシマからオキナワへ』岩波書店、1999年。鳥居民『原爆を投下するまで日本を降伏させるな―トルーマンとバーンズの陰謀』草思社、2005年。

5） Martin J. Sherwin, "The Atomic Bomb and the Origins of the Cold War: U.S. Atomic-Energy Policy and Diplomacy, 1941-45," *American Historical Review*, Vol. 78, No. 4 (October 1973), pp. 945-968; *Idem*, *A World Destroyed: Hiroshima and the Origin of the Arms Race* (New York: Vintage Books, 1987)［初版の出版は1975年。邦訳マーティン・J・シャーウィン（加藤幹雄訳）『破滅への道程―原爆と第二次世界大戦』TBSブリタニカ、1978年］; Barton J. Bernstein, "Roosevelt, Truman and the Atomic Bomb, 1941-1945: A Reinterpretation," *Political Science Quarterly*, Vol. 90 (Spring 1975), pp. 23-69.

　　ハーバート・ファイス（Herbert Feis）は、「修正主義学派」が登場するとその議論をある程度受け入れて、1966年に出版した図書（1961年に出版した図書の改訂版）では「統合学派」の先駆けとなる立場へと自らの解釈を変えた。Herbert Feis, *The Atomic Bomb and the End of World War II* (Princeton: Princeton University Press, 1966)［邦訳ハーバート・ファイス（佐藤栄一・山本武彦・黒柳米司・広瀬順晧・伊藤一彦訳）『原爆と第二次世界大戦の終結』南窓社、1974年］, especially p. 194. 1990年代以降のものとしては、J. Samuel Walker, *Prompt and Utter Destruction: Truman and the Use of Atomic Bombs against*

Japan, Revised Edition (Chapel Hill: University of North Carolina Press, 2004 [初版は1997年出版])［邦訳］J・サミュエル・ウォーカー（林義勝訳）『原爆投下とトルーマン』彩流社、2008年］。

6) 原爆の開発に関する研究として代表的なものには次のものがある。Richard G. Hewlett and Oscar E. Anderson, Jr., *The New World: A History of the United States Atomic Energy Commission: Vol. 1, 1939-1946* (Berkeley: University of California Press, 1990) [Originally published by University of Pennsylvania Press, 1962]; Margaret Gowing, *Britain and Atomic Energy, 1939-1945* (London: Macmillan, 1964); Richard Rhodes, *The Making of the Atomic Bomb* (New York: Simon and Schuster, 1986)［邦訳リチャード・ローズ（神沼二真・渋谷泰一訳）『原子爆弾の誕生』上・下、紀伊國屋書店、1995年］; Jim Baggott, *The First War of Physics: The Secret History of the Atom Bomb, 1939-1949* (New York: Pegasus Books, 2010)［邦訳ジム・バゴット（青柳伸子訳）『原子爆弾1938～1950年——いかに物理学者たちは、世界を残虐と恐怖へ導いていったか？』作品社、2015年］; Graham Farmelo, *Churchill's Bomb: How the United States Overtook Britain in the First Nuclear Arms Race* (New York: Basic Books, 2013); 山崎正勝・日野川静枝編著『原爆はこうして開発された（増補版）』青木書店、1997年。

　ローズヴェルトによる原子力の国際規制構想についての研究には、ヒューレットとアンダーソンによる共著とシャーウィンによる研究のほかに次のものがある。Barton J. Bernstein, "Quest for Security: American Foreign Policy and International Control of Atomic Energy, 1942-1946," *Journal of American History*, Vol. 60, No. 4 (March 1974), pp. 1003-1044; 西岡達裕『アメリカ外交と核軍備競争の起源——1942-46』彩流社、1999年。

7) Sherwin, "The Atomic Bomb and the Origins of the Cold War," p. 965.
8) Bernstein, "Roosevelt, Truman and the Atomic Bomb, 1941-1945."
9) Walker, "The Decision to Use the Bomb," pp. 31-32.
10) 2015年に池上雅子は、原爆の使用について細部での相違はあるが専門家の間では見解が「久しく一致している」と記した。池上雅子「原爆投下政策決定再検証」『世界』872号（2015年8月号）、184-191頁。引用は185頁より。これに対して筆者は、1990年代以降は専門家の間で原爆の使用についての解釈は分裂したと考える。
11) Stimson, *op. cit.*, p. 102.
12) これら①と②の問いはその性質がまったく異なる。①もし日本本土侵攻作戦を実施していたならばそれはどれくらいの死傷者を生むことになったのか、という問いは、実際におこった2つの事実の間の関係についての問題ではなく、実際にはおこらなかった2つの事実（日本本土侵攻作戦を実施し、それによって死傷者が生じる）の間の関係についての問題である。この①の問いに答える営みは、現実に確固とした基盤をもたない空論にしかならない。これに対して、②政策決定者たちは日本本土侵攻作戦を実施するならばどのくらいの死傷者を生むことになると考えていたのか、という問いは、事実についての問題であり、それを論ずることには意味がある。①の問いを発する論者はおおむね、アメリカが原爆の使用をしなければ日本本土侵攻作戦をしなければならなかったという証明されていない前提に立ち、本土侵攻によって生じたはずの犠牲を原爆の使用が救ったのだ、と議論を

展開する。その一例は、Thomas B. Allen and Norman Polmar, *Code-Name Downfall: The Secret Plan to Invade Japan and Why Truman Dropped the Bomb* (New York: Simon and Schuster, 1995) である。

13) Rufus E. Miles, Jr., "Hiroshima: The Strange Myth of Half a Million American Lives Saved," *International Security*, Vol. 10, No. 2 (Fall 1985), pp. 121-140; Barton J. Bernstein, "A Post War Myth: 500,000 U.S. Lives Saved," *Bulletin of the Atomic Scientists*, Vol. 42, No. 6 (June/July 1986), pp. 38-40.

14) 100万人という死傷者数推定があったとするスティムソンの主張を支持する(その数字にはいくぶんかの誇張があると認めるものも含めて)「正統学派」の解釈に連なる研究には以下のものがある。Edward J. Drea, *MacArthur's ULTRA: Codebreaking and War against Japan, 1942-1945* (Lawrence: University Press of Kansas, 1992); Idem, "Previews of Hell," *MHQ: The Quarterly Journal of Military History*, Vol. 7, No. 3 (Spring 1995), pp. 74-81 [Reprinted in Robert James Maddox (ed.), *Hiroshima in History: The Myths of Revisionism* (Columbia and London: University of Missouri Press, 2007), pp. 59-75]; David McCullough, *Truman* (New York: Simon and Schuster, 1992); Robert H. Ferrell, *Harry S. Truman: A Life* (Columbia: University of Missouri Press, 1994); Allen and Polmar, *op. cit.*; D. M. Giangreco, "Operation Downfall: The Devil Was in the Details," *Joint Force Quarterly*, Autumn 1995, pp. 86-94; Idem, "Casualty Projections for the U.S. Invasion of Japan, 1945-1946: Planning and Policy Implications," *Journal of Military History*, Vol. 61, No. 3 (July 1997), pp. 521-581; Idem, "'A Score of Bloody Okinawas and Iwo Jimas': President Truman and Casualty Estimates for the Invasion of Japan," *Pacific Historical Review*, Vol. 72, No. 1 (February 2003), pp. 93-132 [reprinted in Maddox, *Hiroshima in History*, pp. 76-115]; Maddox, *Weapons for Victory*; Newman, *op. cit.*; Michael Kort, "Casualty Projections for the Invasion of Japan, Phantom Estimates, and the Math of Barton Bernstein," *Passport: The Newsletter of the Society for Historians of American Foreign Relations*, Vol. 34, Issue 3 (December 2003), pp. 4-12; 麻田貞雄「『原爆外交説』批判─"神話"とタブーを超えて(1949-2009年)」『同志社法学』第60巻第6号(2009年)1-81頁。

15) 100万人という死傷者数推定があったとするスティムソンの主張に批判的であり、「修正主義学派」および「統合学派」の解釈に連なる研究には、本章註13であげた以外にも以下のものがある。John Ray Skates, *The Invasion of Japan: Alternative to the Bomb* (Columbia, SC: University of South Carolina Press, 1994); Gar Alperovitz, *The Decision to Use the Atomic Bomb and the Architecture of an American Myth* (New York: Alfred A. Knopf, 1995) [邦訳ガー・アルペロヴィッツ(鈴木俊彦・岩本正恵・米山裕子訳)『原爆投下決定の内幕─悲劇のヒロシマ・ナガサキ』上・下、ほるぷ出版、1995年]; Peter Maslowski, "Truman, the Bomb, and the Numbers Game," *MHQ: The Quarterly Journal of Military History*, Vol. 7, No. 3 (Spring 1995), pp. 103-107; Wainstock, *op. cit.*; Barton J. Bernstein, "Truman and the A-Bomb: Targeting Noncombatants, Using the Bomb, and His Defending the 'Decision'," *Journal of Military History*, Vol. 62 (July 1998), pp. 547-570; Richard B. Frank, *Downfall: The End of the Imperial Japanese Empire* (New York: Penguin Books,

1999), especially pp. 117-148, 164-196, 331-360; Walker, *Prompt and Utter Destruction*.
16) 死傷者数推定をめぐる論争の詳細については、山田「ナンバーズ・ゲーム」。山田康博「『ナンバーズ・ゲーム』10年後の再論―原爆投下をめぐって」『アジア太平洋論叢』第18号（2009年）、123-145頁。
17) Gar Alperovitz and Robert L. Messer, "Marshall, Truman, and the Decision to Drop the Bomb," *International Security*, Vol. 16, No. 3 (Winter 1991/92), pp. 204-214; Alperovitz, *The Decision to Use the Atomic Bomb and the Architecture of an American Myth*, pp. 223-317; Wainstock, *op. cit.*, pp. 31-33; Kai Bird and Lawrence Lifschultz, "The Legend of Hiroshima," in Kai Bird and Lawrence Lifschultz (eds.), *Hiroshima's Shadow: Writing on the Denial of History and the Smithsonian Controversy* (Stony Creek, Connecticut: Pamphleteer's Press, 1998), pp. xxxi-lxxvii, especially p. lx.
18) Maddox, *Weapons for Victory*, pp. 82-85, 117-126; Sadao Asada, "The Shock of the Atomic Bomb and Japan's Decision to Surrender: A Reconsideration," *Pacific Historical Review*, Vol. 67, No. 4 (November, 1998), pp. 477-512; Miscamble, *op. cit.*, pp. 64-65.
19) Barton J. Bernstein, "Marshall, Truman, and the Decision to Drop the Bomb," *International Security*, Vol. 16, No. 3 (Winter 1991/92), pp. 214-221; *Idem*, "Understanding the Atomic Bomb and the Japanese Surrender: Missed Opportunities, Little-Known Near Disasters, and Modern Memory," in Hogan, *op. cit.*, pp. 38-79, especially pp. 50-54.
20) Alperovitz and Messer, *op. cit.*; Alperovitz, *The Decision to Use the Atomic Bomb and the Architecture of an American Myth*, pp. 241-242.
21) Newman, *op. cit.*, pp. 19-20.
22) Bernstein, "Marshall, Truman, and the Decision to Drop the Bomb"; *Idem*, "Understanding the Atomic Bomb and the Japanese Surrender," pp. 57-62; Walker, *Prompt and Utter Destraction*, pp. 56-58.
23) 1990年代以降の原爆投下に関する研究では、大統領を中心とする政策決定の上層部もさることながら、原爆投下作戦を実行したアメリカ軍の活動も視野に入れて原爆の使用に至る道のりをよりいっそう明らかにしようとする傾向がみられるし、重要な政策決定者たちの伝記という形で原爆の使用を歴史の文脈におこうとする成果もある。マイケル・ゴーディン（Michael D. Gordin）は首都ワシントンに加えて、原爆開発の拠点だったロスアラモス研究所と対日原爆投下作戦の前線基地となったテニアン島の3カ所を舞台としたアメリカ政府の活動を総合的に分析するよう試みた。Michael D. Gordin, *Five Days in August: How World War II Became a Nuclear War* (Princeton: Princeton University Press, 2007)［邦訳マイケル・D・ゴーディン（林義勝・藤田怜史・武井望訳）『原爆投下とアメリカ人の核認識―通常兵器から「核」兵器へ』彩流社、2013年］。奥住喜重と工藤洋三は早くからテニアン島におけるアメリカ軍の活動に着目して、原爆投下の経緯を明らかにする研究を発表してきた。『米軍資料　原爆投下報告書―パンプキンと広島・長崎』（奥住喜重・工藤洋三・桂哲男訳）、東方出版、1993年。『米軍資料　原爆投下の経緯―ヴァンドーヴァーから広島・長崎まで』（奥住喜重・工藤洋三訳）東方出版、1996年。奥住喜重・工藤洋三『ティニアン・ファイルは語る―原爆投下暗号電文集』［奥住喜重・工藤洋三発行］、2002年。ロバー

ト・ノリス (Robert S. Norris) が著したグローヴス・マンハッタン計画指揮官の伝記は、マンハッタン計画の進展と原爆使用に至る実働部隊レベルでの実態を大きく明らかにした点で、今や不可欠な文献となった。Robert S. Norris, *Racing for the Bomb: General Leslie R. Groves, the Manhattan Project's Indispensable Man* (South Royalton, Vermont: Steerforth Press, 2002). 軍の活動についてのもう1つの重要な貢献は、アルバート・クリストマン (Albert B. Christman) が著したパーソンズ海軍大佐 (原爆を爆撃機に積み込んで使用可能な兵器として完成させる任務をもった「アルバータ計画」の指揮官) の伝記である。Albert B. Christman, *Target Hiroshima: Deak Parsons and the Creation of the Atomic Bomb* (Annapolis: Naval Institute Press, 1998). ノリスと同様にクリストマンは、パーソンズ大佐を描くことを通じて「アルバータ計画」が原爆使用にもった意義を明らかにした。

　同じく伝記としては、原爆に関する政策決定の中心にいた1人であるスティムソン陸軍長官の伝記をシャーン・マロイ (Sean L. Malloy) と中沢志保が著した。Sean L. Malloy, *Atomic Tragedy: Henry L. Stimson and the Decision to Use the Bomb against Japan* (Ithaca: Cornell University Press, 2008); 中沢志保『ヘンリー・スティムソンと「アメリカの世紀」』国書刊行会、2014年。科学行政官としてアメリカの原子力政策の決定にたずさわったブッシュ研究開発局長官とコナント国防研究委員会委員長の伝記もある。G. Pascal Zachary, *Endless Frontier: Vannevar Bush, Engineer of the American Century* (New York: Free Press, 1997); 歌田明弘『科学大国アメリカは原爆投下によって生まれた』平凡社、2005年。James G. Hershberg, *James B. Conant: Harvard to Hiroshima and the Making of the Nuclear Age* (New York: Alfred A. Knopf, 1993). 原爆開発における中心的な科学者だったオッペンハイマーの伝記を中沢志保、カイ・バード (Kai Bird) とシャーウィンが著した。中沢志保『オッペンハイマー——原爆の父はなぜ水爆開発に反対したか』中公新書、1995年。Kai Bird and Martin J. Sherwin, *American Prometheus: The Triumph and Tragedy of J. Robert Oppenheimer* (New York: Alfred A. Knopf, 2005)〔邦訳カイ・バード、マーティン・シャーウィン (河邊俊彦訳)『オッペンハイマー』上・下、PHP研究所、2007年〕。

　すでにあげた1990年代以降に発表された先行研究のほかにも、人種主義の要因を強調したタカキの研究や、アメリカ的価値観に対する政策決定者たちの自負心という要因を重視した西岡達裕の研究、長崎が原爆投下目標都市となった過程とその理由を探った鈴木千尋の研究などがある。Ronald Takaki, *Hiroshima: Why America Dropped the Bomb?* (Boston: Little, Brown, 1995)〔邦訳ロナルド・タカキ (山岡洋一訳)『アメリカはなぜ日本に原爆を投下したのか』草思社、1995年〕; 西岡達裕「原子爆弾の投下の決定」斎藤孝編『二十世紀政治史の諸問題』彩流社、1997年、61-98頁。鈴木千尋「目標設定の正当性—長崎への原爆投下は熟慮の末の決定だったのか」(大阪大学大学院国際公共政策研究科修士学位論文、2015年1月)。

24) Tsuyoshi Hasegawa, *Racing the Enemy: Stalin, Truman and the Surrender of Japan* (Cambridge, Mass.: The Belknap Press of Harvard University Press, 2005); 長谷川毅『暗闘—スターリン、トルーマンと日本降伏』中央公論新社、2006年 (増補改訂版は、中公文庫、2011年)。

25) ただしこの解釈には弱点があり、それは政策決定者たちが原爆の使用によって日本が降伏すると想定していたことを前提としている点である。そのような前提に関して、原爆の使用が日本を降伏させると政策決定者たちは期待していなかったと論じたのがゴーディンである。Gordin, *op. cit.*［『前掲訳書』］
26) ケベック協定の正式名称は、Article of Agreements Governing Collaboration between the Authorities of the U. S. A. and the U. K. in the matter of the Tube Alloys, August 19, 1943, *Harrison-Bundy Files Relating to the Development of the Atomic Bomb, 1942-1946*（microform）(Imprint: Washington : The National Archives, National Archives and Records Service, General Services Administration, 1980), Online Document Delivery Service offered by Center for Research Libraries（http://dds.crl.edu/crldelivery.asp?tid=4787、2013年5月7日閲覧）(以下では*Harrison-Bundy Files*と略記する), Roll 3, No. 6, pp. 53-56; also in Gowing, *op. cit.*, Appendix 4, pp. 439-440［邦訳山極晃・立花誠逸編（岡田良之助訳）『資料　マンハッタン計画』大月書店、1993年（以下では『資料』と略記する）138-139頁］。イギリスは科学者のウィリアム・ペニー（William Penny）と軍人のレオナード・チェシアー（Geoffrey Leonard Cheshire）を原爆搭載機の発進基地であるテニアン島に送り、長崎への原爆投下時に観察機として長崎へ飛んだB-29爆撃機に彼らを搭乗させていた。Jacques E. Hymans, "Britain and Hiroshima," *Journal of Strategic Studies*, Vol. 32, No. 5 (October 2009), pp. 769-797, especially p. 770; Farmelo, *op. cit.*, p. 366; Gowing, *op. cit.*, pp. 379-380.
27) 2016年8月6日にNHKがテレビ放映した「NHKスペシャル　決断なき原爆投下」は、トルーマン大統領による明確な決定がないままにグローヴス・マンハッタン計画指揮官が原爆を都市に対して投下する軍事作戦を遂行した、とする解釈に基づく内容だった。その内容には重要な諮問委員会だった暫定委員会での議論や、ポツダム会談やポツダム宣言と対日原爆使用の関係などの重要な論点が入っていなかったし、グローヴスの役割を強調しすぎたきらいがある。
28) 天皇制が戦後の日本に残るとしても、明治憲法下の天皇制がそのままの形で戦後の日本に存続するとアメリカ政府が想定していたわけではない。日本が再び戦争を始めることがないような戦後の日本の政治体制は、日本が戦争を始める原因の1つとなった戦前の天皇制の廃止または立憲君主制への改変を前提とするものだった。それゆえに本書では、アメリカ政府が戦後の日本に存続を認めてもよいとする意向をもっていた天皇制を明治憲法下の天皇制と区別して、天皇位と呼ぶ。アメリカ政府や連合国内にあった天皇制の廃止論や改変論については、五百旗頭真『米国の日本占領政策』上・下（中央公論社、1985年）、中村政則『象徴天皇制への道』（岩波新書、1989年）、武田清子『天皇観の相克—1945年前後』岩波書店（同時代ライブラリー）、1993年。

第1章

1) Norris, *op. cit.*「DNO」というあだ名については*Ibid.*, p. 124.
2) ローズヴェルト大統領が原爆開発の決定をしたのがいつだったのかは実は明確ではなく、少なくとも次の5つの説がある。①1941年10月9日。Vincent C. Jones, *Manhattan:*

The Army and the Atomic Bomb(Washington: Center for Military History, 1985), pp. 19-36. ②1941年10月9日から12月6日までの間。Gowing, *op. cit.*, p. 122; 山崎・日野川『前掲書』27-34、41-44頁。③1941年11月27日から1942年1月19日の間。Hewlett and Anderson, *op. cit.*, pp. 44-49; Rhodes, *op. cit.*, pp. 377-379, 386-388. ④1941年12月6日。歌田『前掲書』119頁。⑤1942年6月17日。西岡『アメリカ外交と核軍備競争の起源』14-16頁。
3）原爆開発に関する代表的な研究については序章註6参照。マンハッタン計画および1945年の原爆使用に関する基本資料を収めたものには次のものがある。『資料』。Michael B. Stoff, Jonathan F. Fanton and R. Hal Williams (eds.), *The Manhattan Project: A Documentary Introduction to the Atomic Age* (New York: McGraw-Hill, Inc., 1991); Dennis Merrill (ed.), *Documentary History of the Truman Presidency, Vol.1: The Decision to Drop the Atomic Bomb on Japan* (Bethesda, Maryland: University Publications of America, 1995); William Burr (ed.), *The Atomic Bomb and the End of World War II: A Collection of Primary Sources* (National Security Archive Electronic Briefing Book No. 162), posted on August 5, 2005, updated on April 27, 2007 [http://www2.gwu.edu/~nsarchiv/NSAEBB/NSAEBB162/3a.pdf、2012年5月24日閲覧]; Michael Kort, *The Columbia Guide to Hiroshima and the Bomb* (New York: Columbia University Press, 2007).
4）1945年4月23日付のグローヴスによる覚書は、1945年3月末までに原爆開発のために要した総支出が14億9300万ドル（設備の建設費11億4800万ドル、設備の運転費3億4500万ドル）であり、1945年6月末までに要する総支出は19億5000万ドル（設備の建設費14億6500万ドル、設備の運転費4億8500万ドル）になる、と記していた。Memorandum, Groves to Stimson, April 23, 1945, pp. 20-21, Document 3a, Burr, *op. cit.*
5）Rhodes, *op. cit.*, pp. 233-275 [『前掲訳書』上巻403-489頁]。
6）Letter, Einstein to Roosevelt, August 2, 1939, Philip L. Cantelon, Richard G. Hewlett, and Robert C. Williams (eds.), *The American Atom: A Documentary History of Nuclear Policies from the Discovery of Fission to the Present*, 2nd Edition (Philadelphia: University of Pennsylvania Press, 1991), pp. 9-11 [『資料』4-5頁]。アインシュタイン書簡はシラード作成の覚書とともにローズヴェルト大統領の手に渡った。Memorandum, Szilard [to Roosevelt], August 15, 1939, *Bush-Conant File Relating to the Development of the Atomic Bomb, 1940-1945* (microform) (Imprint: Washington: [National Archives and Records Administration]), Online Document Delivery Service offered by Center for Research Libraries [http://dds.crl.edu/crldelivery.asp?tid=4786、2013年5月7日閲覧] (以下では*Bush-Conant File*と略記する), Roll 13, No. 3, pp. 91-96 [『資料』5-7頁]。「アレギザンダー・ザックスから大統領にあてた書簡」(1939年10月11日)『資料』8-9頁。「大統領からアインシュタイン教授にあてた書簡」(1939年10月19日)『資料』10頁。
7）Sherwin, *A World Destroyed*, pp. 27-28 [『前掲訳書』47-49頁]; 山崎・日野川『前掲書』7-10頁。
8）Norris, *op. cit.*, pp. 307-308. トマス・パワーズ（鈴木主税訳）『なぜ、ナチスは原爆製造に失敗したか―連合国が最も恐れた男・天才ハイゼンベルクの闘い』上・下、福武書店、

註（第1章）

1994年、下巻346-391頁。
9) The Frisch-Peierls Memorandum, [undated], Appendix I, Robert Serber, *The Los Alamos Primer: The First Lectures on How to Build an Atomic Bomb* (Berkley and Los Angeles: University of California Press, 1992), pp. 79-88. Quotes are from p. 82. 第2部のみ収録しているのがAppendix 1, Gowing, *op. cit.*, pp. 389-393およびCantelon, Hewlett and Williams, *op. cit.*, pp. 11-15である。山崎・日野川『前掲書』巻末5-11頁にある邦訳では、第1部と第2部の順序が逆になっており、第1部（「第2メモ」と記されている）は抄訳である。『同書』16-20頁、Rhodes, *op. cit.*, pp. 318-325 [『前掲訳書』上巻561-573頁] も参照。
10) The Maud Reports, July 1941, Appendix 2, Gowing, *op. cit.*, pp. 394-436. Quotes are from pp. 394, 397 and 398.「モード委員会報告」は「爆弾とするためのウランの使用」と「動力源としてのウランの使用」と題された2つの報告書から構成されている（前者の抄訳は『資料』23-27頁）。モード委員会の設立から報告提出までの経緯や同委員会と同報告の意義については、*ibid.*, pp. 45-89を参照。
11) 歌田『前掲書』73-82、99-102頁。Sherwin, *A World Destroyed*, pp. 30-34 [『前掲訳書』53-58頁]。
12) Letter, Thomson to Conant, October 3, 1941 and the attached reports, *Bush-Conant File*, Roll 1, No. 4, pp. 72-101; Letter, Bush to Arthur Compton, October 9, 1941, *ibid.*, pp. 3-4.
13) Memorandum, Bush to Conant, October 9, 1941, *Bush-Conant File*, Roll 1, No. 6, pp. 31-32 [邦訳山崎・日野川『前掲書』巻末20-22頁]。
14) 「フランクリン・D・ローズヴェルト米国大統領からウィンストン・チャーチル英国首相にあてた書簡」(1941年10月11日)『資料』86頁。「チャーチル首相からローズヴェルト大統領にあてた書簡」(1941年12月)『同書』87頁。
　イギリスは1941年8月末までに原爆開発に着手した。これらの書簡が交換された1941年終わり頃には、原子力分野における研究・開発ではイギリスのほうがアメリカよりも進んでいるという評価をチャーチルは受け入れており、原爆をアメリカと共同開発することにチャーチルは消極的だった。Septimus H. Paul, *Nuclear Rivals: Anglo-American Atomic Relations, 1941-1952* (Columbus: Ohio State University Press, 2000), pp. 23-24; Farmelo, *op. cit.*, pp. 188-195, 203-207; Gowing, *op. cit.*, pp. 122-126.
15) Letter, Bush to Murphree, December 13, 1941, *Bush-Conant File*, Roll 1, No. 6, pp. 55-58; Letter, Bush to Urey, December 13, 1941, *ibid.*, pp. 59-62; Letter, Bush to Arthur Compton, December 13, 1941, *ibid.*, pp. 63-66; Letter, Bush to Lawrence, December 13, 1941, *ibid.*, pp. 67-70.
16) Letter, Bush to Roosevelt, March 9, 1942, *Bush-Conant File*, Roll 1, No. 10, pp. 33-34 [『資料』32-33頁]; Report to the President: Status of Tube alloy Develpment [March 9, 1942], *Bush-Conant File*, Roll 1, No. 10, pp. 35-49. Quotes are from p. 45.
17) Memorandum, Bush and Conant to Wallace, Stimson and Marshall, June 13, 1942, *Correspondence ("Top Secret") of the Manhattan Engineer District, 1942-1946* (microform) (Imprint: Washington: National Archives and Records Administration, 1980),

Online Document Delivery Service offered by Center for Research Libraries (http://dds.crl.edu/crldelivery.asp?tid=4788、2013年5月8日閲覧)(以下では*Correspondence*と略記する), Roll 3, No. 6, pp. 83-88 (『資料』34-37頁)。なお、*Bush-Conant File*, Roll 1, No. 10, pp. 50-60は、この覚書のもととなった科学者たちからの提言も収録している。

18) Memorandum, Bush to Roosevelt, June 17, 1942, *Correspondence*, Roll 3, No. 6, p. 82 [『資料』38頁]; Letter, Bush to Styer, June 19, 1942, *Bush-Conant File*, Roll 12, No. 4, pp. 76-79.
19) Memorandum, Bush to Conant, June 19, 1942, *Bush-Conant File*, Roll 8, No. 3, pp. 60-64 [『資料』39-41頁]。
20) Memorandum, Roosevelt to Bush, June 23, 1942, *Bush-Conant File*, Roll 8, No. 9, p. 67 [『資料』42頁]; Memorandum, Bush to Roosevelt, June 24, 1942, *ibid.*, p. 66 [『資料』42頁]。
21) William Lanouette with Bela Silard, *Genius in the Shadows: A Biography of Leo Szilard, the Man behind the Bomb* (New York: Charles Scribner's Sons, 1992), pp. 204-210. Quotes are from p. 210. Also quoted in Rhodes, *op. cit.*, p. 314 [『前掲訳書』上巻554頁]; Hewlett and Anderson, *op. cit.*, p. 17.
22) Report to the President [March 9, 1942].
23) Report to the President of the National Academy of Sciences by the Academy Committee on Uranium, November 6, 1941, *Bush-Conant File*, Roll 1, No. 5, pp. 17-77 [部分訳は『資料』27-31頁]。Quotes are from p. 23.
24) 原爆開発の開始当初からアメリカの政策決定者たちが、原爆を使用可能な兵器であると考えていたのみならず、戦争中に開発されればそれを使用するのが当然であるとみなしていた、とする見方もある。Sherwin, *A World Destroyed*, pp. 144-145; Bernstein, "Roosevelt, Truman and the Atomic Bomb, 1941-1945," pp. 32-34; Gordin, *op. cit.*, p. 40.
25) Norris, *op. cit.*, pp. 169-170, 174-177; Leslie R. Groves, *Now It Can Be Told: The Story of the Manhattan Project* (Boston: DA CAPO Press, 1983) [Originally published by Harper & Brothers, 1962]), pp. 3-18 [邦訳レスリー・グローヴス(冨永謙吾・実松譲訳)『原爆はこうしてつくられた』恒文社、1964年、5-17頁]。
26) Letter, Nelson to Groves, September 19, 1942, *Harrison-Bundy Files*, Roll 3, No. 9, p. 75; Norris, *op. cit.*, pp. 179-183; Groves, *op. cit.*, pp. 18-23 [『前掲訳書』17-23頁]; Stanley Goldberg, "Racing to the Finish: The Decision to Bomb Hiroshima and Nagasaki," *Journal of American-East Asian Relations*, Vol. 4, No. 2 (Summer 1995), pp. 117-128, especially p. 123. 軍事物資の調達において原爆開発がゴムの生産よりも優先順位が低かった点については、Letter, Urey to Conant, September 10, 1942, *Bush-Conant File*, Roll 13, No. 3, pp. 30-32.
27) Gordin, *op. cit.*, p. 77; Christman, *op. cit.*, p. 140.
28) Norris, *op. cit.*, pp. 179-183; Groves, *op. cit.*, pp. 25-26, 36-37 [『前掲訳書』25、34-36頁]。
29) Memorandum, Groves to Stimson, April 23, 1945, pp. 20-21.
30) Norris, *op. cit.*, p. 244; 中沢『オッペンハイマー』81頁。1943年2月25日にコナントは、ロスアラモス研究所所長としての任務や責任などをオッペンハイマーに書簡で伝えている。Letter, Conant to Oppenheimer, February 25, 1943, "Conant, James T. 1942-1952" Folder,

Box 27, *Papers of J. Robert Oppenheimer*, Manuscript Division, Library of Congress, Washington, D. C.
31) Letter, Oppenheimer to Hans and Rose Bethe, December 28, 1942, Robert C. Williams and Philip L. Cantelon (eds.), *The American Atom: A Documentary History of Nuclear Policies from the Discovery of Fission to the Present, 1939-1984* (Philadelphia: University of Pennsylvania Press, 1984), pp. 29-33.
32) Memorandum, Bush and Conant to Stimson, September 30, 1944, *Bush-Conant File*, Roll 4, No. 2, pp. 5-15 (『資料』343-351頁).
33) Memorandum, Groves to Marshall, December 30, 1944, U.S. Department of State, *Foreign Relations of the United States: The Conferences at Malta and Yalta, 1945* (Washington, D.C.: U.S. Government Printing Office, 1955), pp. 383-384 (『資料』351-352頁).
34) Rhodes, *op. cit.*, pp. 560, 604-605 [『前掲訳書』下巻278、354頁]; Goldberg, *op. cit.*, p. 66; Hewlett and Anderson, *op. cit.*, p. 308.
35) Conant, Notes on History of S-1, January 6, 1945, *Bush-Conant File*, Roll 2, No. 2, pp. 42-46. 山崎・日野川『前掲書』140頁も参照。
36) Lillian Hoddeson, Paul W. Henriksen, Roger A. Meade, and Catherine Westfall, *Critical Assembly: A Technical History of Los Alamos during the Oppenheimer Years, 1943-1945* (Cambridge: Cambridge University Press, 1993), pp. 228-244; Hewlett and Anderson, *op. cit.*, pp. 250-251; Norris, *op. cit.*, pp. 361-362; Rhodes, *op. cit.*, pp. 547-549 [『前掲訳書』下巻256-259頁]. 山崎・日野川『前掲書』132-135頁。
37) Norris, *op. cit.*, pp. 362-364; 山崎・日野川『前掲書』135-141頁。
38) Norris, *op. cit.*, pp. 363-364.
39) 「V・ブッシュ米国科学研究開発局長官からジョン・アンダソン英国枢密院議長にあてた書簡」(1942年4月20日)『資料』87-88頁。Roosevelt's Meeting with Churchill, June 20, 1942, Stoff, Fanton and Williams, *op. cit.*, p. 27.「ジョン・アンダソンからブッシュ博士にあてた書簡」(1942年8月5日)『資料』88-92頁。西岡『アメリカ外交と核軍備競争の起源』16頁。本章註14も参照。
40) Henry L. Stimson, Diary Entry October 29, 1942, *Harrison-Bundy Files*, Roll 3, No. 4, p. 54; Hewlett and Anderson, *op. cit.*, p. 264; Malloy, *op. cit.*, p. 71. 西岡『アメリカ外交と核軍備競争の起源』16頁。
41) Memorandum, Conant to Bush, October 26, 1942, *Bush-Conant File*, Roll 8, No. 3, pp. 48-55.
42) Sherwin, *A World Destroyed*, pp. 71-72 [『前掲訳書』114頁].
43) Excerpts from Report to the President by the Military Policy Committee, 15 December 1942 with Particular Reference to Recommendations Relating to Future Relations with the British and Canadians, *Harrison-Bundy Files*, Roll 3, No. 4, pp. 40-46 [『資料』105-108頁].
44) 西岡『アメリカ外交と核軍備競争の起源』17-18頁。Malloy, *op. cit.*, pp. 71-72; Campbell

Craig and Sergey Radchenko, *The Atomic Bomb and the Origins of the Cold War* (New Haven: Yale University Press, 2008), p. 8; Hewlett and Anderson, *op. cit.*, pp. 267-268.「コナント米国国防研究委員会委員長からJ・マッケンジー・カナダ国立研究会議会長代行にあてた書簡」(1943年1月2日)『資料』109-110頁。「S-1に関する英国およびカナダとの情報交換に関するコナント覚書」(1943年1月7日)『同書』111頁。

45) 「チャーチルからハリー・ホプキンズ米国大統領顧問にあてた電文」(1943年2月16日)『資料』115頁。「チャーチルからホプキンズ氏あて電文 (CCWD1744Z)」(1943年2月27日)『同書』118-119頁。

46) Letter, Roosevelt to Bush, July 20, 1943, *Harrison-Bundy Files*, Roll 3, No. 4, p. 27 [『資料』136頁]; Malloy, *op. cit.*, pp. 72-73; Hewlett and Anderson, *op. cit.*, p. 274.

47) Memorandum of Meeting at 10 Downing Street on July 22, 1943, *Harrison-Bundy Files*, Roll 3, No. 4, pp. 12-16, 21 [『資料』132-134頁]. See also, Sherwin, *A World Destroyed*, pp. 82-85 [『前掲訳書』128-132頁].

48) Memorandum of Meeting at 10 Downing Street on July 22, 1943; Letter, Churchill to Stimson, July [28], 1943, *Harrison-Bundy Files*, Roll 3, No. 4, pp. 7-10 [『資料』136-137頁].

49) Paul, *op. cit.*, pp. 58-62; Gowing, *op. cit.*, pp. 233-234; Norris, *op. cit.*, pp. 252-279.

50) Articles of Agreement Governing Collaboration between the Authorities of the U.S.A. and the U.K. in the matter of Tube Alloys, August 19, 1943, *Harrison-Bundy Files*, Roll 3, No. 6, pp. 53-56 [『資料』138-139頁].

51) Hewlett and Anderson, *op. cit.*, p. 85; Gowing, *op. cit.*, pp. 179-199.

52) 『資料』151-161頁所収の一連の資料。Gowing, *op. cit.*, 269-296; Norris, *op. cit.*, pp. 331-332.

53) Agreement and Declaration of Trust between Roosevelt and Churchill, June 13, 1944, *Harrison-Bundy Files*, Roll 9, No. 9, pp. 51-53 [『資料』252-254頁]; Memorandum of Agreement (Belgium), [undated], *ibid.*, pp. 56-57 [『同書』254-255頁].

54) Hewlett and Anderson, *op. cit.*, pp. 279-280; Sherwin, *A World Destroyed*, pp. 85-89 [『前掲訳書』133-137頁]; 西岡『アメリカ外交と核軍備競争の起源』18-22頁。

55) Tube Alloys: Aide-Memoir of Conversation Between the President and the Prime Minister at Hyde Park, September 18, 1944, *Harrison-Bundy Files*, Roll 3, No. 1, p. 21; also in *Bush-Conant File*, Roll 2, No. 7, p. 73 [reprinted in U.S. Department of State, *Foreign Relations of the United States: Conference at Quebec 1944* (Washington, D.C.: U.S. Government Printing Office, 1972) [http://digicoll.library.wisc.edu/cgi-bin/FRUS/FRUS-idx?type=header&id=FRUS.FRUS1944、2015年4月25日閲覧], pp. 492-493] [『資料』340頁]。なお、同覚書の日付は9月18日だが、会談が実際に行なわれたのは9月19日である。*Bush-Conant File*, Roll 2, No. 7, p. 73; U.S. Department of State, *Foreign Relations of the United States: The Conference of Berlin* (The Potsdam Conference), 1945, Vol. II (以下ではVol. Iを *FR: Potsdam I*、Vol. IIを *FR: Potsdam II* とそれぞれ略記する) (Washington, D.C.: U.S. Government Printing Office, 1960), fn3, p. 1371.

56) Memorandum [by Frankfurter], May 6, 1945, "Frankfurter-Bohr Papers 1943-1962"

Folder, Box 34, *Papers of J. Robert Oppenheimer*. Also see Rhodes, *op. cit.*, pp. 481-485, 523-525〔『前掲訳書』下巻146-153、215-220頁〕.

57) Sherwin, *A World Destroyed*, pp. 90-109〔『前掲訳書』140-168頁〕; Letter, Bohr to Roosevelt, September 7, 1944, "Frankfurter-Bohr Papers 1943-1962" Folder, Box 34, *Papers of J. Robert Oppenheimer;* Memorandum of Conference by Bush, September 22, 1944, *Bush-Conant File*, Roll 4, No. 1, pp. 97-100; Bernstein, "Roosevelt, Truman and the Atomic Bomb, 1941-1945," pp. 28-32; Hewlett and Anderson, *op. cit.*, p. 326; Feis, *The Atomic Bomb and the End of World War II*, pp. 30-32.

58) Tube Alloys: Aide-Memoir of Conversation Between the President and the Prime Minister at Hyde Park, September 18, 1944.

59) Letter, Wilson to Stimson, June 20, 1945, *Harrison-Bundy Files*, Roll 3, No. 1, p. 20; Henry L. Stimson, Diary Entry June 25, 1945, *Henry Lewis Stimson Diaries*, Microfilm Edition (New Haven, Connecticut: Manuscripts and Archives, Yale University Library, 1973)〔以下では*Stimson Diaries*と略記する〕〔広島平和記念資料館所蔵〕, Vol. 51〔『資料』550頁〕。荒井『前掲書』24頁も参照。Farmelo, *op. cit.*, pp. 272-273.

60) アルゾス特殊任務機関の活動については次の資料を参照した。『資料』270-332頁が収録している一連の資料。パワーズ『前掲訳書』下巻226-248頁。Norris, *op. cit.*, pp. 285-311; Groves, *op. cit.*, pp. 185-198, 207-223, 230-249〔『前掲訳書』150-158、167-178、185-206頁〕.

61) Letter, Groves to Dill, January 17, 1944, *Correspondence*, Roll 5, No. 1, p. 66.

62) パワーズ『前掲訳書』下巻226-248頁。

63) 中沢志保「『スティムソン文書』—アメリカの初期核政策との関連で」『人文・社会科学研究』第16集、文化女子大学、2008年1月、173-182頁、とくに178頁〔http://hdl.handle.net/10457/73、2013年5月28日閲覧〕。

64) Sherwin, *A World Destroyed*, fn., p. 134〔『前掲訳書』214頁脚註10〕。イギリス政府が派遣した科学者として原爆製造に参加していたジョセフ・ロートブラット（Joseph Rotblat. 1995年ノーベル平和賞受賞）は、ロスアラモスを1944年11月末に訪れたチャドウィック卿からドイツが原爆を製造していないと聞いたという。それを聞いてすぐにロートブラットは、マンハッタン計画から離れてロンドンへ戻る意思を表明した。Andrew Brown, *Keeper of the Nuclear Conscience: The Life and Work of Joseph Rotblat* (Oxford: Oxford University Press, 2012), p. 54. See also, Joseph Rotblat, "Leaving the Bomb Project," in Bird and Lifschultz, *Hiroshima's Shadow*, pp. 253-257.

65) Memorandum, Groves to Marshall, April 23, 1945, *Correspondence*, Roll 2, No. 1, p. 65; "Summary German Situation"〔undated〕, *ibid.*, pp. 68-71〔『資料』282-283頁〕。「J・ランズデール陸軍大佐からグローヴス将軍にあてた覚書」（1945年5月5日）『資料』278-281頁。

66) Malloy, *op. cit.*, pp. 90-91; Norris, *op. cit.*, pp. 303-304.

67) Rhodes, *op. cit.*, pp. 512-517〔『前掲訳書』下巻196-205頁〕; Norris, *op. cit.*, pp. 284-285.

68) 本章註34参照。

69) Norris, *op. cit.*, p. 371; Hewlett and Anderson, *op. cit.*, p. 310.

70) Hoddeson, Henriksen, Meade and Westfall, *op. cit.*, pp. 330-331.

71) Memorandum, Groves to Stimson, July 18, 1945, Appendix P, Sherwin, *A World Destroyed*, pp. 308-314 [『資料』480-486頁].

72) このグローヴスによる原爆爆発実験の詳細な報告書の第2項には、「この爆発は、その周囲を囲んだ高性能火薬約5000ポンド［約2260kg］の爆発によって圧縮された、約13.5ポンド［約6.1kg］のプルトニウムの原子核分裂の結果生みだされた。」という一文がある。*Ibid.*, p. 308 [『資料』480頁]. この記述は、アメリカが爆発させることに成功した初めての原爆が約6.1kgのプルトニウムを使用した爆縮型原爆であったことを、公式に記した記録である。

　ところが、次の①から⑦の資料（紙版［①アメリカ国務省公刊のテキスト版、②のテキスト版、③Merrill編集の復刻版］またはインターネット掲載の復刻版［④から⑦］）はすべて、第2項のその一文を非公開にしている。①*FR: Potsdam II*, pp. 1361-1370; ②Stoff, Fanton and Williams, *op. cit.*, pp. 188-193; ③Merrill, *op. cit.*, pp. 122-136; ④*Correspondence*, Roll 1, No. 2, pp. 96-102 and Roll 1, No. 3, pp. 2-7; ⑤ *Harrison-Bundy Files*, Roll 3, No. 6, pp. 96-101 and Roll 3, No. 7, pp. 2-8; ⑥Harry S. Truman Library and Museum 公開資料 [http://www.trumanlibrary.org/whistlestop/study_collections/bomb/large/documents/index.php?documentdate=1945-07-18&documentid= 2 &studycollectionid=abomb&pagenumber= 1、2013年3月5日閲覧]; ⑦Document 36, Burr, *op. cit.*

　なおトルーマン大統領は7月25日の日記に、アメリカが爆発実験に成功した原爆が「13ポンドの爆発物」を爆発させたと記していたが、それがプルトニウムであったのかウラニウムであったのかを述べていなかった。Harry S. Truman, Diary Entry July 25, 1945, Merrill, *op. cit.*, p. 155.

73) Memorandum, Groves to Stimson, July 18, 1945, Appendix P, Sherwin, A World Destroyed, pp. 308-314. Quotes are from p. 309.

74) *Ibid.*, pp. 309-310.

75) アメリカの政策決定者たちや科学者たちが、実際に原爆を使用する前には原爆の爆発がもたらす放射線被害にほとんど関心を示していなかった点については、次の研究を参照。Sean L. Malloy, "'A Very Pleasant Way to Die': Radiation Effects and the Decision to Use the Atomic Bomb against Japan," *Diplomatic History*, Vol. 36, No. 3 (June 2012), pp. 515-545; Gordin, *op., cit.*, pp. 52-55.

76) Memorandum, Groves to Stimson, July 18, 1945 in Sherwin, *A World Destroyed*, p. 314.

第2章

1) Groves, *op. cit.*, p. 265.

2) Stimson, "The Decision to Use the Atomic Bomb." Quotes are from p. 98. スティムソン論文の作成背景や経緯と公表目的については、Barton J. Bernstein, "Seizing the Contested Terrain of Early Nuclear History: Stimson, Conant, and Their Allies Explain the Decision to Use the Atomic Bomb," *Diplomatic History*, Vol. 17, No. 1 (Winter 1993), pp. 35-72; Kai Bird, *The Color of Truth: McGeorge Bundy and William Bundy, Brothers in Arms: A Biography* (New York: Simon and Schuster, 1998), pp. 88-98; Hershberg, *op. cit.*, pp. 279-304; Robert J. Lifton and Greg Mitchell, *Hiroshima in America: Fifty Years of Denial*

(New York: Grosset/Putnam, 1995)［邦訳ロバート・J・リフトン、グレッグ・ミッチェル（大塚隆訳）『アメリカの中のヒロシマ』上・下、岩波書店、1995年］, pp. 1-114; Alperovitz, *The Decision to Use the Atomic Bomb and the Architecture of an American Myth*, pp. 448-457, 467-485; 中沢『ヘンリー・スティムソンと「アメリカの世紀」』212-225頁。繁沢敦子「錯綜するアメリカの公式見解―米軍における『もう一つの戦争』とスティムソン論文の誕生―」『同志社アメリカ研究』別冊20（2013年3月）、103-126頁。

3） Barton J. Bernstein, "Ike and Hiroshima: Did He Oppose It?" *Journal of Strategic Studies*, Vol.10, No. 3 (September 1987), pp. 377-389.

4） 日高義樹『なぜアメリカは日本に二発の原爆を落としたのか』PHP研究所、2012年、54-61頁。

5） Letter, Teller to Szilard, July 2, 1945, "Teller, Edward 1942-1963" Folder, Box 71, *Papers of J. Robert Oppenheimer;* Sherwin, "The Atomic Bomb and the Origins of the Cold War," especially p. 966; Bernstein, "Roosevelt, Truman and the Atomic Bomb, 1941-1945," especially p. 60.

6） "Policy Meeting 5/ 5 /43," May 5, 1943, *Correspondence*, Roll 3, No. 6, pp. 25-26［『資料』334-336頁］。なおマンハッタン計画の軍事政策委員会とは、1942年9月23日にスティムソン陸軍長官やマーシャル陸軍参謀長などが設立を決めた委員会で、グローヴスが実行することに承認を与える役割を担っていた。"Record of Meeting Held September 23, 1942, in Office of Secretary of War," September 23, 1942 and "Memorandum 'A'," *Bush-Conant File*, Roll 3, No. 8, pp. 61-62［『資料』43-44頁］。

7） "Policy Meeting 5/ 5 /43," May 5, 1943.

8） そのような解釈の一例は、アージュン・マキジャニ、ジョン・ケリー（関元訳）『WHY JAPAN？―原爆投下のシナリオ』教育社、1985年、121-145頁。

9） Letter, Einstein to Roosevelt, August 2, 1939［『資料』4-5頁］。

10） Serber, *op. cit.*, pp. 3-4; Bird and Sherwin, *op. cit.*, pp. 219-220［『前掲訳書』上巻362-363頁］。

11） Malloy, *Atomic Tragedy*, pp. 59-62.

12） "Policy Meeting 5/ 5 /43," May 5, 1943. パーソンズ大佐についてはChristman, *op. cit.* が詳しい。

13） 一般財団法人・高度情報科学技術研究機構（RIST）が運営するサイト「原子力百科事典ATOMICA」。［http://www.rist.or.jp/atomica/data/pict/16/16030109/09.gif、2014年5月29日閲覧。］

14） Richard H. Campbell, *The Silverplate Bombers: A History and Registry of the Enola Gay and Other B-29s Configured to Carry Atomic Bombs* (Jefferson, North Carolina: McFarland & Company, 2005), p. 6; Norris, *op. cit.*, p. 317; Christman, *op. cit.*, p. 140.

15） Letter, Parsons to Groves, May 19, 1944, *Correspondence*, Roll 1, No. 7, pp. 32-35.

16） Hewlett and Anderson, *op. cit.*, p. 253; Norris, *op. cit.*, pp. 316-317.

17） Hewlett and Anderson, *op. cit.*, p. 253.

18） Norris, *op. cit.*, p. 317.

19) Campbell, *op. cit.*, pp. 8-9; Norris, *op. cit.*, p. 317.
20) 本章註15参照
21) 同上。
22) 日本軍による攻撃とくに対空砲火を避ける必要性については「作戦の手順に関するデニソンの予備報告」(1945年5月9日)『資料』370-377頁、とくに376頁。退避時間を確保する必要性については、Malloy, *Atomic Tragedy*, p. 60.
23) Tube Alloys : Aide-Memoir of Conversation Between the President and the Prime Minister at Hyde Park, September 18, 1944.
24) 荒井『前掲書』35、36頁。
25) それまでの陸海軍合同委員会(Joint Army-Navy Board)にかわって1942年2月に陸海軍統合参謀本部(Joint Chiefs of Staff)が発足した。発足当初はマーシャル陸軍参謀長、ヘンリー・アーノルド(Henry H. Arnold)陸軍航空隊司令官、ハロルド・スターク(Harold E. Stark)海軍作戦部長とアーネスト・キング(Ernest J. King)アメリカ艦隊司令官(Commander in Chief of the U. S. Fleet)の4人がそのメンバーだった。3月にキングが海軍作戦部長を兼任するようになり構成員が3人になると、7月にローズヴェルト大統領はレーヒを新設した大統領軍事問題特別顧問(Chief of Staff to the Commander in Chief)に任命して陸海軍統合参謀本部の一員に加えた。Mark A. Stoler, *Allies and Adversaries: The Joint Chiefs of Staff, the Grand Alliance, and U. S. Srtategy in World War II* (Chappell Hill: The University of North Carolina Press, 2000), pp. 64-65;「大統領軍事問題特別顧問」という訳語は、福田茂夫『第二次世界大戦の米軍事戦略』中央公論社、1979年、96頁になった。
26) Bernstein, "Roosevelt, Truman and the Atomic Bomb, 1941-1945," pp. 32-34. Quotes are from p. 32.
27) Memorandum, Bush to Conant, September 23, 1944, *Bush-Conant File*, Roll 4, No. 1, p. 101 and Roll 4, No. 2, pp. 2-3.
28) Memorandum, Bush and Conant to Stimson, September 30, 1944, *Bush-Conant File*, Roll 4, No. 2, pp. 5-15 (『資料』343-351頁).
29) 12月30日の会談の記録は、Memorandum by Groves, December 30, 1944, *Correspondence*, Roll 3, No. 6, pp. 31-33 [『資料』212-215頁]; Stimson, Memorandum of Conference with the President, December 30, 1944, *ibid.*, p. 34 [『資料』211-212頁]。1944年12月30日付スティムソン日記『資料』518-519頁。グローヴスからマーシャル宛の覚書は、スティムソンとローズヴェルトの承認を得て12月30日付の覚書となった。Memorandum, Groves to Marshall, December 30, 1944 (『資料』351-352頁). Hewlett and Anderson, *op. cit.*, pp. 333-334も参照。
30) [Stimson], Extract from Notes Made after Conference with the President, December 31, 1944, *Correspondence*, Roll 3, No. 6, p. 37 [『資料』490頁].
31) John Morton Blum (ed.), *The Price of Vision: The Diary of Henry A. Wallace, 1942-1946* (Boston: Houghton Mifflin Company, 1973), pp. 499-500.
32) Stimson, Diary Entry March 15, 1945, *Stimson Diaries*, Vol. 50 [『資料』526-527頁].
33) Norris, *op. cit.*, pp. 318-320; Gordin, *op. cit.*, pp. 76-77; 奥住・工藤『前掲書』158頁。

34) Groves, *op. cit.*, p. 260.
35) *Ibid.*, p. 261; Gordin, *op. cit.*, p. 78.
36) 奥住・工藤『前掲書』160-161頁。Norris, *op. cit.*, p. 323. サイパン島、テニアン島およびグアム島を基地としたのがあわせて5つの爆撃航空団（Bombardment Wings）であり、それらの爆撃航空団はグアムにある第XXI爆撃司令部（XXI Bomber Command）の指揮下にあった。カーティス・ルメイ（Curtis E. LeMay）将軍が1945年1月に第XXI爆撃司令部の指揮官に着任した。その第XXI爆撃司令部を統括していたのが第20航空軍である。
37) 「E・J・キング海軍作戦部長からC・W・ニミッツ米国太平洋艦隊・太平洋地域司令長官にあてた書簡」（1945年1月27日）『資料』587頁。Memorandum, Ashworth to Groves, February 24, 1945, Document 2, Burr, *op. cit.*; Gordin, *op. cit.*, p. 78; 奥住・工藤『前掲書』171-172頁。Norris, *op. cit.*, pp. 322-323, 413-414. 原爆投下を任務とする第509混成部隊の前線基地をどこにおくかを1945年初めに検討した時、検討対象となったのは太平洋地域だけでありヨーロッパ地域は検討されなかった。そのことは、その時までに原爆を使用するのはドイツに対してではなく日本に対してであることが前提となっていたことを示唆する。
38) 「ノースタッド第20航空軍参謀長から第21爆撃部隊司令官にあてた覚書」（1945年5月29日）『資料』392-394頁。奥住・工藤『前掲書』149-153頁。"Policy Meeting 5/5/43," May 5, 1943; Gordin, *op. cit.*, pp. 71-76; Christman, *op. cit.*, pp. 162-163.
39) Memorandum, Groves to Stimson, April 23, 1945, p. 7.
40) 「ローズヴェルト大統領との会談についてのV・ブッシュ覚書」（1943年6月24日）『資料』336-339頁。
41) Groves, *op. cit.*, p. 184 [『前掲訳書』149頁].
42) Norris, *op. cit.*, n25, p. 647. 次も参照。Gregg Herken, *The Winning Weapon: The Atomic Bombs in the Cold War, 1945-1950* (New York: Alfred A. Knopf, 1980), fn., p. 13; 歌田『前掲書』208-209頁。
43) Stimson, Diary Entry April 6 to April 11, *Stimson Diaries*, Vol. 51 [『資料』528-529頁].

第3章

1) 1944年3月に当時連邦議会上院議員だったトルーマンは、陸軍省がワシントン州のパスコ近郊（ハンフォード）で行なっている秘密事業が連邦政府資金を浪費している疑いがぬぐえないとして、自身が所属する上院の委員会が調査に入る可能性を示唆した書簡をスティムソンに送っている。それに対する返信の中でスティムソンは、その秘密事業が大統領から直接指示を受けた極秘プロジェクト（マンハッタン計画）であり、1943年6月にトルーマンと会談した際にスティムソンがそのプロジェクトが完了するまでは調査をしないようトルーマンに要請しトルーマンがそれに同意したことを想起させた。トルーマンはそれ以上追及することはしなかった。Letter, Truman to Stimson, March 10, 1944, *Harrison-Bundy Files*, Roll 7, No. 2, pp. 37-38; Letter, Stimson to Truman, March 15, 1944, *ibid.*, p. 39. See also, Memorandum, Patterson to Stimson, March 11, 1944, *ibid.*, p. 40; 中沢『ヘンリー・スティムソンと「アメリカの世紀」』137-139頁。
2) Harry S. Truman, *Memoirs by Harry S. Truman: 1945, Year of Decisions* (New York:

Konecky and Konecky [undated])[Reprinted edition of Harry S. Truman, *Memoir, Volume 1: Year of Decisions* (New York: Doubleday, 1955)], p. 10 [邦訳ハリー・S・トルーマン（堀江芳孝訳）『トルーマン回顧録（新版）』全2巻、恒文社、1992年、第Ⅰ巻22-23頁].

3) *Ibid.*, p. 11.

4) *Ibid.*, pp. 11 and 18.

5) Robert L. Messer, *The End of an Alliance: James F. Byrnes, Roosevelt, Truman, and the Origins of the Cold War* (Chapel Hill: University of North Carolina Press, 1982), pp. 11-30, 53-70; Truman, *Memoirs by Harry S. Truman*, p. 22.

6) *Ibid.*, p. 10.

7) *Ibid.*, pp. 10 and 87. トルーマンが書き残した日記の1945年4月13日の項目には、その日の彼の行動日程と彼が面会した人物が詳しく記されている。その日トルーマンが面会した人物の1人が、ワシントンに滞在中だったバーンズだった。トルーマンはバーンズを大統領官邸に呼び、午後2時からおよそ1時間近くの間「あらゆることについて、テヘラン会談からヤルタ会談、公職にある個人の法則、太陽の下にあるすべてのものについて」バーンズと議論した。Robert H. Ferrell (ed.), *Off the Record: The Private Papers of Harry S. Truman* (New York: Harper & Row, 1980), pp. 16-18.

8) Memorandum Discussed with the President, April 25, 1945 [by Stimson], *Harrison-Bundy Files*, Roll 4, No. 4, pp. 94-98 [『資料』353-354頁]; Memorandum, Groves to Stimson, April 23, 1945; Henry L. Stimson, Diary Entry April 25, 1945, *Stimson Diaries*, Vol. 51 [『資料』532-533頁]; Report of Meeting with the President, April 25, 1945 [by Groves], *Correspondence*, Roll 3, No. 6, p. 38 [『資料』491-492頁]; Truman, *Memoirs by Harry S. Truman*, p. 87 [『前掲訳書』第Ⅰ巻86頁]. 引用はMemorandum Discussed with the President, April 25, 1945 [by Stimson], pp. 95, 97 [『資料』353、354頁] およびMemorandum, Groves to Stimson, April 23, 1945, p. 1 より。

9) Memorandum, Groves to Stimson, April 23, 1945, pp. 1, 6.

10) Malloy, *Atomic Tragedy*, p. 104 and n32, p. 109.

11) Notes on Initial Meeting of Target Committee, April 27, 1945 [dated May 2, 1945], *Correspondence*, Roll 1, No. 6, pp. 54-58 [『資料』360-365頁].

12) Memorandum, Derry to Groves, "Summary of Target Committee on 10 and 11 May 1945," May 12, 1945, *ibid.*, pp. 65-71 [『資料』379-385頁]. Quotes are from pp. 68, 70 [『資料』382頁、384頁].

13) Notes on Initial Meeting of Target Committee, April 27, 1945.

14) 「パーソンズ大佐からD・M・デニソン博士にあてた書簡」(1945年4月6日)『資料』356-357頁。引用は356頁より。

15) 「W・S・パーソンズ海軍大佐からW・R・パーネル海軍少将にあてた覚書」(1944年12月12日)『資料』355頁。

16) 本章註14参照。

17) Minutes of Third Target Committee Meeting—Washington 28 May, 1945,

Correspondence, Roll 1, No. 6, pp. 73-76 [『資料』387-391頁].
18) 「グローヴスからノースタッド将軍にあてた覚書」(1945年5月30日)『資料』395頁。山極晃「原爆投下目標の決定」『国際問題』第234号 (1979年9月)、47-67頁。吉田守男『京都に原爆を投下せよ――ウォーナー伝説の真実』角川書店、1995年、84、143-165頁。Groves, *op. cit.*, pp. 272-276 [『前掲訳書』235-239頁].
19) Memorandum of Conversation with General Marshall, May 29, 1945—11:45 a.m. [by John McCloy], Document 11, Burr, *op. cit.*, pp. 1-2.
20) 「グローヴスからノースタッド将軍にあてた覚書」(1945年5月30日)『資料』395頁。
21) Stimson, Diary Entry July 24, 1945, *Stimson Diaries*, Vol. 52 [『資料』564-565頁].
22) Memorandum, Harrison to Stimson, May 1, 1945, *Correspondence*, Roll 4, No. 9, pp. 57-61 [『資料』404-406頁]; Stimson, Diary Entries, May 1, May 2 and May 3, 1945, *Stimson Diaries*, Vol. 51 [『資料』533-535頁].
23) Notes of an Informal Meeting of the Interim Committee, Monday, 14 May 1945, 10:00 A. M. to 12:30 P. M., Merrill, *op. cit.*, pp. 15-18 [『資料』412-413頁]. 西岡『アメリカ外交と核軍備競争の起源』55-58頁。
24) Notes of the Interim Committee Meeting, Thursday, 31 May 1945, 10:00 A. M. to 1:15 P. M. ― 2:15 P. M. to 4:15 P.M., Merrill, *op., cit.*, pp. 22-38 [『資料』417-425頁]. Quotes are from p. 24. 出席者の1人であるアーサー・コンプトンは、この午前の会議では原爆が使用されることがすでに決まっていることであったかのように感じていたという。Len Giovannitti and Fred Freed, *The Decision to Drop the Bomb* (New York: Coward-McCann, 1965), p.102; Sherwin, *A World Destroyed*, p. 207. この日の暫定委員会会合については、中沢『ヘンリー・スティムソンと「アメリカの世紀」』161-172頁も参照。
25) Sherwin, *A World Destroyed*, pp. 207-208; Giovannitti and Freed, *op., cit.*, pp. 102-104; James F. Byrnes, *Speaking Frankly* (New York: Harper and Brothers, 1947), p. 261; Hershberg, *op. cit.*, pp. 227-228.
26) Notes of the Interim Committee Meeting, Thursday, 31 May 1945, 10:00 A. M. to 1:15 P. M. ― 2:15 P. M. to 4:15 P.M., Merrill, *op., cit.*, p. 34 [『資料』423頁]. 原爆投下の決定にかかわった者たちの多くが、原爆の爆発が与える放射線の影響に関心をほとんどもっていなかった点については、第1章註75参照。
27) Memorandum, Oppenheimer to Farrell, May 11, 1945, *Correspondence*, Roll 1, No. 7, pp. 46-47 [『資料』397-398頁].
28) Notes of the Interim Committee Meeting, Thursday, 31 May 1945, 10:00 A. M. to 1:15 P. M. ― 2:15 P. M. to 4:15 P.M., Merrill, *op. cit.* pp. 34-35 [原文ではこの部分は強調されている。『資料』423頁].
29) *Ibid.*, p. 25.
30) Sherwin, *A World Destroyed*, p. 209.
31) Notes of the Interim Committee Meeting, Thursday, 31 May 1945, 10:00 A. M. to 1:15 P. M. ― 2:15 P. M. to 4:15 P.M., Merrill, *op. cit.*, p. 35 [『資料』423頁].
32) Notes of the Interim Committee Meeting, Friday, 1 June 1945, 11:00 A. M. ―12:30 P. M.,

1:45 P. M. ― 3:30 P.M., Merrill, *op. cit.*, pp. 39-48［『資料』423-430頁］. Quotes are from pp. 46-47［『資料』429頁］.

33) Stimson, Diary Entry June 6, 1945, *Stimson Diaries*, Vol. 51［『資料』547-548頁］.

34) Letter, Brewster to Truman, May 24, 1945, *Harrison-Bundy Files*, Roll 6, No. 10, pp. 57-65. 5月30日のスティムソン日記が「現地で雇われている1人から届いたS-1に関するきわめて重要な手紙」と言及しているのは、おそらくこの書簡である。Stimson, Diary Entry May 30, 1945, *Stimson Diaries*, Vol. 51［『資料』544頁］.

35) Letter, Einstein to Roosevelt, March 25, 1945.［www.trumanlibrary.org、2012年5月15日閲覧］; David Robertson, *Sly and Able: A Political Biography of James F. Byrnes* (New York: W.W. Norton, 1994), pp. 399-402; Sherwin, *A World Destroyed*, pp. 200-202. なおグローヴスは、これら3人がバーンズ宅を訪問した際に尾行をつけて監視した。Norris, *op. cit.*, p. 392.

36) ［シラード］「原子爆弾と世界における米国の戦後の立場（1945年春）」［1945年4月］『資料』449-457頁。同書巻末の資料解題も参照。

37) Robertson, *op. cit.*, pp. 402-406.

38) Memorandum on "Political and Social Problems," undated［June 11, 1945］, *Harrison-Bundy Files*, Roll 6, No. 8, pp. 101-103 and Roll 6, No. 9, pp. 2-15［『資料』457-467頁］.「フランク報告」はStoff, Fanton and Williams, *op. cit.*, pp. 140-147にも収録されている。ただし、同書143頁下から3行目にある "a million times more destructive" は、*Harrison-Bundy Files*, Roll 6, No. 9, p. 7では "a thousand times more destructive" であり、タイプされてあった文字を黒く塗りつぶしたその上の行間スペースに手書きで "thousand" と書き加えられている。

39) *Ibid.*, p. 6［『資料』462頁］.

40) *Ibid.*, pp. 6-8, 9-10, 14［『資料』462-463、466頁］.

41) Memorandum, Arthur Compton to Stimson, June 12, 1945, *Harrison-Bundy Files*, Roll 6, No. 8, pp. 99-100［『資料』467-468頁］.

42) Recommendations on the Immediate Use of Nuclear Weapons, June 16, 1945, *Harrison-Bundy Files*, Roll 6, No. 7, pp. 83-84［『資料』431-432頁］. Quotes are from p. 84.

43) *Ibid.*

44) Bird and Sherwin, *op. cit.*, p. 300; Bernstein, "Roosevelt, Truman and the Atomic Bomb, 1941-1945," especially p.38.

45) Notes of the Interim Committee Meeting, Thursday, 21 June 1945, 9:30 A. M. ‒ 1:15 P. M.; 2:00 P. M. ‒ 4:15 P.M., Merrill, *op. cit.*, pp. 94-101［『資料』432-436頁］. Quotes are from pp. 99-100［『資料』435頁］.

46) Statement by the President of the United States, August 6, 1945, *Potsdam II*, pp. 1376-1378.

47) Ralph A. Bird, Memorandum on the Use of S-1 Bomb, June 27, 1945, *Harrison-Bundy Files*, Roll 6, No. 10, p. 43［『資料』439頁］.

48) Memorandum, Harrison to Stimson, June 28, 1945, *ibid.*, p. 42［『資料』438頁］.

註（第4章）

49) 西岡達裕は原子力の国際規制問題との関連でスターリンに原爆開発について知らせる問題を「対ソ事前通告」問題として詳細に論じた。西岡『アメリカ外交と核軍備競争の起源』14-102頁。
50) 本章註36参照。
51) 「グローヴス将軍とデュポン社G・M・リードとの電話会談—ソ連、英国およびフランスが米国に追いつく予想時期について」(1945年5月21日)『資料』494-496頁。
52) Notes of the Interim Committee Meeting, Friday, 1 June 1945, 11:00 A. M. —12:30 P. M., 1:45 P. M. — 3:30 P.M.
53) [Niels Bohr], Memorandum, July 3, 1945, *Harrison-Bundy Files*, Roll 2, No. 3, pp. 6-9 [『資料』222-228頁]; [Niels Bohr], Addendum to Memorandum of July 3rd 1944, March 24, 1945, *ibid.*, pp. 15-20 [『資料』246-249頁]; [Niels Bohr], Notes Concerning Scientific Cooperation with the U.S.S.R., September 30, 1944, *ibid.* p. 5. これら3つの資料は次の場所にもある。"Frankfurter-Bohr" Folder, Box 34, *Papers of J. Robert Oppenheimer*. 次の資料も参照。Hewlett and Anderson, *op. cit.*, p. 344; Sherwin, *A World Destroyed*, pp. 91-98.
54) [シラード]「原子爆弾と世界における米国の戦後の立場（1945年春）」。Robertson, *op. cit.*, pp. 402-406; Lanouette, *op. cit.*, pp. 259-266.
55) Notes of the Interim Committee Meeting, Thursday, 31 May 1945, 10:00 A. M. to 1:15 P. M. — 2:15 P. M. to 4:15 P.M., Merrill, *op. cit.*, p. 33.
56) Stimson, Diary Entry June 6, 1945, *Stimson Diaries*, Vol. 51 [『資料』547-548頁]。
57) Memorandum on "Political and Social Problems," undated [June 11, 1945].
58) Stimson, "The Decision to Use the Atomic Bomb." スティムソンが科学顧問団報告書の関連部分を引用しなかったという指摘は、Feis, *The Atomic Bomb and the End of World War II*, pp. 53-54 [『前掲訳書』66-67頁]。
59) Henry DeWolf Smyth, *Atomic Energy for Military Purposes: The Official Report on the Development of the Atomic Bomb under the Auspices of the United States Government, 1940-1945* (Stanford: Stanford University Press, 1989).
60) Notes of the Interim Committee Meeting, Thursday, 21 June 1945, 9:30 A. M. - 1:15 P. M.; 2:00 P. M. - 4:15 P.M.; Memorandum, Harrison to Stimson, June 26, 1945, *Harrison-Bundy Files*, Roll 6, No. 10, pp. 44-46.
61) Stimson, Diary Entries, July 2 and July 3, 1945, *Stimson Diaries*, Vol. 52 [『資料』552-555頁]。Quotes are from Diary Entry, July 3, 1945.
62) Stimson, Diary Entry, July 3, 1945, *Stimson Diaries*, Vol. 52 [『資料』554-555頁]。

第4章

1) 天皇位と記す理由については序章註28参照。
2) Bernstein, "Understanding the Atomic Bomb and the Japanese Surrender"; *Idem*, "Roosevelt, Truman and the Atomic Bomb, 1941-1945"; Walker, *Prompt and Utter Destruction*, pp. 1-6.
3) 中村『前掲書』127-146頁。五百旗頭『前掲書』下巻183-184頁。Leon V. Sigal, *Fighting to*

a Finish: The Politics of War Termination in the United States and Japan, 1945 (Ithaca: Cornell University Press, 1988), pp. 87-157.

4) Memorandum of Conversation with President Truman and Judge Rosenman by Acting Secretary of State Joseph C. Grew (May 28, 1945), in Bird and Lifschultz, *Hiroshima's Shadow*, pp. 505-507. 中沢『ヘンリー・スティムソンと「アメリカの世紀」』244-247頁も参照。

5) Stimson, Diary Entry May 29, 1945, *Stimson Diaries*, Vol. 51 [『資料』544頁]。なおスティムソン日記は、グルーが準備していた声明案を大統領が発表するための声明案ではなく国務長官が発表する声明案と記している。以下の研究も参照した。Bernstein, "Roosevelt, Truman and the Atomic Bomb, 1941-1945," especially pp. 54-55; Feis, *The Atomic Bomb and the End of World War II*, p. 19 [『前掲訳書』27-28頁]; 中沢『ヘンリー・スティムソンと「アメリカの世紀」』247頁。

6) Memorandum of Conversation, June 18, 1945, *FR: Potsdam I*, pp. 177-178; Gordin, *op. cit.*, pp. 33-34. 廣部泉『グルー——真の日本の友』ミネルヴァ書房、2011年、271-272頁。

7) Minutes of Meeting Held at the White House on Monday, 18 June 1945 at 1530, Document 20, Burr, *op. cit*. Quotes are from p. 6.

1945年6月18日にホワイトハウスで開かれた対日軍事戦略検討会議の議事録には草稿（2種類）と完成版がある。それら3つの版のすべてを、①トルーマン大統領図書館が公開している電子版（http://www.trumanlibrary.org/whistlestop/study_collections/bomb/large/documents/pdfs/21.pdf#zoom=100、2012年5月12日閲覧）と、②Merrill, *op. cit.*, pp. 49-93 とでみることができる。公開されている完成版には、このほかにも、ワシントンを拠点とする安全保障文書館が公開している資料がある。本書で使用するのがこの安全保障文書館公開の完成版である。Document 20, Burr, *op. cit*.

やはり完成版の議事録であるが、次の3つの資料には非公開部分や省略のために欠落している部分がある。①アメリカ国務省が編纂した*FR: Potsdam I*, pp. 903-910 [『資料』496-503頁] が収録した議事録。これは、中国情勢にかかわる協議の一部や、この会議で2番目の議題であったフランスへの武器貸与に関する協議の部分を欠いている。②Stoff, Fanton and Williams, *op. cit.*, pp. 151-153; ③Kort, *The Columbia Guide to Hiroshima and the Bomb*, pp. 202-207が収録した議事録。②と③には*FR: Potsdam I* 収録資料よりもさらに大きな非掲載部分がある。

8) Quoted in Giovannitti and Freed, *op. cit.*, p. 136.

9) Hasegawa, *op. cit.*, p. 105. アメリカ・マサチューセッツ州にあるアムハースト大学が、マックロイが残した日記の一部を電子版として公開している。そのマックロイ日記の1945年6月18日付から19日付の1頁分が非公開となっている。John J. McCloy, Diary Entries June 18 and 19, 1945, *John J. McCloy Diary, 1945* [以下では*McCloy Diary*と略記する] [p. 367] [https://www.amherst.edu/media/view/390254/original/McCloy_diary_1945.pdf、2014年12月27日閲覧]。

10) Minutes of a Meeting of the Committee of Three, June 26, 1945, *FR: Potsdam I*, pp. 887-888; Walter Millis (ed.), *The Forrestal Diaries* (New York: The Viking Press, 1951), pp. 71-72; Hasegawa, *op. cit.*, p. 111.

11) Proclamation by the Head of State [undated], *FR: Potsdam I*, pp. 893-894.
12) ポツダム宣言の基礎となったこの対日声明案の起源がどこにあったのかをめぐって諸説が存在している。それらの中でも、その起源が国務省にありグルー国務長官代理やユージン・ドゥーマン [Eugene H. Dooman] 国務次官補佐官が草案作成者であったとする説と、スティムソンをはじめとする陸軍省に起源があるとする説が有力である。前者を代表するのが五百旗頭真であり、後者を代表するのが中村正則や長谷川毅である。五百旗頭『前掲書』。中村『前掲書』。Hasegawa, *op. cit.*
13) Memorandum, Stimson to Truman, July 2, 1945, *FR: Potsdam I*, pp. 889-894.
14) 五百旗頭『前掲書』下巻190、195頁。Hasegawa, *op. cit.*, pp. 110-115.
15) McCloy, Diary Entry May 29, 1945, *McCloy Diary* [pp. 322-323].
16) Stimson, Diary Entry May 29, 1945, *Stimson Diaries*, Vol. 51 [『資料』544頁]; Feis, *The Atomic Bomb and the End of World War II*, p. 19; 廣部『前掲書』260-262頁。
17) TOP SECRET STATE-WAR-NAVY MEETING 19 June 1945, in Bird and Lifschulz, *Hiroshima's Shadow*, pp. 517-518; Millis, *op. cit.*, pp. 69-71.
18) Stimson, Diary Entry June 19, 1945, *Stimson Diaries*, Vol. 51 [『資料』549-550頁].
19) Stimson, Diary Entry June 26 to June 30, 1945, *ibid.* [『資料』550-552頁]. Minutes of Meeting of the Committee of Three Held Tuesday, June 26, 1945, at 9:30. Quotes are from Stimson, Diary Entry June 26 to June 30, 1945.
20) この点については次の論考を参照。Bernstein, "Roosevelt, Truman and the Atomic Bomb, 1941-1945," p. 55; 中沢『ヘンリー・スティムソンと「アメリカの世紀」』250頁。
21) Letter, Stimson to Truman, July 2, 1945, *FR: Potsdam I*, pp. 888-889. 6月29日にマックロイ陸軍次官補(対日声明案が付録としてつけられているスティムソン覚書の草稿の作成に携わった)は、対日声明案の簡潔版をスティムソンに提出した。その時マックロイは、それが原爆とまったく関係がない内容となっている点にスティムソンの注意を喚起した後で、原爆の使用と関係づけられて対日声明が発せられていることが明確になるように、対日声明の中に原爆について盛り込むことは容易にできる、と伝えたという。Hasegawa, *op. cit.*, p. 113.
22) Alperovitz, *Atomic Diplomacy*, pp. 139-174, especially pp. 149-164. この点についてのアルペロヴィッツの解釈への異論として次のものがある。Godfrey Hodgson, *The Colonel: The Life and Wars of Henry Stimson, 1867-1950* (New York: Alfred A. Knopf, 1990), p. 328; Hasegawa, *op. cit.*, p. 113.
23) Memorandum, Stimson to Truman, July 2, 1945, *FR: Potsdam I*, pp. 889-894. Quotes are form p. 892.
24) Stimson, Diary Entry July 16, 1945, *Stimson Diaries*, Vol. 52 [『資料』557頁].; Memorandum, Stimson to Truman, July 16, 1945, *FR: Potsdam II*, pp. 1265-1267. スティムソンによるこの覚書については、中沢『ヘンリー・スティムソンと「アメリカの世紀」』254-255頁。
25) Agreement regarding Entry of the Soviet Union into the War against Japan, February 11, 1945, U. S. Department of State, *Foreign Relations of the United States: Conferences at*

Malta and Yalta, 1945, p. 984. 五百旗頭真はヤルタ会談で結ばれた秘密協定がソ連参戦に対する「代償」であるというよりもむしろローズヴェルト大統領の戦後世界枠組みの構想から発したものであり、その意味で「ヤルタ秘密協定の主要な動機がソ連の対日参戦問題以前にある」と解釈する。五百旗頭『前掲書』下巻87-94頁。

26) *The Entry of the Soviet Union into the War against Japan: Military Plans, 1941-1945* (Washington, D.C.: Department of Defense, 1955)[http://babel.hathitrust.org/cgi/pt?id=mdp.39015002987595、2014年12月28日閲覧], p. 42.

27) *Ibid.,* pp. 60-68.

28) Millis, *op. cit.,* pp. 52-53.

29) *Ibid.,* p. 55.

30) McCloy, Diary Entry May 12, 1945, *McCloy Diary* [pp. 288-289].

31) Memorandum, Grew to Stimson, May 12, 1945, quoted in *The Entry of the Soviet Union into the War against Japan,* pp. 68-70; Stimson, Diary Entry May 13, 1945, *Stimson Diaries*, Vol. 51 [『資料』538-539頁]。グルーの覚書は、ヤルタ協定での約束をアメリカが履行する前にソ連から合意を得ておくことが望ましいと国務省が考える4点を追加して記していた。すなわち、①国民党のもとで中国を統一するよう中国共産党に対する影響力をソ連が行使する、②「満州」地域の中国への返還と朝鮮の将来の地位に関するカイロ宣言をソ連が尊重する、③朝鮮を信託統治におくことにソ連が合意する、そして④千島列島における民間航空機の緊急着陸権をソ連が承認する、という4点についてのソ連からの同意の獲得である。5月12日付グルー覚書の解釈については次の資料も参照した。Millis, *op. cit.,* p. 56; 進藤『前掲書』147-149頁。荒井『前掲書』169-173頁。

32) Stimson, Diary Entry May 13, 1945, *Stimson Diaries*, Vol. 51 [『資料』538-539頁].

33) McCloy, Diary Entry May 19, 1945, *McCloy Diary* [pp. 300-302].

34) Letter, Stimson to Grew, May 21, 1945, quoted in *The Entry of the Soviet Union into the War against Japan,* pp. 70-71.

35) McCloy, Diary Entry May 21, 1945, *McCloy Diary* [pp. 306-308].

36) Memorandum of the 3rd Conversation at the Kremlin, 6PM, May 28, 1945, *FR: Potsdam I*, pp. 41-42.

37) *The Entry of the Soviet Union into the War against Japan,* pp. 72-75.

38) Memorandum of the 4th Conversation at the Kremlin, 6PM, May 30, 1945, *FR: Potsdam I*, pp. 53-54; Telegram, Hopkins to Truman, May 30, 1945, *ibid.,* p. 88; Telegram, Stalin to Truman, May 30, 1945, *ibid.,* p. 88; Telegram, Stalin to Churchill, May 30, 1945, *ibid.,* pp. 88-89.

39) J.P.S. 697/D, "Joint Staff Planners Directive: Details of the Campaign against Japan," June 14, 1945, Document 4 in Douglas J. MacEachin, *The Final Months of the War with Japan: Signals Intelligence, U.S. Invasion Planning and the A-Bomb Decision* (Washington, D. C.: Center for the Study of Intelligence, 1998).

40) Minutes of Meeting Held at the White House on Monday, 18 June 1945 at 1530. Quotes are from pp. 2 and 3. 本章註7参照。

註（第4章）

41) *Ibid.*, p. 5.
42) *Ibid.*, p. 6.
43) *Ibid.*, p. 2.
44) William D. Leahy, Diary Entry June 18, 1945, Diaries of William D. Leahy, Reel 4, *Papers of William D. Leahy*, Manuscript Division, Library of Congress, Washington, D.C.
45) Minutes of Meeting Held at the White House on Monday, 18 June 1945 at 1530, p. 7.
46) *Ibid.*, p. 2.
47) ソ連の対日参戦の必要性についてのマーシャルの考えについては次の誌上討論も参照した。Alperovitz and Messer, *op. cit.*; Bernstein, "Marshall, Truman, and the Decision to Drop the Bomb."
48) Minutes of Meeting Held at the White House on Monday, 18 June 1945 at 1530, p. 7.
49) のちにマックロイがこの件を回想して語った記録として次の2つがある。Millis, *op. cit.*, pp. 70-71; Giovannitti and Freed, *op. cit.*, p. 136. この会議が開かれた1945年6月18日付のマックロイ日記の一部が公開されていない。McCloy, Diary Entry June 18, 1945, *McCloy Diary* [p. 367]. やはり同じ会議に出席していたスティムソン陸軍長官とレーヒ大統領軍事問題特別顧問が残した日記は、この会議の模様を記しているがマックロイによる発言には触れていない。Stimson, Diary Entry June 18, 1945, *Stimson Diaries*, Vol. 51 [『資料』548-549頁]; Leahy, Diary Entry June 18, 1945, Diaries of William D. Leahy, *FR: Potsdam I*, fn 2, p. 889も参照。
50) Marc Gallicchio, "After Nagasaki: General Marshall's Plan for Tactical Nuclear Weapons in Japan," *Prologue*, Vol. 23 (Winter 1991), pp. 396-404; Barton J. Bernstein, "Eclipsed by Hiroshima and Nagasaki: Early Thinking about Tactical Nuclear Weapons," *International Security*, Vol. 15, No. 4 (Spring 1991), pp. 149-173; Feis, *The Atomic Bomb and the End of World War II*, pp. 10-11 [『前掲訳書』18頁]。
51) Memorandum, Groves to Marshall, July 30, 1945, Burr, *op. cit.* この1945年7月30日付のグローヴスの覚書は、*Correspondence*, Roll 3, No. 7, pp. 96 and 97では非公開になっている。Norris, *op. cit.*, p. 416も参照。
52) Stimson, Diary Entry May 14, 1945, *ibid.* [『資料』539-540頁]. スティムソンがしばしば原爆を「ロイヤル・ストレート・フラッシュ」のようにトランプ・ゲームにたとえた点については、中沢『ヘンリー・スティムソンと「アメリカの世紀」』148-155頁。
53) Stimson, Diary Entry May 15, 1945, *Stimson Diaries*, Vol. 51 [『資料』540-542頁]. スティムソンは7月1日に三カ国首脳会談（ポツダム会談）が始まると1945年5月15日の日記には記していた。しかしポツダム開催の開始日を7月15日とすることで、5月30日に米英ソ三カ国間に合意が成立した。本章註38参照。
54) Telegram, Churchill to Truman, May 6, 1945, *FR: Potsdam I*, pp. 3-4.
55) Telegram, Truman to Churchill, May 9, 1945, *ibid.*, p. 4; Memorandum of Conversation, May 14, 1945, *ibid.*, pp. 10-11.
56) Memorandum of Conversation, May 15, 1945, *ibid.*, pp. 12-15.
57) Joseph E. Davies, Diary Entry May 21, 1945, Joseph E. Davies Diary, Document 8, Burr,

op. cit. ディヴィーズの1945年5月21日付日記については、Alperovitz, *The Decision to Use the Atomic Bomb and the Architecture of an American Myth*, pp. 147-148も参照。.

58) Alperovitz, *Atomic Diplomacy*, pp. 110-138.

59) John Lewis Gaddis, *The United States and the Origins of the Cold War, 1941-1947*, New Edition (New York: Columbia University Press, 2000), pp. 198-243.

第5章

1) Telegram [WAR 32887], Harrison to Stimson, July 16, 1945, *Harrison-Bundy Files*, Roll 4. No. 9, p. 94 [『資料』479頁].スティムソンは、ポツダム会談に参加したアメリカ政府の公式メンバーではなかったので、ポツダムでの公式会議に出席することはなかった。しかし7月25日までそこに滞在して、しばしばトルーマン大統領やマーシャル陸軍参謀長、チャーチル首相らと会って政策協議を行なった。スティムソンは、大統領一行とは別の経路でポツダムに行かざるを得なかったし、彼の宿舎はトルーマン大統領やバーンズ国務長官が宿泊した通称「リトル・ホワイトハウス」とは別の建物だった。ポツダム会談時にスティムソンが果たした役割については、中沢『ヘンリー・スティムソンと「アメリカの世紀」』172-188頁を参照。

2) Stimson, Diary Entry July 16, 1945, 1945, *Stimson Diaries*, Vol. 52 [『資料』557頁]. Quotes are from Stimson's Notes for His Diary, July 16, 1945, Stoff, Fanton and Williams, *op. cit.*, p. 184.スティムソンのノートではなく日記のほうは、「喜んだ」ではなく「大いに興味を示した」とあり、記述が異なる。

3) 第4章註24参照。

日本による和平工作の始まりとは具体的には、1945年7月11日に東郷茂徳外務大臣から佐藤尚武駐ソ大使へ発信されたモロトフ外相とただちに面会せよという指示である。7月11日以降の東郷と佐藤の間の交換電信は、外務省編『日本の選択 第二次世界大戦終戦史録』山手書房新社、1990年、中巻611-646、703-710、713-714、743-744頁に収録されている。7月11日付以降の東郷と佐藤の間の秘密電信の交換をアメリカが解読していたことは広く知られている。*FR: Potsdam I*, pp. 873-883; *FR: Potsdam II*, pp. 1248-1264, 1291-1298. しかし、ワシントンから遠く離れた場所にいたトルーマン大統領らの政策決定者たちが、解読された機密情報のどれを実際に読んでいたのかは実は明確ではない。その最も大きな理由は、「マジック要約 [MAGIC-Diplomatic Summary]」を受け取って読んだ後に受領者がそれを破棄しなければならなかったことである。しかも「マジック要約」は量が膨大だった。1945年4月12日(トルーマンが大統領に就任した日)から8月15日までの間に作成された「マジック要約」はあわせて2068頁あった。 Editor's Note, *FR: Potsdam I*, p. 873; Frank, *op. cit.*, pp. 241-242.スティムソンが7月16日付の覚書を提出するきっかけとなった解読ずみ機密情報が具体的に何であったのかはこれまでに特定されていない。

4) Stimson, Diary Entry July 17, 1945, *Stimson Diaries*, Vol. 52 [資料]557頁].

5) "Bohlen Notes on Truman-Stalin Meeting, Tuesday, July 17, 1945, Noon," *FR: Potsdam II*, pp. 43-46; "Appendix D: Bohlen Post-Conference Memorandum on Two Truman-Stalin Meetings at the Berlin Conference," March 28, 1960, *ibid.*, pp. 1582-1588. 1960年のボーレ

ンの覚書によれば、スターリンはソ連参戦に2度言及しており、1度目は「8月半ばまでに」(p. 1585)、2度目は「8月半ばに」(p. 1586) 参戦準備が整うと述べた。

　長谷川毅は、このトルーマンとスターリンの会談のソ連側の記録とボーレンが残したアメリカ側の記録との間にある2つの相違点を指摘している。1つ目はソ連の対日参戦に関する点である。ソ連側の記録によれば、トルーマンからソ連の対日参戦の要請がまずあってスターリンがそれを受けたことになっている。しかしアメリカ側の記録では、トルーマンは対日参戦の要請をしておらず、対日参戦をするというヤルタ会談での約束にスターリンが自発的に言及したことになっている。もう1点は、ソ連参戦の前提となる、ヤルタ協定に盛り込まれた極東に関する取り決めに対する中国の同意を得るための中ソ交渉に関する点である。ソ連側の記録によれば、トルーマンが中ソ交渉の状況について尋ねたことになっている。他方アメリカ側の記録では、スターリンが対日参戦を表明したのに続けて自発的に中ソ交渉の細かな進捗状況について語ったことになっている。Hasegawa, *op. cit.*, pp. 137-138.

6) Harry S. Truman, Diary Entry July 17, 1945, Merrill, *op. cit*, p. 117.
7) Robert H. Ferrell (ed.), *Dear Bess: The Letters from Harry to Bess Truman, 1910-1959* (New York: Norton, 1983), p. 519.
8) Agreement regarding Entry of the Soviet Union into the War against Japan, February 11, 1945; 永井陽之助『冷戦の起源―戦後アジアの国際環境』全2巻、中央公論新社、2013年（初版の出版は1978年）、第1巻186-201頁。
9) "Appendix D: Bohlen Post-Conference Memorandum on Two Truman-Stalin Meetings at the Berlin Conference," March 28, 1960.
10) Stimson, Diary Entry July 17, 1945, *Stimson Diaries*, Vol. 52 [『資料』558頁]。
11) Ferrell, *Dear Bess*, p. 519.
12) 7月16日にスティムソンが大統領宛に提出した覚書は、ソ連による千島列島の占領は認めるが「それよりも南をソ連が占領するのは好ましくない」と提言した。Memorandum, Stimson to Truman, July 16, 1945. またスティムソンは、日本が条件付きでの降伏の申し出をした8月10日の日記に「ソ連が日本本土の占領と統治への参加を求めてくるような状態になる前に日本本土をわれわれの手中に収めることが非常に重要である」と記している。Stimson, Diary Entry August 10, 1945, *Stimson Diaries*, Vol. 52. 日本本土占領へのソ連の参加を避けるべきであるとする考えは、日本の占領にあたる連合軍の司令官を、複数の司令官が権限を共有すると解釈される恐れがある「司令部 [Command]」と表記せずに、単数表記で「司令官 [Commander]」とあらわしアメリカ人がその任に就くとした国務省・陸軍省・海軍省の合意にも反映していた。Memorandum by Dooman, July 15, 1945, *FR: Potsdam I*, pp. 933-935.
13) Memorandum, Groves to Stimson, July 18, 1945. 第1章註71参照。Stimson, Diary Entry July 21, 1945, *Stimson Diaries*, Vol. 52 [『資料』560-561頁]。
14) Telegram [WAR 33556], Harrison to Stimson, July 17, 1945, *Harrison-Bundy Files*, Roll 4, No. 9, p. 63 [『資料』479頁]; Stimson, Diary Entry July 18, 1945, *Stimson Diaries*, Vol. 52 [『資料』558頁]。

15) この2人の会談の公式記録は残されていない。この会談について後年チャーチルが回想した資料などを集めてまとめたのが次の資料である。TRUMAN-CHURCHILL LUNCHON MEETING, WEDNESDAY, JULY 18, 1945, ABOUT 1:30 P. M., *FR: Potsdam II*, pp. 79-82. 7月18日のトルーマンの日記には「原爆についてスターリンに告げると決めた」という記述がある。Truman, Diary Entry July 18, 1945, Merrill, *op. cit.*, pp. 119-120.

16) "Bohlen Notes on Truman-Stalin Meeting, Wednesday, July 18, 1945, 3:04," *FR: Potsdam II*, pp. 86-87; "Appendix D: Bohlen Post-Conference Memorandum on Two Truman-Stalin Meetings at the Berlin Conference," March 28, 1960. 次の資料も参照した。Walter Brown, Diary Entry July 18, 1945, *Brown Diaries*, in Bird and Lifschulz, *Hiroshima's Shadow*, pp. 543-547.

　これまでの研究の多くは、このスターリンとの2回目の会談が始まるまでに、日本の天皇が近衛を特使としてモスクワに派遣したいという希望をソ連に伝えていたことをトルーマンはすでに知っていた、としている。例えば、Feis, *The Atomic Bomb and the End of World War II*, p. 80 ; Hasegawa, *op. cit.*, p. 142. その前提となっているのは、「マジック要約」をトルーマンが読んでいたという想定である。だがこの7月18日付のトルーマン日記の記述では、天皇が戦争終結に向けてソ連へのはたらきかけにのりだしたことをトルーマンが知ったのはスターリンから直接的にまたは間接的に得た情報からであり、アメリカの情報部門が解読した機密情報への言及がない。また、解読された日本の外交に関する機密情報のどれをトルーマンらの政策決定者たちが読んでいたのかは、実は判然としていない（本章註3参照）。

17) Truman, Diary Entry July 18, 1945, Merrill, *op. cit.*, pp. 119-120.

18) Barton J. Bernstein, "Truman at Potsdam: His Secret Diary," *Foreign Service Journal* (July/August 1980), pp. 29-36 [www.gwu.edu、2013年5月28日閲覧]; Robert L. Messer, "New Evidence on Truman's Decision," *Bulletin of the Atomic Scientists*, Vol. 41, No. 7 (August 1985), pp. 50-56.

19) 麻田貞雄「原爆投下の衝撃と降伏の決定」細谷千博ほか編『太平洋戦争の終結』柏書房、1997年、195-221頁、とくに196頁。

20) 日本を降伏させるという軍事的な目的以外の別の目的としてこれまでにさまざまな論者たちが指摘してきたのは、原爆が実際に都市を破壊する効果を測定する実験を実戦使用という形で行なう目的、原爆を日本に対して使用しなければおそらく正当化が困難な原爆の開発に要した莫大な支出を正当化する目的、アメリカが保有する原爆の威力を実戦で示すことによってソ連の対外行動に影響を与える目的、第二次世界大戦の終結後にソ連がアジアにおける政治的影響力を拡大するのを防ぐ目的、真珠湾攻撃によってアメリカとの戦争を始めた日本に対して復讐する目的などである。

21) Alperovitz and Messer, *op. cit.* アルペロヴィッツは1995年に出版した図書の中でも同様の議論をした。Alperovitz, *The Decision to Use the Atomic Bomb and the Architecture of an American Myth*, pp. 241-242.

22) *Ibid.*, pp. 114 and *passim.*

23) Minutes of Meeting Held at the White House on Monday, 18 June 1945 at 1530. Quotes

are from p. 2.
24) *The Entry of the Soviet Union into the War against Japan*, p. 87.
25) Ferrell, *Dear Bess*, p. 519.
26) Memorandum by the U.S. Chiefs of Staff (C.C.S.880/8), July 7, 1945, *FR: Potsdam I*, p. 915.
27) Meeting of the Combined Chiefs of Staff, July 19, 1945, 2:30 P.M., *FR: Potsdam II*, pp. 112-115; *The Entry of the Soviet Union into the War against Japan*, p. 91.
28) トルーマンが想定していた日本が降伏するまでに要する時間が不明確な点については、Bernstein, "Marshall, Truman, and the Decision to Drop the Bomb"; Walker, *Prompt and Utter Destruction*, p. 58.
29) Truman, Diary Entry July 18, 1945, Ferrell, *Off the Record*, pp. 53-54. やはりフェレルが編集した1996年出版の資料集収録の同じ資料にも同じく段落の区切りがない。Robert H. Ferrell (ed.), *Harry S. Truman and the Bomb: A Documentary History* (Worland, Wyoming: High Plains Publishing Company, 1996), pp. 30-31. トルーマンの手書きによる7月18日付の日記は、Merrill, *op. cit.*, pp. 119-120. 両者の間にあるこの違いについての指摘は、Alperovitz, *The Decision to Use the Atomic Bomb and the Architecture of an American Myth*, p. 705 n26.
30) *Ibid*. バーンスタインはフェレル版の誤りを明示的には指摘しないが段落の区切りの存在を知っていた。Bernstein, "The Struggle over History," especially pp. 174-178.
31) そのような解釈をした代表的な研究には次のものがある。荒井『前掲書』とくに215-219、229-233、245-246頁。長谷川毅は、ソ連の対日参戦の前に原爆を対日使用するのがトルーマンとバーンズの目標となったと解釈したが、トルーマンの7月18日付日記にその解釈を依拠していない。Hasegawa, *op. cit.*, pp. 133-140.
32) これらの資料の別の解釈のしかたはBernstein, "The Struggle over History," pp. 174-178。
33) Articles of Agreement Governing Collaboration between the Authorities of the U.S.A. and the U.K. in the Matter of Tube Alloys, August 19, 1943, *Harrison-Bundy Files*, Roll 3, No. 6, pp. 53-56 [『資料』138-139頁].
34) Notes of the Interim Committee Meeting, Thursday, 21 June 1945, 9:30 A. M. – 1:15 P. M.; 2:00 P.M. – 4:15 P.M. [『資料』432-436頁]; Memorandum, Arneson to Harrison, June 26, 1945, Stoff, Fanton and Williams, *op. cit.*, pp. 156-158. ハリソンが6月21日開催の暫定委員会会合について報告したスティムソン宛の覚書は、この点にまったく言及していない。Memorandum, Harrison to Stimson, June 26, 1945, *Harrison-Bundy Files*, Roll 6, No. 10, pp. 44-46. スティムソン日記にもこの点に言及がない。
35) Minutes of Combined Policy Committee Meeting Held at the Pentagon on July 4th, 1945 ― 9:30 A. M., *FR: Potsdam I*, pp. 941-942. この議事録の全文は、*Harrison-Bundy Files*, Roll 3, No. 1, pp. 25-34 [『資料』162-168頁].
36) Hymans, *op. cit.*, pp. 769-797.
37) 1945年5月21日付のウィルソン卿からのスティムソン宛書簡が、原爆の国際規制に対す

るアンダソン卿の関心をアメリカ側に伝えている。Letter, Wilson to Stimson, May 21, 1945, *Harrison-Bundy Files*, Roll 6, No. 10, pp. 79-81.

38) Tube Alloys : Aide-Memoir of Conversation Between the President and the Prime Minister at Hyde Park, September 18, 1944.

39) Gowing, *op. cit.*, p. 370.

40) Stimson, Diary Entry July 3, 1945, *Stimson Diaries*, Vol. 52 [『資料』554-555頁]. スティムソンはトルーマンに与えた助言と同じ内容のことを、翌日の7月4日に開かれた合同政策委員会でも話した。本章註35参照。

41) Walter Brown, Diary Entry July 16, 1945, *Brown Diaries*, in Bird and Lifschultz, *Hiroshima's Shadow*, p. 543. この会談の公式記録は存在していないTruman-Churchill Meeting, Monday, July 16, 1945, 11 A. M., *FR: Potsdam II*, p. 35.

42) Stimson, Diary Entry July 17, 1945, *Stimson Diaries*, Vol. 52 [『資料』557-558頁].

43) 本章註15参照。

44) 第1章註71参照。

45) Stimson, Diary Entries July 21 and July 22, 1945, *Stimson Diaries*, Vol. 52 [『資料』560-562頁].

46) Stimson, Diary Entry July 22, 1945, *ibid.* [『資料』561-562頁]. グローヴスによる原爆爆発実験の報告書（7月18日付）は、チャーチルの考えに変化をもたらした。それに目を通したあとのチャーチルは、「原爆についての情報をロシア人に知らせることを危惧していないだけではなく、交渉においてわれわれにとって有利となるような主張の1つとして利用しようという意向の方へ傾いていた」とスティムソンは観察している。*Ibid.* この時チャーチルは、原爆をソ連との交渉の材料として何らかの形で積極的に利用しようとしたいと考える原爆外交の立場を鮮明にしたといってよいだろう。

47) Truman, *Memoirs by Harry S. Truman*, p. 416. スターリンがトルーマンに対してトルーマンの回顧録が記しているとおりに述べたのかどうかには疑問がある。David Holloway, *Stalin and the Bomb: The Soviet Union and Atomic Energy, 1939-1956* (New Haven: Yale University Press, 1994), p. 117; Idem, "Jockeying for Position in the Postwar World: Soviet Entry into the War with Japan in August 1945," in Tsuyoshi Hasegawa (ed.), *The End of the Pacific War: Reappraisals* (Stanford: Stanford University Press, 2007), pp. 145-188, especially p. 169; Farmelo, *op. cit.*, pp. 301-302 and p. 516 n41.

48) Sherwin, *A World Destroyed*, p. 227.

49) トルーマンがスターリンに原爆開発の成功について知らせる様子を、チャーチル、バーンズ国務長官、レーヒ大統領軍事問題特別顧問らが近くから見ていた。彼らが後年述べたこの会談の様子については、*FR: Potsdam II*, p. 379.

50) Hasegawa, *Racing the Enemy*, pp. 154-155; Holloway, "Jockeying for Position in the Postwar World," pp. 167-170; Vyacheslav Mikhaylovich Molotov, *Molotov Remembers: Inside Kremlin Politics*, Conversations with Felix Chuev, edited with an Introduction and Notees by Albert Resis (Chicago: Ivan R. Dee, 1993), pp. 55-56; ボリス・スラヴィンスキー（加藤幸廣訳）『日ソ戦争への道―ノモンハンから千島占領まで』共同通信社、1999年、

449-450頁。
51) Gordin, *op. cit.*, p. 26. 長谷川毅はトルーマンとスターリンの間で、アメリカが原爆を使用して日本を降伏させるのが早いかソ連の対日参戦のほうが早いかの競争があったと解釈する。Hasegawa, *Racing the Enemy*, pp. 140, 151-154.
52) Editor's Note, *FR: Potsdam II*, p. 276; Winston S. Churchill, *The Second World War, Vol. 6: Triumph and Tragedy* (London: Weidenfeld & Nicolson, 2015), p. 509.
53) Stimson, Diary Entry July 23, 1945, *Stimson Diaries*, Vol. 52［『資料』562-564頁］。この記述は、スティムソンがこの時点でソ連の対日参戦が必要ないと考えるようになったことも示す。レーヒ大統領軍事問題特別顧問もソ連の対日参戦は必要ないと考えていた。彼は7月29日付の日記に、モロトフ・ソ連外相がソ連の対日参戦をアメリカが公式に要請するよう口頭で求めた点に触れたあとで、「イギリス人とわれわれ［アメリカ人］は支援なしに日本を打ち破ることができる」と記している。Leahy, Diary Entry July 29, 1945, Diaries of William D. Leahy, Reel 4.
54) Stimson, Diary Entry July 23, 1945, *Stimson Diaries*, Vol. 52［『資料』562-564頁］。
55) McCloy, Diary Entry July 23 and 24, 1945, *McCloy Diary*［p. 429］。
56) Meeting of the Combined Chiefs of Staff with Truman and Churchill, Tuesday, July 24, 1945, 11:30 A. M., *FR: Potsdam II*, pp. 339-344; Report by the Combined Chiefs of Staff, Approved by the Heads of Government of the United States and the United Kingdom［July 24, 1945］, *ibid.*, pp. 1462-1476.
57) Brown, Diary Entry July 20, 1945, *Brown Diaries*, in Bird and Lifschultz, *Hiroshima's Shadow*, pp. 543-544.
58) Editor's Note, *FR: Potsdam II*, p. 276.
59) Telegram, Truman to Hurley, July 23, 1945, *ibid.*, p. 1241; Hasegawa, *Racing the Enemy*, pp. 174-175. See also, Telegram, Byrnes to Hurley, July 28, 1945, *FR: Potsdam II*, p. 1245; Telegram, Hurley to Byrnes, July 29, 1945, *ibid.*, pp. 1245-1246; Telegram, Harriman to Byrnes, July 31, 1945, *ibid.*, pp. 1246-1247. 駐ソ・アメリカ大使としてモスクワで宋・行政院長に助言していたハリマンは7月28日に、ソ連の対日参戦前の中ソ間の友好的な関係の樹立がアメリカにとって望ましい、とバーンズ国務長官に述べた。Memorandum, Harriman to Byrnes, July 28, 1945, *ibid.*, pp. 1243-1244.
60) Byrnes, *op. cit.*, p. 208.
61) Brown, Diary Entry July 24, 1945, *Brown Diaries*, in Bird and Lifschultz, *Hiroshima's Shadow*, pp. 544-545を、Messer, *The End of an Alliance*, p. 105 および Bernstein, "Roosevelt, Truman and the Atomic Bomb, 1941-1945," p. 46 が引用しているテキストで補った［『資料』574-575頁］。Bird and Lifschultz 版には字句の欠落がある。
62) 本章註61参照。バーンズは原爆が日本を降伏させると信じていたことを、戦後に発表した回顧録にも記している。「日本が無条件降伏をかたくなに拒絶していたにもかかわらず、私は原爆が成功して日本をわれわれの条件で降伏させるだろうと信じていた。赤軍が満州に入ってきたら何がおこるかを私は心配していた。赤軍が満州を去るまでに、私の不安は実現してしまった。」Byrnes, *op. cit.*, p. 208.

63) Brown, Diary Entry July 18, 1945, *Brown Diaries*, in Bird and Lifschultz, *Hiroshima's Shadow*, p. 543 [『資料』573頁].
64) Telegram [WAR 35988], Harrison to Stimson, July 21, 1945, *Harrison-Bundy Files*, Roll 4, No. 9, pp. 60 and 88 [『資料』593頁].
65) Stimson, Diary Entry July 22, 1945, *Stimson Diaries*, Vol. 52 [『資料』561-562頁].
66) Stimson, Diary Entry July 23, 1945, *ibid*. [『資料』562-564頁].
67) Proclamation by the Heads of Governments, United States, China and the United Kingdom, July 26, 1945, *FR: Potsdam II*, pp. 1474-1476.
68) Stimson, Diary Entry July 23, 1945, *Stimson Diaries*, Vol. 52 [『資料』562-564頁]; Telegram [WAR 36792], Harrison to Stimson, July 23, 1945, *Harrison-Bundy Files*, Roll 4, No. 9, pp. 58 and 78 [『資料』595頁]; Telegram [VICTORY 238], Stimson to Harrison, July 23, 1945, *ibid*., p. 80 [『資料』596頁].
69) Stimson, Diary Entry July 24, 1945, *Stimson Diaries*, Vol. 52 [『資料』564-565頁].
70) Telegram, Truman to Hurley, July 24, 1945, *FR: Potsdam II*, p. 1278.
71) Telegram, Hurley to Truman, July 26, 1945, *ibid*., p. 1282.
72) Letter, Churchill to Truman, July 25, 1945, *ibid*., pp. 1279-1281.
73) ポツダム宣言の発表国にかかわる外交過程については、仲晃『黙殺—ポツダム宣言の真実と日本の運命』(上・下) 日本放送出版協会、2000年、下巻39-65頁、75-77頁。*FR: Potsdam II*, pp. 1275-1284所収の一連の資料。
74) 「合衆国、中国、連合王国政府首脳による宣言」(1945年7月26日) 山極晃・中村政則編 (岡田良之助訳)『資料日本占領1　天皇制』大月書店、1990年、364-365頁。原文については本章註67参照。
75) Memorandum, Stimson to Truman, July 2, 1945.
76) Memorandum, MacLeish to Byrnes, July 6, 1945, *FR: Potsdam I*, pp. 895-897.
77) Telegram, Grew to Byrnes, July 16, *ibid*., p. 1267.
78) Memorandum, the Joint Chiefs of Staff to Truman, July 18, 1945, *ibid*., pp. 1268-1269.
79) Memorandum, Stimson to Truman, July 20, 1945, *ibid*., pp. 1271-1272. ところが24日にトルーマンと話し合った際にスティムソンは、「皇室」の存続を保証する重要性をあらためて主張したのだった。そして、蔣介石に宣言案をすでに送ったので変更はもうできないとバーンズから聞いていたので、もし日本人が天皇位の存続に固執して降伏の決断がつけられない場合には、「外交チャンネルを通じて口頭で保証を与える」よう、スティムソンは大統領に要請した。それに対してトルーマンは、それに留意すると応じている。Stimson, Diary Entry July 24, 1945, *Stimson Diaries*, Vol. 52 [『資料』564-565頁].
80) Proposal by the British Delegation [undated], *FR: Potsdam I*, p. 1277. ポツダム宣言案に対するイギリス政府による修正案の形成過程については、細谷千博著作選集刊行委員会編『国際政治の中の日本外交 (細谷千博著作選集第2巻)』(龍渓書房、2012年) 292-297頁。
81) 7月2日のスティムソン案からポツダム宣言の文面の確定に至る過程については、次を参照した。五百旗頭『前掲書』下巻194-204頁。荒井『前掲書』238-246頁。仲『前掲書』下巻39-65頁、75-77頁。Hasegawa, *Racing the Enemy*, pp. 110-120, 145-148, 155-160; Maddox,

　　　　Weapons for Victory, pp. 94-97.
82) 　Hasegawa, *Racing the Enemy*, pp. 155-156.
83) 　Bernstein, "Roosevelt, Truman and the Atomic Bomb, 1941-1945," pp. 46-47.
84) 　Memorandum, Stimson to Truman, July 2, 1945.
85) 　Truman, *Memoirs by Harry S. Truman*, p. 387.
86) 　本章註12参照。
87) 　Truman, Diary Entry July 25, 1945, Merrill, *op. cit.*, p. 155.
88) 　Brown, Diary Entry July 26, 1945, *Brown Diaries*, in Bird and Lifschultz, *Hiroshima's Shadow*, p. 545.
89) 　Hasegawa, *Racing the Enemy*, pp. 155-160.
90) 　荒井『前掲書』238-246頁。引用は245頁より。
91) 　Bernstein, "Roosevelt, Truman and the Atomic Bomb, 1941-1945," pp. 48, 53-57.
92) 　Brown, Diary Entry August 10, 1945, *Brown Diaries*, in Bird and Lifschultz, *Hiroshima's Shadow*, p. 546; Millis, *op. cit.*, p. 83; Stimson, Diary Entry August 10, 1945, *Stimson Diaries*, Vol. 52; Truman, *Memoirs by Harry S. Truman*, pp. 427-429; Byrnes, *op. cit.*, p. 209; Barton J. Bernstein, "The Perils and Politics of Surrender: Ending the War with Japan and Avoiding the Third Atomic Bomb," *Pacific Historical Review*, Vol. 46, No. 1 (February 1977), pp. 1-27, especially pp. 3-8; 永井『前掲書』第1巻239-242頁。仲『前掲書』下巻242-253頁。「バーンズ回答」の訳文は、「合衆国・連合王国・ソヴェト社会主義共和国連邦および中華民国の各国政府の名における8月11日付日本国政府あて合衆国政府回答」(1945年8月11日) 山極・中村編『前掲書』376-377頁より引用した。同回答の原文は、Telegram, the Secretary of State to the Swiss Chargé (Grässli), August 11, 1945, U.S. Department of State, *Foreign Relations of the United States: Vol. 6, The British Commonwealth: The Far East 1945* (Washington, D.C.: U.S. Government Printing Office, 1969), pp. 631-632 (http://digital.library.wisc.edu/1711.dl/FRUS.FRUS1945v06、2016年8月30日閲覧)。
93) 　Gordin, *op. cit.*, pp. 6-7, 47-48, 55-57.
94) 　バーンズの伝記を著したデーヴィッド・ロバートソン (David Robertson) の研究が、その問いに1つの答えを与えている。ロバートソンによれば、解読された7月21日の東郷外相から佐藤駐ソ大使に送られた電報を読んで日本が無条件降伏を受け入れる用意がないことを知り落胆した、とバーンズはポツダム会談から帰国したあとに国務省の歴史家ハーバート・ファイスに述べた。「日本が戦争を続けていくのであれば、それは原爆の日本に対する使用とおそらくソ連の参戦を意味する」とその電報からバーンズは理解した、とファイスは日付のないメモに書き残した。ファイスが記録したようにバーンズが実際に考えたのだとすれば、原爆の使用によってソ連が参戦する前に日本を降伏させたいというバーンズの願いは、現実的な根拠のとぼしい願望だった、と解釈できる。ただしロバートソンは、バーンズが原爆の使用がもたらす効果に高い期待をおいていた点を見逃さない。日本に条件つき降伏を認めた場合におこると予想されるアメリカ国内政治上の反響、迫りつつある日本本土侵攻作戦の実施、あくまでも戦争を続けていこうとする日本の頑迷さな

どが固く結びあっている状態を、原爆の使用だけが解きほぐすことができるとバーンズは確信していた、とロバートソンは解釈した。Robertson, *op. cit.*, pp. 431-432.
95) 本章註68参照。
96) 同上。
97) Telegram [WAR 37350], Harrison to Stimson, July 23, 1945, *ibid.*, pp. 70 and 76 [『資料』596頁]。
98) Telegram [WAR 35988], Harrison to Stimson, July 21, 1945, *ibid.*, p. 89 [『資料』593頁]。それに対してスティムソンは、京都を投下目標都市としない点に変更はないと回答した。Telegram [VICTORY 189], Stimson to Harrison, July 21, 1945, *ibid.*, p. 91 [『資料』593頁]。
99) Stimson, Diary Entry July 22, 1945, *Stimson Diaries*, Vol. 52 [『資料』561-562頁]。
100) Stimson, Diary Entry July 24, 1945, *ibid.* [『資料』564-565頁]。
101) Telegram [WAR 36791], Harrison to Stimson, July 23, 1945, *Harrison-Bundy Files*, Roll 4, No. 9, p. 79 [『資料』595頁]。
102) 第3章註11参照。
103) Telegram [VICTORY 213], Marshall to Handy, July 22, 1945, *Harrison-Bundy Files*, Roll 4, No. 9, p. 86; Henry H. Arnold, *Global Mission* (Blue Ridge Summit, PA: TAB Books, 1989), pp. 585, 589; Norris, *op. cit.*, p. 387. アーノルドが補佐官のストーン大佐をワシントンに派遣してグローヴスと協議させた目的をマロイは、7月22日にスティムソンが一般市民の殺害を避けるという観点から原爆投下目標が適切かどうかをアーノルドに尋ねたので、アーノルドが原爆投下目標の適切性についてグローヴスに確認する目的だったと記している。Malloy, *Atomic Tragedy*, pp. 134-135.
104) Telegram [VICTORY 213], Marshall to Handy, July 22, 1945.
105) Memorandum, Handy to Groves, July 23, 1945, *Correspondence*, Roll 1, No. 3, p. 83.
106) Telegram [WAR 37683], Handy to Marshall, July 24, 1945, *Harrison-Bundy Files*, Roll 4, No. 9, pp. 66-68 [『資料』599-600頁]。「原爆投下指令書」案の作成作業については次の資料も参照。Memorandum, Stone to Arnold, July 24, 1945, *Correspondence*, Roll 1, No. 3, pp. 85-86 [also Merrill, *op. cit.*, pp. 151 and 153][『資料』597-598頁]; Giovannitti and Freed, *op. cit.*, pp. 247-248.
107) Draft of Directive by the Chief of Staff to General Spaatz, with copies for information to General MacArthur and Admiral Nimitz [undated, unsigned], *Correspondence*, Roll 1, No. 4, p. 8.
108) 原爆投下目標の決定過程については、山極「前掲論文」。吉田『前掲書』。グローヴスら軍人たちが、それまで原爆投下目標として有力な候補ではなかった長崎をなぜ、そしてどのようにして選び出したのか。これらの問題にはまだ不明な部分が残っている。これらの問題についての最新の研究は、鈴木「前掲論文」である。

　長崎という名前は意外なことに、原爆投下直後に大統領が発表する声明案の中に何度も登場していた。原爆投下を発表する大統領声明は次のような過程をへて作成された。早くも1944年9月にブッシュとコナントは、原爆使用の直後に原爆について発表する声明案が必要となる、とスティムソン陸軍長官に提案した。1945年2月にバンディ陸軍長官補佐官

が原爆投下直後に発表することを想定した大統領声明の作成に着手し、その後5月に発足する暫定委員会がその検討に加わった。6月1日開催の暫定委員会会合は、アーサー・ペイジ（Arthur W. Page）陸軍長官補佐官が作成した草案を採用せず、ハリソン陸軍長官補佐官（暫定委員会委員長代理）が大統領声明案を新たに起草しなおして、6月21日開催の暫定委員会会合に提出することを決めた。6月21日開催の暫定委員会は、ハリソンが作成した大統領声明案を検討して、その時にだされた意見に基づいてペイジとグローヴスの執務室の代表からなる小委員会があらためて大統領声明案を作成すること、それを陸軍長官の承認を得たのち大統領の承認を得ることで合意した。ポツダムから戻ったスティムソンが、ハリソン、バンディ、ペイジ各補佐官およびグローヴスと7月30日に大統領声明案を協議し、イギリス政府の意見も反映させた最終案をスティムソン自らが確定して大統領の承認を得るべくポツダムに送った。大統領はそれを承認する。そして実際には「16時間前に1機のアメリカの航空機が重要な陸軍基地である広島に1発の爆弾を投下した」と述べて始まる大統領声明を広島への原爆投下後にホワイトハウスが発表する（その時トルーマンは軍艦オーガスタに乗船してポツダムから帰国途中にあった）。Memorandum, Bush and Conant to Stimson, September 19, 1944, *Bush-Conant File*, Roll 9, No. 7, pp. 90-94; Memorandum, Bundy to Stimson, March 3, 1945, with Draft of Possible Statement by the President, February 13, 1945, *Harrison-Bundy Files*, Roll 6, No. 6, pp. 10-14; Notes of the Interim Committee Meeting, Friday, 1 June 1945, 11:00 A. M.—12:30 P.M., 1:45 P.M.—3:30 P.M.; Notes of the Interim Committee Meeting, Thursday, 21 June 1945, 9:30 A.M.−1:15 P.M.; 2:00 P.M.−4:15 P.M.; Stimson, Diary Entry July 30, 1945, *Stimson Diaries*, Vol. 52[『資料』565-566頁]; Telegram [WAR41011], Stimson to Truman, July 30, 1945, *FR: Potsdam II*, pp. 1374-1375; Memorandum, Stimson to Truman, July 31, 1945, *Harrison-Bundy Files*, Roll 4, No. 9, p. 20; Telegram, Truman to Stimson, July 31, 1945, *ibid*. p. 22; The Statement of the President of the United States, August 6, 1945, *FR: Potsdam II*, pp. 1376-1378［『資料』605-608頁］, quotes are from p. 1376.

興味深いことに、日付のない（1945年6月7日案よりも以前に作成された）2種類の大統領声明案、6月7日付、7月5日付および7月23日付の大統領声明案に、長崎があらわれる。これらの声明案はいずれも「2時間前に1機のアメリカの航空機が長崎海軍基地に1発の爆弾を投下した」と述べて始まっていた。6月29日付案と7月27日付案では「長崎海軍基地」の語句が手書きの線によって消されており、7月30日付案ではその部分は空欄になっている（「2時間前」という語句からも「2」という数字が消えて空欄になっている）。Draft [undated], *Harrison-Bundy Files*, Roll 6, No. 5, pp. 36-44; [Revised] Draft [undated], *ibid.*, pp. 27-35; Draft, June 7, 1945, *ibid.*, pp. 91-103 and Roll 6, No. 6, p. 2; Draft of June 29, 1945, Merrill, *op. cit.*, pp. 188-193; Draft of July 5, 1945, *Harrison-Bundy Files*, Roll 6, No. 6, pp. 4-9; Draft of July 23, 1945, *Harrison-Bundy Files*, Roll 6, No. 5, pp. 83-88; Draft of July 27, 1945, *ibid.*, pp. 77-82; Draft of July 30, 1945, *ibid.*, pp.47-69.

大統領声明案の作成過程と照らし合わせると、日付のない2種類の声明案と6月7日案はハリソンが暫定委員会に提出するために準備した案であり、7月5日案と7月23日案はペイジとグローヴスの補佐官（おそらくファレル准将）が作成したのではないかと推測でき

る（ただし6月29日案だけは、他の声明案とは異なった場所に保管されており（トルーマン関係文書の中にある）、誰が手書きで修正を書き加えたのかは不明である。ハリソンとペイジはどちらもスティムソン陸軍長官の補佐官であり、グローヴスはマンハッタン計画指揮官に就任して以来およそ3年間陸軍長官と協力関係を維持してきた。彼らの間での意見交換は困難ではなかっただろう。

　さて、「原爆投下指令書」案を作成するようグローヴスが指示を受けたのは、長崎という都市名が冒頭にでてくる7月23日付の大統領声明案と同じ日の7月23日である。「原爆投下指令書」案と大統領声明案のどちらの作成にも携わったのがグローヴスとハリソンであり、彼ら2人は7月23日または24日にそれら両方の文案をみた可能性が高い。京都に代わるもう1つの原爆投下目標を「原爆投下指令書」案に急いで加えなければならなくなった時、大統領声明7月23日案の冒頭に長崎という都市名が書かれてあったことが、投下目標都市を彼らが選択するにあたってなんらかのしかたで影響を及ぼした可能性がある。ただしそれが、7月24日付の「原爆投下指令書」案を作成する過程でグローヴスらが長崎を原爆投下目標に加えたことにとってどれほどの重要性をもった要因なのかはわからない。

　長崎を目標都市に追加するよう提案したのがアーノルド陸軍航空隊司令官だったとする説については、鈴木「前掲論文」。Giovannitti and Freed, *op. cit.*, pp. 247-248; Arnold, *op. cit.*, p. 589.

109) Telegram [VICTORY 281], Marshall to Handy, July 25, 1945, *Harrison-Bundy Files*, Roll 4, No. 9, p. 44.「原爆投下指令書」の作成過程については次の研究も参照した。Gordin, *op. cit.*, pp. 50-52; Maddox, *Weapons for Victory*, pp. 104-108.

110) Directive, Handy to Spaatz, July 25, 1945, Document 13, Appendix C, MacEachin, *op. cit.* 7月半ばに陸軍航空隊が再編された。7月15日に第20航空軍のワシントン司令部が閉鎖されて、翌16日にグアム島に陸軍戦略航空隊司令部が開設され（司令官はカール・スパーツ大将、ワシントンの後方司令官はローリス・ノースタッド准将）、第XXI爆撃司令部は第20航空軍へと名称が変わった。そして8月2日にはその第20航空軍の司令官ルメイ（Curtis E. LeMay）が陸軍戦略航空隊の参謀長へと異動し、ルメイの後任にネイサン・トワイニング（Nathan F. Twining）中将が着任した。奥住・工藤『前掲書』2、171-172頁。Gordin, *op. cit.*, p. 78; Norris, *op. cit.*, pp. 413-414.

111) Truman, *Memoirs by Harry S. Truman*, p. 421. なおトルーマンは「原爆投下指令書」の日付を1945年7月24日としているが、正しくは25日である。

112) Gordin, *op. cit.*, p. 50.

113) スティムソンの日記とトルーマンの日記のどちらにも「原爆投下指令書」の承認に触れた記述はない。

114) この点でのトルーマンの主張を裏づける当時の資料はない。

115) Log of the President's Trip to the Conference, *FR: Potsdam II*, p. 20; Truman, Diary Entry July 25, 1945, Merrill, *op. cit.*, p. 155.

116) *Ibid*.

117) Malloy, *Atomic Tragedy*, pp. 134-136; Arnold, *op. cit.*, pp. 588-591.

118) Memorandum, Stone to Arnold, July 24, 1945.

119) Memorandum, Pasco to Groves, July 27, 1945, *Correspondence*, Roll 1, No. 3, p. 90.
120) 本章註118参照。
121) 同上。
122) ポツダム宣言に対する日本政府の対応および鈴木首相による「黙殺」発言については、仲『前掲書』下巻111-144頁。
123) 第2章第3節も参照。「ノースタッド第20航空軍参謀長から第21爆撃部隊司令官にあてた覚書」(1945年5月29日)『資料』392-394頁。奥住・工藤『前掲書』。『米軍資料 原爆投下の経緯』。『米軍資料 原爆投下報告書』。Gordin, *op. cit.*, pp. 59-84; Christman, *op. cit.*, pp. 160-204; Norris, *op. cit.*, pp. 313-324, 417-418; Campbell, *op. cit.*, pp. 25-41, 70-102, 143-158.
124) Blum, *op. cit.*, p. 474; Memorandum, Groves to the Chief of Staff, August 10, 1945, *Correspondence*, Roll 3, No. 7, pp. 34 and 35 (『資料』633頁と巻末46頁の資料解題も参照). 翌8月11日にマーシャルと協議したあとグローヴスは、原爆の重要部品のテニアン島への輸送を一時中断した。Letter, [Groves to Tom [sic]], August 11, 1945, *Correspondence*, Roll 1, No. 5, p. 92.

終　章

1) Alperovitz, *Atomic Diplomacy*, p. 284.
2) 政策決定者たちの放射線被害への関心の希薄さについては第1章註75参照。放射線被害に対する戦後のアメリカによる情報統制については、高橋博子『封印されたヒロシマ・ナガサキ―米核実験と民間防衛計画』凱風社、2008年。
3) Notes of the Interim Committee Meeting, Thursday, 31 May 1945, 10:00 A. M. to 1:15 P.M. ― 2:15 P. M. to 4:15 P.M. オッペンハイマーはそれよりも明確に放射線の危険性をファレル准将を通じてグローヴスに伝えていた。Memorandum, Oppenheimer to Farrell, May 11, 1945, *Correspondence*, Roll 1, No. 7, pp. 46-47 [『資料』397-398頁]。
4) Memorandum, Stimson to Truman, September 11, 1945, *Harrison-Bundy Files*, Roll 2, No. 3, pp. 62-63, 74-79.
5) Sherwin, *A World Destroyed*, p. 238.
6) E．H．カー（清水幾太郎訳）『歴史とは何か』岩波新書、1962年。

補　章

1) 日高『前掲書』。同書は事実誤認をいくつかしており、アメリカが1945年3月に原爆を完成させたと何度も記しているのは（16、46、62頁）その一例である。実際にアメリカが最初の原爆を完成させたのは1945年7月である。
2) 「原爆投下の理由に関しての推論―Yahoo!知恵袋」[http://note.chiebukuro.yahoo.co.jp/detail/n100027、2013年8月27日閲覧]。この言説も事実誤認を含んでいる。「ウラン型は実験での起爆に失敗していた」と述べているが、ウランを原料とする原爆の爆発実験をアメリカは行なっていない。
　このほかにも2種類の原爆を使用した目的が人体実験だったとする見解には、次のもの

がある。木村朗、ピーター・カズニック（乗松聡子訳）『広島・長崎への原爆投下再考―日米の視点』法律文化社、2010年、54頁。藤岡惇「米国はなぜ2発の原爆を投下したのか―ヒロシマ・ナガサキの悲劇の教訓」『立命館経済学』第59巻第6号（2011年3月）、495-508頁。
3） この節（補章第2節）の記述は、第1章第3節第2項と重複する部分がある。
4） Memorandum, Bush and Conant to Wallace, Stimson and Marshall, June 13, 1942; Memorandum, Bush to Roosevelt, June 17, 1942.
5） Memorandum, Bush and Conant to Stimson, September 30, 1944.
6） Memorandum, Groves to Marshall, December 30, 1944. この覚書は、1945年の終わりまでにウラン235・砲身型原爆の2発目が完成すると推定しているが、3発目以降の完成がいつになるのか、またプルトニウム・爆縮型原爆を1945年中に何発製造できるのかについて記述した部分は非公開となっている。そのため、プルトニウム・爆縮型原爆が爆発実験を必要とする場合に、実戦使用できる最初のその型の原爆の完成がいつになるかは不明である。
7） Conant, Notes on History of S-1, January 6, 1945. 山崎・日野川『前掲書』140頁も参照。
8） Norris, *op. cit.*, pp. 362-364. 山崎・日野川『前掲書』135-141頁。
9） Stanley Goldberg, "General Groves and the Atomic West: The Making and the Meaning of Hanford," in Bruce Hevley and John M. Findley (eds.), *The Atomic West* (Seattle: University of Washington Press, 1998), pp. 39-89, especially p. 62. スタンリー・ゴールドバーグ（春名幹男訳）「グローブス将軍と原爆投下」『世界』1995年8月号、182頁。
10） Goldberg, "General Groves and the Atomic West,", p. 63. ゴールドバーグ「前掲論文」183頁。
11） Goldberg, "General Groves and the Atomic West,", p. 64; Norris, *op. cit.*, p. 369.
12） *Ibid.*, pp. 369-370 and p. 652 n6; Goldberg, "General Groves and the Atomic West," p. 64. ゴールドバーグ「前掲論文」183-184頁。
13） Norris, *op. cit.*, p. 367.
14） Memorandum, Derry to De Lany, August 17, 1945, *Correspondence*, Roll 1, No. 6, p. 40; 奥住・工藤『前掲書』4、20-22頁。『米軍資料　原爆投下の経緯』164頁。Gordin, *op. cit.*, pp. 79-80; Christman, *op. cit.*, pp. 178-179.
15） 山崎・日野川『前掲書』142頁。
16） 第1章第5節第1項参照。
17） Hoddeson, Henriksen, Meade and Westfall, *op. cit.*, pp. 330-331; Gordin, *op. cit.*, pp. 90-91. 奥住・工藤『前掲書』55、65頁。
18） Memorandum, Groves to Marshall, August 10, 1945.
19） Memorandum, Groves to Marshall, July 30, 1945. Norris, *op. cit.*, p. 416も参照。
20） Gallicchio, *op. cit.*; Bernstein, "Eclipsed by Hiroshima and Nagasaki."
21） 長崎にアメリカが原爆を投下したあとの8月10日の閣議でトルーマン大統領は、3発目の原爆の使用を中止させる命令をだしたことを明らかにした。そのため大統領が原爆の使用を再び許可しなければ、3発目以降の原爆の使用はできなかった。Blum, *op. cit.*, p. 474. 8月10日にマーシャルはグローヴスから受け取った覚書の余白に、大統領からの明示的な

許可がなければ3発目の原爆使用はしない、と手書きで記してグローヴスに返した。Memorandum, Groves to Marshall, August 10, 1945.『資料』633頁、巻末46頁資料解題。

22) Bundy, *op. cit.*, p. 94; Barton J. Bernstein, "The Atomic Bombing Reconsidered," *Foreign Affairs*, Vol. 74, No. 1 (January/February 1995), pp. 135-152 [邦訳バートン・J・バーンスタイン「検証・原爆投下決定までの三百日」『中央公論』1995年2月号、387-404頁]、especially p. 150 [邦訳402-403頁]; *Idem*, "Understanding the Atomic Bomb and the Japanese Surrender."

23) 鈴木多聞『「終戦」の政治史 1943-1945』東京大学出版会、2011年。Maddox, *Hiroshima in History*; Hasegawa, *Racing the Enemy*. これらのほかにも日本政府による降伏の決定過程については次のような研究がある。ロバート・ビュートー(大井篤訳)『終戦外史―無条件降伏までの経緯』時事通信社、1958年。西島『前掲書』。麻田「原爆投下の衝撃と降伏の決定」。仲『前掲書』。小代有希子『1945 予定された敗戦―ソ連進攻と冷戦の到来』人文書院、2015年。Asada, *op. cit.*; Robert A. Pape, "Why Japan Surrendered," *International Security*, Vol. 18, No. 2 (Fall 1993), pp. 154-201; Lawrence Freedman and Saki Dockrill, "Hiroshima: A Strategy of Shock," in Saki Dockrill (ed.), *From Pearl Harbor to Hiroshima: The Second World War in Asia and the Pacific, 1941-45* (New York: St. Martin's Press, 1994), pp. 191-212; Herbert J. Bix, "Japan's Delayed Surrender: A Reinterpretation," in Hogan, *op. cit.*, pp. 80-115.

24) Barton J. Bernstein, "Compelling Japan's Surrender without the A-Bomb, Soviet Entry, or Invasion: Reconsidering the US Bombing Survey's Early-Surrender Conclusions," *Journal of Strategic Studies*, Vol. 18, No. 2 (June 1995), pp. 101-148; *Idem*, "Understanding the Atomic Bomb and the Japanese Surrender."

25) Gordin, *op. cit.*, pp. 47-48.

26) Tube Alloys : Aide-Memoir of Conversation Between the President and the Prime Minister at Hyde Park, September 18, 1944.

27) Letter, Groves to Oppenheimer, July 19, 1945, *Correspondence*, Roll 1, No. 3, p. 80 (『資料』592頁). ただしグローヴスは回顧録の中で次のように記している。7月16日にアラモゴードでの原爆爆発実験が成功した直後に、グローヴスはファレル准将から「戦争は終わった」と祝福の声をかけられた。それに対してグローヴスは、「そのとおり、われわれが日本に2発の原爆を落としたあとでだ」と返答した、と。Groves, *op. cit.*, p. 298 [『前掲訳書』283-284頁].

28) Directive, Handy to Spaatz, July 25, 1945.

29) Gordin, *op. cit.*, pp. 49-52.

30) 吉田『前掲書』。

参考資料一覧

1．一次資料
①公刊資料（オンライン公開、マイクロ資料を含む）
Bush-Conant File Relating to the Development of the Atomic Bomb, 1940-1945 (microform) (Imprint: Washington: [National Archives and Records Administration]), Online Document Delivery Service offered by Center for Research Libraries. [http://dds.crl.edu/crldelivery.asp?tid=4786、2013年5月7日閲覧。]

Correspondence ("Top Secret") of the Manhattan Engineer District, 1942-1946 (microform) (Imprint: Washington: National Archives and Records Administration, 1980), Online Document Delivery Service offered by Center for Research Libraries. [http://dds.crl.edu/crldelivery.asp?tid=4788、2013年5月8日閲覧。]

Harrison-Bundy Files Relating to the Development of the Atomic Bomb, 1942-1946 (microform) (Imprint: Washington : The National Archives, National Archives and Records Service, General Services Administration, 1980), Online Document Delivery Service offered by Center for Research Libraries. [http://dds.crl.edu/crldelivery.asp?tid=4787、2013年5月7日閲覧。]

Truman, Harry S., Library and Museum 公開資料 [http://www.trumanlibrary.org/whistlestop/study_collections/bomb/large、2013年3月5日閲覧。]

Burr, William (ed.). *The Atomic Bomb and the End of World War II: A Collection of Primary Sources* (National Security Archive Electronic Briefing Book No. 162). Posted on August 5, 2005, updated on April 27, 2007. [http://www2.gwu.edu/~nsarchiv/NSAEBB/NSAEBB162/、2013年5月28日閲覧。]

Merrill, Dennis (ed.). *Documentary History of the Truman Presidency, Vol.1: The Decision to Drop the Atomic Bomb on Japan* (Bethesda, Maryland: University Publications of America, 1995).

McCloy, John J. *Diary of John J. McCloy, 1945* in John J. McCloy Papers (Box DY1, folders 16-19), Archives and Special Collections, Amherst College Library. [https://www.amherst.edu/media/view/390254/original/McCloy_diary_1945.pdf、2014年12月27日閲覧。].

Stimson, Henry L. *Henry Lewis Stimson Diaries*, Microfilm Edition (New Haven, Connecticut: Manuscripts and Archives, Yale University Library, 1973), Vols. 50-52. [広島平和記念資料館所蔵。]

U.S. Department of State. *Foreign Relations of the United States: Conferences at Cairo and Teheran, 1943.* (Washington, D.C.: U.S. Government Printing Office, 1961).

―――. *Foreign Relations of the United States: Conference at Quebec 1944* (Washington, D.C.: U.S. Government Printing Office, 1972). [http://digicoll.library.wisc.edu/cgi-bin/FRUS/FRUS-idx?type=header&id=FRUS.FRUS1944、2015年4月25日閲覧。]

―――. *Foreign Relations of the United States: The Conference of Berlin*(*The Potsdam Conference*)*, 1945.* 2 Volumes. (Washington, D.C.: U.S. Government Printing Office, 1960).

―――. *Foreign Relations of the United States: The Conferences at Malta and Yalta, 1945.* (Washington, D.C.: U.S. Government Printing Office, 1955).

―――. *Foreign Relations of the United States: Vol. 6, The British Commonwealth: The Far East 1945* (Washington, D.C.: U.S. Government Printing Office, 1969). [http://digital.library.wisc.edu/1711.dl/FRUS.FRUS1945v06、2016年8月30日閲覧。]

外務省編『日本の選択　第二次世界大戦終戦史録』全3巻、山手書房新社、1990年。

山極晃・立花誠逸編（岡田良之助訳）『資料　マンハッタン計画』大月書店、1993年。

―――・中村政則編（岡田良之助訳）『資料日本占領1　天皇制』大月書店、1990年。

②未公刊資料

Leahy, William D. *Papers of William D. Leahy.* Manuscript Division, Library of Congress, Washington, D.C.

Oppenheimer, J. Robert. *Papers of J. Robert Oppenheimer.* Manuscript Division, Library of Congress, Washington, D.C.

2．書籍（主に印刷された刊行物。オンライン公開を含む）

The Entry of the Soviet Union into the War against Japan: Military Plans, 1941-1945 (Washington, D.C.: Department of Defense, 1955). [http://babel.hathitrust.org/cgi/pt?id=mdp.39015002987595、2014年12月28日閲覧。]

Allen, Thomas B., and Norman Polmar. *Code-Name Downfall: The Secret Plan to Invade Japan and Why Truman Dropped the Bomb* (New York: Simon and Schuster, 1995).

Alperovitz, Gar. *Atomic Diplomacy: Hiroshima and Potsdam,* 2nd Expanded Ed. (London: Pluto Press, 1994).

―――. *The Decision to Use the Atomic Bomb and the Architecture of an American Myth* (New York: Alfred A. Knopf, 1995). [邦訳アルペロヴィッツ，ガー（鈴木俊彦・岩本正恵・米山裕子訳）『原爆投下決定の内幕―悲劇のヒロシマ・ナガサキ』上・下、ほるぷ出版、1995年。]

参考資料一覧

Arnold, Henry H. *Global Mission* (Blue Ridge Summit, PA: TAB Books, 1989).

Baggott, Jim. *The First War of Physics: The Secret History of the Atom Bomb, 1939-1949* (New York: Pegasus Books, 2010).［邦訳バゴット，ジム（青柳伸子訳）『原子爆弾 1938〜1950年——いかに物理学者たちは、世界を残虐と恐怖へ導いていったか？』作品社、2015年。］

Bernstein, Barton (ed.). *The Atomic Bomb: The Critical Issues* (Boston: Little Brown, 1976).

Bird, Kai. *The Color of Truth: McGeorge Bundy and William Bundy, Brothers in Arms: A Biography* (New York: Simon and Schuster, 1998).

―――, and Lawrence Lifschultz (eds.), *Hiroshima's Shadow: Writing on the Denial of History and the Smithsonian Controversy* (Stony Creek, Connecticut: Pamphleteer's Press, 1998).

―――, and Martin J. Sherwin. *American Prometheus: The Triumph and Tragedy of J. Robert Oppenheimer* (New York: Alfred A. Knopf, 2005).［邦訳バード，カイ、マーティン・シャーウィン（河邊俊彦訳）『オッペンハイマー』上・下、PHP研究所、2007年。］

Blackett, P.M. S. *Fear, War, and the Bomb: Military and Political Consequences of Atomic Energy* (New York: Whittlesey House, 1949).［邦訳ブラッケット，パトリック（田中慎二郎訳）『恐怖・戦争・爆弾——原子力の軍事的・政治的意義』法政大学出版局、1951年。］

Blum, John Morton (ed.). *The Price of Vision: The Diary of Henry A. Wallace, 1942-1946* (Boston: Houghton Mifflin Company, 1973).

Boyer, Paul. *By the Bombs Early Light: American Thought and Culture at the Dawn of the Atomic Age* (New York: Pantheon Books, 1985).

―――. *Fallout: A Historian Reflects America's Half-Century Encounter with Nuclear Weapons* (Columbus: Ohio State University Press, 1998).

Brown, Andrew. *Keeper of the Nuclear Conscience: The Life and Work of Joseph Rotblat* (Oxford: Oxford University Press, 2012).

Buhite, Russell D. *Decisions at Yalta: An Appraisal of Summit Diplomacy* (Wilmington, Del.: Scholarly Resources Inc., 1986).

Bundy, McGeorge. *Danger and Survival: Choices about the Bomb in the First Fifty Years* (New York: Random House, 1988).

Byrnes, James F. *Speaking Frankly* (New York: Harper & Brothers, 1947).

―――. *All in One Life Time* (New York: Harper & Brothers, 1958).

Campbell, Richard H. *The Silverplate Bombers: A History and Registry of the* Enola Gay *and Other B-29s Configured to Carry Atomic Bombs* (Jefferson, North

Carolina: McFarland & Company, 2005).
Cantelon, Philip L., Richard G. Hewlett, and Robert C. Williams (eds.). *The American Atom: A Documentary History of Nuclear Policies from the Discovery of Fission to the Present*, 2nd Edition (Philadelphia: University of Pennsylvania Press, 1991).
Christman, Albert B. *Target Hiroshima: Deak Parsons and the Creation of the Atomic Bomb* (Annapolis: Naval Institute Press, 1998).
Churchill, Winston S. *The Second World War, Vol. 6: Triumph and Tragedy* (London: Weidenfeld & Nicolson, 2015).
Craig, Campbell, and Sergey Radchenko. *The Atomic Bomb and the Origins of the Cold War* (New Haven: Yale University Press, 2008).
Drea, Edward J. *MacArthur's ULTRA: Codebreaking and War against Japan, 1942-1945* (Lawrence: University Press of Kansas, 1992).
Farmelo, Graham. *Churchill's Bomb: How the United States Overtook Britain in the First Nuclear Arms Race* (New York: Basic Books, 2013).
Feifer, George. *Tennozan: The Battle of Okinawa and the Atomic Bomb* (New York: Ticknor and Fields, 1992).
Feis, Herbert. *Japan Subdued: The Atomic Bomb and the End of World War in the Pacific* (Princeton: Princeton University Press, 1961).
―――. *The Atomic Bomb and the End of World War II* (Princeton: Princeton University Press, 1966). ［邦訳ファイス，ハーバート（佐藤栄一・山本武彦・黒柳米司・広瀬順晧・伊藤一彦訳）『原爆と第二次世界大戦の終結』南窓社、1974年。］
Ferrell, Robert H. *Harry S. Truman: A Life* (Columbia: University of Missouri Press, 1994).
――― (ed.). *Off the Record: The Private Papers of Harry S. Truman* (New York: Harper & Row, 1980).
――― (ed.). *Dear Bess: The Letters from Harry to Bess Truman, 1910-1959* (New York: Norton, 1983).
――― (ed.). *Harry S. Truman and the Bomb: A Documentary History* (Worland, Wyoming: High Plains Publishing Company, 1996).
Frank, Richard B. *Downfall: The End of the Imperial Japanese Empire* (New York: Penguin Books, 1999).
Freedman, Lawrence. *The Evolution of Nuclear Strategy*, 3rd Ed. (New York: Palgrave Macmillan, 2003).
Gaddis, John Lewis. *The United States and the Origins of the Cold War, 1941-1947*, New Edition (New York: Columbia University Press, 2000).
Gallicchio, Marc S. *The Cold War Begins in Asia: American East Asia Policy and the*

Fall of Japanese Empire (New York: Columbia University Press, 1988).

Giovannitti, Len, and Fred Freed. *The Decision to Drop the Bomb* (New York: Coward-McCann, 1965).

Goldschumidt, Betrand. Translated by George M. Temmer. *Atomic Rivals: A Candid Memoir of Rivalries among the Allies over the Bomb* (New Brunswick: Rutgers University Press, 1990).

Gordin, Michael D. *Five Days in August: How World War II Became a Nuclear War* (Princeton: Princeton University Press, 2007). [邦訳ゴーディン, マイケル・D.（林義勝・藤田怜史・武井望訳）『原爆投下とアメリカ人の核認識―通常兵器から「核」兵器へ』彩流社、2013年。]

Gowing, Margaret. *Britain and Atomic Energy, 1939-1945* (London: Macmillan, 1964).

Groves, Leslie R. *Now It Can be Told: The Story of the Manhattan Project* (Boston: DA CAPO Press, 1983). [Originally published by Harper & Brothers, 1962.] [邦訳グローブス, レスリー（冨永謙吾・実松譲訳）『原爆はこうしてつくられた』恒文社、1964年。]

Hallett, Brien. *Did the Atomic Bomb Cause the Surrender of Japan?: An Alternative Explanation of the End of World War II* (Lewiston, New York: The Edwin Mellen Press, 2013).

Hamby, Alonzo L. *Man of the People: A Life of Harry S. Truman* (New York: Oxford University Press, 1995).

Hasegawa, Tsuyoshi. *Racing the Enemy: Stalin, Truman and the Surrender of Japan* (Cambridge, Mass.: The Belknap Press of Harvard University Press, 2005).

Hayes, Grace Perso. *The History of the Joint Chiefs of Staff in World War II: The War against Japan* (Annapolis: Naval Institute Press, 1982).

Hein, Laura, and Mark Selden (eds.). *Living with the Bomb: American and Japanese Cultural Conflicts in the Nuclear Age* (Armonk, NY: M. E. Sharpe, 1997).

Herken, Gregg. *The Winning Weapon: The Atomic Bombs in the Cold War, 1945-1950* (New York: Alfred A. Knopf, 1980).

Hershberg, James G. *James B. Conant: Harvard to Hiroshima and the Making of the Nuclear Age* (New York: Alfred A. Knopf, 1993).

Hewlett, Richard G., and Oscar E. Anderson, Jr. *The New World: A History of the United States Atomic Energy Commission: Vol. 1, 1939-1946* (Berkeley: University of California Press, 1990). [Originally published by University of Pennsylvania Press, 1962.]

Hoddeson, Lillian, Paul W. Henriksen, Roger A. Meade, and Catherine Westfall, *Critical Assembly: A Technical History of Los Alamos during the Oppenheimer Years,*

1943-1945 (Cambridge: Cambridge University Press, 1993).
Hodgson, Godfrey. *The Colonel: The Life and Wars of Henry Stimson, 1867-1950* (New York: Alfred A. Knopf, 1990).
Hogan, Michael J. (ed.). *Hiroshima in History and Memory* (Cambridge: Cambridge University Press, 1996).
Holloway, David. *Stalin and the Bomb: The Soviet Union and Atomic Energy, 1939-1956* (New Haven: Yale University Press, 1994).［邦訳ホロウェイ，デーヴィド（川上洸・松本幸重訳）『スターリンと原爆』上・下、大月書店、1997年。］
Jones, Matthew. *After Hiroshima: The United States, Race and Nuclear Weapons in Asia, 1945-1965* (Cambridge: Cambridge University Press, 2010).
Jones, Vincent C. *Manhattan: The Army and the Atomic Bomb* (Washington, D.C.: Center for Military History, 1985).
Kort, Michael. *The Columbia Guide to Hiroshima and the Bomb* (New York: Columbia University Press, 2007).
Lanouette, William, with Bela Silard. *Genius in the Shadows: A Biography of Leo Szilard, the Man behind the Bomb* (New York: Charles Scribner's Sons, 1992).
Lifton, Robert J., and Greg Mitchell. *Hiroshima in America: Fifty Years of Denial* (New York: Grosset/Putnam, 1995).［邦訳リフトン，ロバート・J.、グレッグ・ミッチェル（大塚隆訳）『アメリカの中のヒロシマ』上・下、岩波書店、1995年。］
Linenthal, Edward T., and Tom Engelhardt (eds.). *History Wars: The Enola Gay and Other Battles for the American Past* (New York: Metropolitan Books, 1996).［邦訳エンゲルハート，トム、エドワード・リネンソール（島田三蔵訳）『戦争と正義—エノラゲイ展論争から』朝日選書、1998年。］
MacEachin, Douglas J. *The Final Months of the War with Japan: Signals Intelligence, U.S. Invasion Planning and the A-Bomb Decision* (Washington, D. C.: Center for the Study of Intelligence, 1998).
Maddox, Robert James. *Weapons for Victory: The Hiroshima Decision Fifty Years Later* (Columbia: University of Missouri Press, 1995).
――― (ed.). *Hiroshima in History: The Myths of Revisionism* (Columbia and London: University of Missouri Press, 2007).
Majerus, Joe. *The Decision to Employ Nuclear Weapons at Hiroshima and Nagasaki* (Grin Verlag GmbH, 2012) (Imprint: Norderstedt, Germany: Books on Demand GmbH, 2012).
Malloy, Sean L. *Atomic Tragedy: Henry L. Stimson and the Decision to Use the Bomb against Japan* (Ithaca: Cornell University Press, 2008).
McCullough, David. *Truman* (New York: Simon and Schuster, 1992).

Messer, Robert L. *The End of an Alliance: James F. Byrnes, Roosevelt, Truman, and the Origins of the Cold War* (Chapel Hill: University of North Carolina Press, 1982).

Millis, Walter (ed.). *The Forrestal Diaries* (New York: The Viking Press, 1951).

Miscamble, Wilson D., *The Most Controversial Decision: Truman, the Atomic Bombs, and the Defeat of Japan* (Cambridge: Cambridge University Press, 2011).

Molotov, Vyacheslav Mikhaylovich. *Molotov Remembers: Inside Kremlin Politics*, Conversations with Felix Chuev, editied with an Introduction and Notees by Albert Resis (Chicago: Ivan R. Dee, 1993).

Neiberg, Michael. *Potsdam: The End of World War II and the Remaking of Europe* (New York: Basic Books, 2015).

Newman, Robert P. *Truman and the Hiroshima Cult* (East Lansing: Michigan State University Press, 1995).

Nobile, Philipe (ed.). *Judgment at the Smithsonian* (New York: Marlow & Company, 1995).［邦訳ノビーレ，フィリップ、バートン・バーンステイン（三国隆司ほか訳）『葬られた原爆展—スミソニアンの抵抗と挫折』五月書房、1995年。］

Norris, Robert S. *Racing for the Bomb: General Leslie R. Groves, the Manhattan Project's Indispensable Man* (South Royalton, Vermont: Steerforth Press, 2002).

Paul, Septimus H. *Nuclear Rivals: Anglo-American Atomic Relations, 1941-1952* (Columbus: Ohio State University Press, 2000).

Radosh, Ronald, and Joyce Milton. *The Rosenberg File*, 2nd Ed. (New Haven: Yale University Press, 1997).

Rearden, Steven L. Councils of War: A History of the Joint Chiefs of Staff, 1942-1991 (Washington, D. C.: NDU Press, 2012).（Available at http://ndupress.ndu.edu/Portals/68/Documents/Books/council-of-war.pdf、2016年8月30日閲覧。）

Rhodes, Richard. *The Making of the Atomic Bomb* (New York: Simon and Schuster, 1986).［邦訳ローズ，リチャード（神沼二真・渋谷泰一訳）『原子爆弾の誕生』上・下、紀伊國屋書店、1995年。］

Robertson, David. *Sly and Able: A Political Biography of James F. Byrnes* (New York: W.W. Norton, 1994).

Serber, Robert. *The Los Alamos Primer: The First Lectures on How to Build an Atomic Bomb*. Annotated by Robert Serber, edited with an introduction by Richard Rhodes. (Berkley and Los Angeles: University of California Press, 1992).［邦訳Robert Serber著、Richard Rhodes編（今野廣一訳）『ロスアラモス・プライマー——開示教本「原子爆弾製造原理入門」』丸善プラネット、2015年。］

Sherwin, Martin J. *A World Destroyed: Hiroshima and the Origin of the Arms Race*

(New York: Vintage Books, 1987). [初版の出版は1975年。邦訳シャーウィン, マーティン・J.（加藤幹雄訳）『破滅への道程―原爆と第二次世界大戦』TBSブリタニカ、1978年。]

Sigal, Leon V. *Fighting to a Finish: The Politics of War Termination in the United States and Japan, 1945* (Ithaca: Cornell University Press, 1988).

Skates, John Ray. *The Invasion of Japan: Alternative to the Bomb* (Columbia, SC: University of South Carolina Press, 1994).

Smyth, Henry DeWolf. *Atomic Energy for Military Purposes: The Official Report on the Development of the Atomic Bomb under the Auspices of the United States Government, 1940-1945* (Stanford: Stanford University Press, 1989).

Stimson, Henry L., and McGeorge Bundy. *On Active Service in Peace and War* (New York: Harper & Brothers, 1948).

Stoff, Michael B., Jonathan F. Fanton, and R. Hal Williams (eds.). *The Manhattan Project: A Documentary Introduction to the Atomic Age* (New York: McGraw-Hill, Inc., 1991).

Stoler, Mark A. *Allies and Adversaries: The Joint Chiefs of Staff, the Grand Alliance, and U. S. Srtategy in World War II* (Chapell Hill: The University of North Carolina Press, 2000).

Takaki, Ronald. *Hiroshima: Why America Dropped the Bomb?* (Boston: Little, Brown, 1995). [邦訳タカキ, ロナルド（山岡洋一訳）『アメリカはなぜ日本に原爆を投下したのか』草思社、1995年。]

Tannenwald, Nina. *The Nuclear Taboo: The United States and the Non Use of Nuclear Weapons since 1945* (New York: Cambridge University Press, 2007).

Truman, Harry S. *Memoirs by Harry S. Truman: 1945, Year of Decisions* (New York: Konecky and Konecky [undated])[Reprinted edition of Harry S. Truman, *Memoir, Volume 1: Year of Decisions* (New York: Doubleday, 1955)][邦訳トルーマン, ハリー・S.（堀江芳孝訳）『トルーマン回顧録（新版）』全2巻、恒文社、1992年。]

Wainstock, Dennis D. *The Decision to Drop the Atomic Bomb* (Westport: Praeger, 1996).

Walker, J. Samuel. *Prompt and Utter Destruction: Truman and the Use of Atomic Bombs against Japan*, Revised Edition (Chapel Hill: University of North Carolina Press, 2004). [邦訳ウォーカー, J・サミュエル（林義勝訳）『原爆投下とトルーマン』彩流社、2008年。]

Weart, Spencer R. *Nuclear Fear: A History of Images* (Cambridge: Harvard University Press, 1988).

参考資料一覧

Williams, Robert C., and Philip L. Cantelon (eds.). *The American Atom: A Documentary History of Nuclear Policies from the Discovery of Fission to the Present, 1939-1984* (Philadelphia: University of Pennsylvania Press, 1984).

Wilson, Ward. *Five Myths about Nuclear Weapons* (Boston: Houghton Mifflin Harcourt, 2013).［邦訳ウィルソン，ウォード（黒澤満日本語版監修・広瀬訓監訳）『核兵器をめぐる5つの神話』法律文化社、2016年。］

Winkler, Allan M. *Life under a Cloud: American Anxiety about the Atom* (New York: Oxford University Press, 1993).［邦訳ウィンクラー，アラン（麻田貞雄監訳）『アメリカ人の核意識』ミネルヴァ書房、1999年。］

Zachary, G. Pascal. *Endless Frontier: Vannevar Bush, Engineer of the American Century* (New York: Free Press, 1997).

『米軍資料　原爆投下報告書—パンプキンと広島・長崎』(奥住喜重・工藤洋三・桂哲男訳)、東方出版、1993年。

『米軍資料　原爆投下の経緯—ヴァンドーヴァーから広島・長崎まで』(奥住喜重・工藤洋三訳) 東方出版、1996年。

荒井信一『原爆投下への道』東京大学出版会、1985年。

五百旗頭真『米国の日本占領政策』上・下、中央公論社、1985年。

─── ・北岡伸一編『開戦と終戦—太平洋戦争の国際関係』情報文化研究所、1998年。

入江昭『日米戦争』中央公論社、1978年。

歌田明弘『科学大国アメリカは原爆投下によって生まれた』平凡社、2005年。

NHK取材班『アメリカの中の原爆論争—戦後50年スミソニアン展示の波紋』ダイヤモンド社、1996年。

岡井敏『「原爆は日本人には使っていいな」』早稲田出版、2010年。

奥住喜重・工藤洋三『ティニアン・ファイルは語る—原爆投下暗号電文集』[奥住喜重・工藤洋三発行]、2002年。

カー，E.H.(清水幾太郎訳)『歴史とは何か』岩波新書、1962年。

金子敦郎『世界を不幸にする原爆カード—ヒロシマ・ナガサキが世界を変えた』明石書店、2007年。

木戸幸一『木戸幸一日記　東京裁判期』東京大学出版会、1980年。

紀平英作『パクス・アメリカーナへの道—胎動する戦後世界秩序』山川出版社、1996年。

───『歴史としての核時代』山川出版社、1998年。

木村朗、ピーター・カズニック（乗松聡子訳）『広島・長崎への原爆投下再考—日米の視点』法律文化社、2010年。

小代有希子『1945 予定された敗戦—ソ連進攻と冷戦の到来』人文書院、2015年。

斎藤道雄『原爆神話の五〇年—すれ違う日本とアメリカ』中公新書、1995年。

坂本義和編『核と人間』全2巻、岩波書店、1999年。

シェイファー，ロナルド（深田民生訳）『アメリカの日本空襲にモラルはあったか』草思社、1996年。
信夫清三郎『聖断の歴史学』勁草書房、1992年。
進藤榮一『戦後の原像―ヒロシマからオキナワへ』岩波書店、1999年。
スウィーニー，チャールズ（黒田剛訳）『私はヒロシマ、ナガサキに原爆を投下した』原書房、2000年。
鈴木多聞『「終戦」の政治史 1943-1945』東京大学出版会、2011年。
スラヴィンスキー，ボリス（加藤幸廣訳）『日ソ戦争への道―ノモンハンから千島占領まで』共同通信社、1999年。
諏訪澄『広島原爆―8時15分投下の意味』原書房、2003年。
高橋博子『封印されたヒロシマ・ナガサキ―米核実験と民間防衛計画』凱風社、2008年。
武田清子『天皇観の相克―1945年前後』岩波書店（同時代ライブラリー）、1993年。
東郷茂徳『東郷茂徳外交手記―時代の一面』原書房、1967年。
トマス，ゴードン、マックス・モーガン＝ウィッツ（松田銑訳）『エノラ・ゲイ―ドキュメント・原爆投下』TBSブリタニカ、1980年。
冨永謙吾編『現代史資料39・太平洋戦争（五）』みすず書房、1975年。
鳥居民『原爆を投下するまで日本を降伏させるな―トルーマンとバーンズの陰謀』草思社、2005年。
仲晃『パクス・アメリカーナの転回――ジャーナリストの見た現代史』岩波書店、1992年。
―――『黙殺―ポツダム宣言の真実と日本の運命』上・下、日本放送出版協会、2000年。
永井陽之助『冷戦の起源―戦後アジアの国際環境』Ⅰ・Ⅱ、中央公論新社、2013年（初版の出版は1978年）。
中沢志保『オッペンハイマー―原爆の父はなぜ水爆開発に反対したか』中公新書、1995年。
―――『ヘンリー・スティムソンと「アメリカの世紀」』国書刊行会、2014年。
中村政則『象徴天皇制への道』岩波新書、1989年。
名越健郎『クレムリン秘密文書は語る』中公新書、1994年。
西岡達裕『アメリカ外交と核軍備競争の起源―1942-46』彩流社、1999年。
西島有厚『原爆はなぜ投下されたか―日本降伏をめぐる戦略と外交』(新装版)青木書店、1985年。
日本外交学会編、植田捷男監修『太平洋戦争終結論』東京大学出版会、1958年。
ハーウィット，マーティン（山岡清二監訳、渡会和子・原純夫訳）『拒絶された原爆展―歴史のなかの「エノラ・ゲイ」』みすず書房、1997年。
長谷川毅『暗闘―スターリン、トルーマンと日本降伏』中央公論新社、2006年（増補改訂版は、上・下、中公文庫、2011年）。
秦郁彦『裕仁天皇五つの決断』講談社、1984年。
―――『昭和史の謎を追う』上・下、文藝春秋、1993年。

林茂・安藤良雄・今井清一・大島太郎編『日本終戦史』全3巻、読売新聞社、1962年。
パワーズ，トマス（鈴木主税訳）『なぜ、ナチスは原爆製造に失敗したか―連合国が最も恐れた男・天才ハイゼンベルクの闘い』上・下、福武書店、1994年。
日高義樹『なぜアメリカは日本に二発の原爆を落としたのか』PHP研究所、2012年。
ビュートー，ロバート（大井篤訳）『終戦外史―無条件降伏までの経緯』時事通信社、1958年。
廣部泉『グルー―真の日本の友』ミネルヴァ書房、2011年。
藤原帰一『戦争を記憶する―広島・ホロコーストと現在』講談社現代新書、2001年。
福田茂夫『第二次世界大戦の米軍事戦略』中央公論社、1979年。
細谷千博『日本外交の座標』中央公論社、1979年。
細谷千博著作選集刊行委員会編『国際政治の中の日本外交（細谷千博著作選集第2巻）』龍渓書房、2012年。
細谷千博・入江昭・後藤乾一・波多野澄雄編『太平洋戦争の終結―アジア・太平洋の戦後形成』柏書房、1997年。
マキジャニ，アージュン、ジョン・ケリー（関元訳）『WHY JAPAN？―原爆投下のシナリオ』教育社、1985年。
モス，ノーマン（壁勝弘訳）『原爆を盗んだ男―クラウス・フックス』朝日新聞社、1989年。
山崎啓明『盗まれた最高機密―原爆・スパイ戦の真実』NHK出版、2015年。
山崎正勝・日野川静枝編著『原爆はこうして開発された（増補版）』青木書店、1997年。
山田克哉『原子爆弾―その歴史と理論』講談社ブルーバックス、1996年。
―――『核兵器のしくみ』講談社現代新書、2004年。
山田浩『核抑止戦略の歴史と理論』法律文化社、1979年。
―――・吉川元編『なぜ核はなくならないのか―核兵器と国際関係』法律文化社、2000年。
油井大三郎『日米 戦争観の相克―摩擦の深層心理』岩波書店、1995年（増補改訂版は『なぜ戦争観は衝突するか―日本とアメリカ』岩波現代文庫、2007年）。
ユンク，ロベルト（菊森英夫訳）『千の太陽より明るく―原爆を造った科学者たち』平凡社、2000年。
吉田守男『京都に原爆を投下せよ―ウォーナー伝説の真実』角川書店、1995年（文庫版は『日本の古都はなぜ空襲を免れたか』朝日文庫、2002年）。
吉田裕『昭和天皇の終戦史』岩波新書、1992年。
読売新聞社編『昭和史の天皇4』読売新聞社、1968年。

3．論文

"History and the Public: What Can We Handle? A Round Table about History after the Enola Gay Controversy." *Journal of American History*, Vol. 12, No. 3 (December 1995), pp. 1029-1144.

Alperovitz, Gar. "More on Atomic Diplomacy." *Bulletin of the Atomic Scientists*, December 1, 1985, pp. 35-39.

―――, "Hiroshima: Historians Reassess." *Foreign Policy*, Vol. 99 (Summer 1995), pp. 15-34.

―――, and Kai Bird. "The Centrality of the Bomb." *Foreign Policy*, Vol. 94 (Spring 1994), pp. 3-20.

―――, and Robert L. Messer. "Marshall, Truman, and the Decision to Drop the Bomb." *International Security*, Vol. 16, No. 3 (Winter 1991/92), pp. 204-214.

Asada, Sadao. "The Mushroom Cloud and National Psyches: Japanese and American Perceptions of the A-Bomb Decision, 1945-1995." *Journal of American-East Asian Relations*, Vol. 4, No. 2 (Summer 1995), pp. 95-116.

―――. "The Shock of the Atomic Bomb and Japan's Decision to Surrender: A Reconsideration." *Pacific Historical Review*, Vol. 67, No. 4 (November, 1998), pp. 477-512.

Bird, Kai, and Lawrence Lifschultz. "The Legend of Hiroshima." In Kai Bird and Lawrence Lifschultz (eds.), *Hiroshima's Shadow: Writing on the Denial of History and the Smithsonian Controversy* (Stony Creek, Connecticut: Pamphleteer's Press, 1998), pp. xxxi-lxxvii.

Basrur, Rajesh M., Michael D. Cohen and Ward Wilson. "Correspondence: Do Small Arsenals Deter?" *International Security*, Vol. 32, No. 3 (Winter, 2007/2008), pp. 202-214.

Bernstein, Barton J. "The Atomic Bomb and American Foreign Policy, 1941-1945: An Historiographical Controversy." *Peace and Change*, Vol. 2, No. 1 (Spring 1974), pp. 1-16

―――. "Quest for Security: American Foreign Policy and International Control of Atomic Energy, 1942-1946." *Journal of American History*, Vol. 60, No. 4 (March 1974), pp. 1003-1044.

―――. "Roosevelt, Truman and the Atomic Bomb, 1941-1945: A Reinterpretation." *Political Science Quarterly*, Vol. 90 (Spring 1975), pp. 23-69.

―――. "The Uneasy Alliance: Roosevelt, Churchill, and the Atomic Bomb, 1940-1945." *Western Political Quarterly*, Vol. 29, No. 2 (June 1976), pp. 202-230.

―――. "The Perils and Politics of Surrender: Ending the War with Japan and Avoiding the Third Atomic Bomb." *Pacific Historical Review*, Vol. 46, No. 1 (February 1977), pp. 1-27.

―――. "Truman at Potsdam: His Secret Diary." *Foreign Service Journal* (July/August 1980), pp. 29-36. [www.gwu.edu、2013年5月28日閲覧。]

―――. "A Post War Myth: 500,000 U.S. Lives Saved." *Bulletin of the Atomic Scientists*, Vol. 42, No. 6 (June/July 1986), pp. 38-40.

―――. "Ike and Hiroshima: Did He Oppose It?" *Journal of Strategic Studies*, Vol. 10, No. 3 (September 1987), pp. 377-389.

―――. "An Analysis of 'Two Cultures': Writing about the Using and Making of the Atomic Bombs." *Public Historian*, Vol. 12, No. 2 (Spring 1990), pp. 83-107.

―――. "Eclipsed by Hiroshima and Nagasaki: Early Thinking about Tactical Nuclear Weapons." *International Security*, Vol. 15, No. 4 (Spring 1991), pp. 149-173.

―――. "Marshall, Truman, and the Decision to Drop the Bomb." *International Security*, Vol. 16, No. 3 (Winter 1991/92), pp. 214-221.

―――. "Writing, Righting, or Wronging the Historical Record: President Truman's Letter on His Atomic-Bomb Decision." *Diplomatic History*, Vol. 16, No. 1 (Winter 1992), pp. 163-173.

―――. "Seizing the Contested Terrain of Early Nuclear History: Stimson, Conant, and Their Allies Explain the Decision to Use the Atomic Bomb." *Diplomatic History*, Vol. 17, No. 1 (Winter 1993), pp. 35-72.

―――. "The Atomic Bombing Reconsidered." *Foreign Affairs*, Vol. 74, No. 1 (January/February 1995), pp. 135-152. [邦訳バーンスタイン, バートン・J「検証・原爆投下決定までの三百日」『中央公論』1995年2月号、387-404頁。]

―――. "Understanding the Atomic Bomb and the Japanese Surrender: Missed Opportunities, Little-Known Near Disasters, and Modern Memory." *Diplomatic History*, Vol. 19, No. 2 (Spring 1995), pp. 227-273. [Reprinted in Michael J. Hogan, (ed.), *Hiroshima in History and Memory* (Cambridge: Cambridge University Press, 1996), pp. 38-79.]

―――. "Compelling Japan's Surrender without the A-Bomb, Soviet Entry, or Invasion: Reconsidering the US Bombing Survey's Early-Surrender Conclusions." *Journal of Strategic Studies*, Vol. 18, No. 2 (June 1995), pp. 101-148.

―――. "The Struggle over History: Defining the Hiroshima Narrative." In Philip Nobile (ed.), *Judgment at the Smithsonian* (New York: Marlowe & Company, 1995), pp. 127-256.

―――. "Letter: 'To be Among Those Numbers'." *Joint Force Quarterly*, Spring 1996, pp. 6-7.

―――. "Truman and the A-Bomb: Targeting Noncombatants, Using the Bomb, and His Defending the 'Decision'." *Journal of Military History*, Vol. 62 (July 1998), pp. 547-570.

―――. "Reconsidering Truman's Claim of 'Half a Million American Lives' Saved by the Atomic Bomb: The Construction and Deconstruction of a Myth." Journal of Strategic Studies, Vol. 22, No. 1 (March 1999), pp. 54-95.

―――. "Reconsidering 'Invasion Most Costly': Popular-History Scholarship, Publishing Standards, and the Claim of High U.S. Casualty Estimates to Help Legitimize the Atomic Bombings." Peace & Change, Vol. 24, No. 2 (April 1999), pp. 220-248.

―――. "The Making of the Atomic Admiral: 'Deak' Parsons and Modernizing the U.S. Navy ." Journal of Military History, Vol. 63, No. 2 (April 1999), pp. 415-426.

―――. "Reconsidering the 'Atomic General': Leslie R. Groves." *Journal of Military History*, Vol. 67, No. 3 (July 2003), pp. 883-920.

Bix, Herbert J. "Japan's Delayed Surrender: A Reinterpretation." In Michael J. Hogan, (ed.), *Hiroshima in History and Memory* (Cambridge: Cambridge University Press, 1996), pp. 80-115.

Boyer, Paul. "Exotic Resonances: Hiroshima in American Memory." In Michael J. Hogan, (ed.), *Hiroshima in History and Memory* (Cambridge: Cambridge University Press, 1996), pp. 143-167.

Capaccio, Tony. "'Truman' Author Errs on Japan Invasion Casualty Memo." *Defense Week*, October 11, 1994 (Vol. 15, No. 40), pp. 1, 8-9.

Drea, Edward J. "Previews of Hell." *MHQ: The Quarterly Journal of Military History*, Vol. 7, No. 3 (Spring 1995), pp. 74-81. [Reprinted in Maddox, *Hiroshima in History*, pp. 59-75.]

Freedman, Lawrence, and Saki Dockrill. "Hiroshima: A Strategy of Shock." In Saki Dockrill (ed.), *From Pearl Harbor to Hiroshima: The Second World War in Asia and the Pacific, 1941-45* (New York: St. Martin's Press, 1994), pp. 191-212.

Gallicchio, Marc. "After Nagasaki: General Marshall's Plan for Tactical Nuclear Weapons in Japan." *Prologue*, Vol. 23, No. 4 (Winter 1991), pp. 396-404.

Gest, Howard. "The July 1945 Szilard Petition on the Atomic Bomb: Memoir by a Signer in Oak Ridge." [Unpublished, undated.] pp. 1-24. [http://sites.bio.indiana.edu/~gest/、2013年3月5日閲覧。]

Giangreco, D. M. "Operation Downfall: The Devil Was in the Details." *Joint Force Quarterly*, Autumn 1995, pp. 86-94.

―――. "Casualty Projections for the U.S. Invasion of Japan, 1945-1946: Planning and Policy Implications." *Journal of Military History*, Vol. 61, No. 3 (July 1997), pp. 521-581.

―――. "'A Score of Bloody Okinawas and Iwo Jimas': President Truman and Casualty Estimates for the Invasion of Japan." *Pacific Historical Review*, Vol. 72, No. 1 (February 2003), pp. 93-132. [Reprinted in Maddox, *Hiroshima in History*, pp. 76-

115.]
Glantz, David M. "The Soviet Invasion of Japan." *MHQ: The Quarterly Journal of Military History*, Vol. 7, No. 3 (Spring 1995), pp. 96-97.

Goldberg, Stanley. "Inventing a Climate of Opinion: Vannevar Bush and the Decision to Build the Bomb." *ISIS*, Vol. 83, No. 3 (September 1992), pp. 429-452.

―――. "Racing to the Finish: The Decision to Bomb Hiroshima and Nagasaki." *Journal of American-East Asian Relations*, Vol. 4, No. 2 (Summer 1995), pp. 117-128.

―――. "General Groves and the Atomic West: The Making and the Meaning of Hanford." In Bruce Hevley and John M. Findley (eds.), *The Atomic West* (Seattle: University of Washington Press, 1998), pp. 39-89.

Hammond, Thomas T. "Atomic Diplomacy Revisited." *Orbis*, Vol. 19 (Winter 1976), pp. 1403-1428.

Harwit, Martin. "Academic Freedom in 'The Last Act'." *Journal of American History*, Vol. 82 (December 1995), pp. 1064-1084.

HAYASHI, Yoshikatsu, "The Dropping of the Atomic Bombs on Japan: A Brief Status Report of Recent Interpretations." *Nanzan Review of American Studies*, Volume 37 (2015), pp. 101-117.

Hogan, Michael J. "The Enola Gay Controversy: History, Memory, and the Politics of Presentation." In Michael J. Hogan (ed.), *Hiroshima in History and Memory* (Cambridge: Cambridge University Press, 1996), pp. 200-232.

Holloway, David. "Jockeying for Position in the Postwar World: Soviet Entry into the War with Japan in August 1945." In Tsuyoshi Hasegawa (ed.), *The End of the Pacific War: Reappraisals* (Stanford: Stanford University Press, 2007), pp. 145-188.

Hymans, Jacques E. "Britain and Hiroshima." *Journal of Strategic Studies*, Vol. 32, No. 5 (October 2009), pp. 769-797.

Kirstein, Peter N. "Hiroshima and Spinning the Atom: America, Britain, and Canada Proclaim the Nuclear Age, 6 August 1945." *Historian*, Vol. 71, No. 4 (Winter 2009), pp. 805-827.

Kohn, Richard H. "History and the Culture Wars: The Case of the Smithsonian's Enola Gay Exhibition." *Journal of American History*, Vol. 82, No. 3 (December 1995), pp. 1036-1063.

Kort, Michael. "Casualty Projections for the Invasion of Japan, Phantom Estimates, and the Math of Barton Bernstein." *Passport: The Newsletter of the Society for Historians of American Foreign Relations*, Vol. 34, Issue 3 (December 2003), pp. 4-12.

―――. "The Historiography of Hiroshima: The Rise and Fall of Revisionism." *New*

England Journal of History, Vol. 64, No. 1 (Fall 2007), pp.31-48.

Krebs, Gerhard. "Operation Super Sunrise? Japanese-United States Peace Feelers in Switzerland, 1945." *Journal of Military History*, Vol. 69, No. 4 (October, 2005), pp. 1081-1120.

Linenthal, Edward T. "Struggling with History and Memory." *Journal of American History*, Vol. 82, No. 3 (December 1995), pp. 1094-1101.

Maddox, Robert James. "Atomic Diplomacy: A Study in Creative Writing." *Journal of American History*, Vol. 59, No. 4 (March 1973), pp. 925-934.

Malloy, Sean L. "'A Very Pleasant Way to Die': Radiation Effects and the Decision to Use the Atomic Bomb against Japan." *Diplomatic History*, Vol. 36, No. 3 (June 2012), pp. 515-545.

Maslowski, Peter. "Truman, the Bomb, and the Numbers Game." *MHQ: The Quarterly Journal of Military History*, Vol. 7, No. 3 (Spring 1995), pp. 103-107.

Messer, Robert L. "New Evidence on Truman's Decision." *Bulletin of the Atomic Scientists*, Vol. 41, No. 7 (August 1985), pp. 50-56.

Miles, Rufus E., Jr. "Hiroshima: The Strange Myth of Half a Million American Lives Saved." *International Security*, Vol. 10, No. 2 (Fall 1985), pp. 121-140.

Morton, Louis. "The Decision to Use the Atomic Bomb." *Foreign Affairs*, Vol. 35, No. 2 (January 1957), pp. 334-353.

Pape, Robert A. "Why Japan Surrendered." *International Security*, Vol. 18, No. 2 (Fall 1993), pp. 154-201.

Rotblat, Joseph. "Leaving the Bomb Project." Reprinted in Kai Bird and Lawrence Lifschultz (eds.), *Hiroshima's Shadow: Writing on the Denial of History and the Smithsonian Controversy* (Stony Creek, Connecticut: Pamphleteer's Press, 1998), pp. 253-257.

Sherwin, Martin J. "The Atomic Bomb and the Origins of the Cold War: U.S. Atomic-Energy Policy and Diplomacy, 1941-45." *American Historical Review*, Vol. 78, No. 4 (October 1973), pp. 945-968.

―――. "Hiroshima as Politics and History." *Journal of American History*, Vol. 82, No.3 (December 1995), pp. 1085-1093.

Sigal, Leon. "Bureaucratic Politics and Tactical Use of Committees." *Polity*, Vol. 10 (Spring 1978), pp. 326-364.

Sodei, Rinjiro. "Hiroshima/Nagasaki as History and Politics." *Journal of American History*, Vol. 82, No. 3 (December 1995), pp. 1118-1123.

Stimson, Henry L. "The Decision to Use the Atomic Bomb." *Harper's Magazine* (February 1947), pp. 97-107. [http://inf2149decisionmaking.wikispaces.com/file/

view/Stimson+-+Harper+Feb+1947+-+Decision+to+Use+the+Atomic+Bomb. pdf、2015年3月29日閲覧。].

Van de Velde, James R. "Opinion: The Enola Gay Saved Lives." *Political Science Quarterly*, Vol. 110, No. 3 (Autumn 1995), pp. 453-459.

Walker, J. Samuel. "The Decision to Use the Bomb: A Historiographical Update." In Michael J. Hogan (ed.), *Hiroshima in History and Memory* (Cambridge: Cambridge University Press, 1996), pp. 11-37.［この論文の初出版は*Diplomatic History*, Vol. 14, No. 1 (Winter 1990), pp. 97-114。］

―――. "History, Collective Memory, and the Decision to Use the Bomb." In Michael J. Hogan (ed), *Hiroshima in History and Memory* (Cambridge: Cambridge University Press, 1996) pp. 187-199.

―――. "Recent Literature on Truman's Atomic Bomb Decision : A Search for Middle Ground." *Diplomatic History*, Vol. 29, No. 2 (April 2005), pp. 311-334.

Wilson, Ward. "The Winning Weapon? Rethinking Nuclear Weapons in Light of Hiroshima." *International Security*, Vol. 31, No. 4 (Spring 2007), pp. 162-179.

Wolk, Herman S. "Arnold at Potsdam," *Air Power History*, Summer 2011, pp. 28-41.

麻田貞雄「きのこ雲と国民心理―原爆投下をめぐる日米意識のギャップ、1945-92年」上智大学アメリカ・カナダ研究所編『アメリカと日本』彩流社、1993年、81-107頁。

―――「原爆投下の衝撃と降伏の決定」『世界』616号（1995年12月）、232-242頁。

―――「原爆投下の衝撃と降伏の決定」細谷千博ほか編『太平洋戦争の終結』柏書房、1997年、195-221頁。

―――「『原爆外交説』批判―"神話"とタブーを超えて（1949-2009年）」『同志社法学』第60巻第6号（2009年）、1-81頁。

池上雅子「原爆投下政策決定再検証」『世界』872号（2015年8月号）、184-191頁。

石井修「原爆投下の『決定』」細谷千博ほか編『太平洋戦争の終結』柏書房、1997年、179-194頁。

オフナー，アーノルド（加藤幹雄訳）「原爆外交の起源」細谷千博ほか編『太平洋戦争の終結』柏書房、1997年、149-178頁。

菅英輝「原爆投下決定をめぐる論争」『海外事情』1996年4月号、47-68頁。

ゴールドバーグ，スタンリー（春名幹男訳）「グローブス将軍と原爆投下」『世界』1995年8月号、172-191頁。

繁沢敦子「戦略爆撃調査団報告書の〈原爆不要論〉―原爆投下論争史研究から見るその意義と役割」『広島国際研究』第19巻（2013年）、1-19頁。

―――「錯綜するアメリカの公式見解―米軍における『もう一つの戦争』とスティムソン論文の誕生」『同志社アメリカ研究』別冊20（2013年3月）、103-126頁。

シャーウィン，マーテイン・J.（有賀道子訳）「歴史としてのヒロシマ」細谷千博ほか編

『太平洋戦争の終結』柏書房、1997年、223-253頁。

鈴木千尋「目標設定の正当性―長崎への原爆投下は熟慮の末の決定だったのか」(大阪大学大学院国際公共政策研究科博士前期課程修士論文、2015年1月)。

袖井林二郎「原爆投下の歴史と政治―スミソニアン原爆展論争をめぐって」『世界』1995年2月号、131-141頁。

―――「パブリックヒストリィとは何か―スミソニアン原爆展と平和祈念館」『世界』1995年4月号、38-44頁。

―――「『愛国主義者』と歴史」『世界』1995年7月号、225-233頁。

立花誠逸「原爆投下問題の研究について―アメリカにおける研究状況と今後の課題」岩垂弘・中島竜美編『日本原爆論体系　第1巻　なぜ日本に投下されたか』日本図書センター、1999年、249-278頁。[初出は『歴史学研究』第459号(1978年8月)。]

タッカー，ナンシー・B.(有賀道子訳)「アメリカの戦後アジア構想」細谷千博ほか編『太平洋戦争の終結』柏書房、1997年、101-126頁。

中沢志保「ヒロシマとナガサキ―原爆投下決定をめぐる諸問題の再検討」『国際関係学研究』(津田塾大学)23号、1997年3月、47-59頁。

―――「原爆投下決定における『公式解釈』の形成とヘンリー・スティムソン」『人文・社会科学研究』第15集、文化女子大学、2007年、51-63頁。

―――「『スティムソン文書』―アメリカの初期核政策との関連で〈文献・資料紹介〉」『人文・社会科学研究』第16集、文化女子大学、2008年1月、173-182頁。[http://hdl.handle.net/10457/73、2013年5月28日閲覧。]

西岡達裕「原子爆弾の投下の決定」斎藤孝編『二十世紀政治史の諸問題』彩流社、1997年、61-98頁。

―――「原爆外交、1945年―アメリカ政府の政策過程」『国際政治』第118号(1998年5月)、166-180頁。

バーンスタイン，バートン・J.「真珠湾攻撃と1945年の原爆投下の再考―第二次大戦史との折り合いをどうつけるか」『平和研究』第20号(1996年6月)、89-98頁。

藤岡惇「米国はなぜ2発の原爆を投下したのか―ヒロシマ・ナガサキの悲劇の教訓」『立命館経済学』第59巻第6号(2011年3月)、495-508頁。

山極晃「原爆投下目標の決定」『国際問題』第234号(1979年9月)、47-67頁。

山田康博「ナンバーズ・ゲーム―日本本土上陸作戦はどれくらいの死傷者をだすと推定されたのか―原爆投下をめぐる最近の研究動向」『アジア太平洋論叢』第9号(アジア太平洋研究会、1999年3月)、1-28頁。

―――「原爆投下の目的」山田浩・吉川元編『なぜ核はなくならないのか―核兵器と国際関係』法律文化社、2000年、17-30頁。

―――「『ナンバーズ・ゲーム』10年後の再論―原爆投下をめぐって」『アジア太平洋論叢』第18号(アジア太平洋研究会、2009年)、123-145頁。

―――「異曲同工――アメリカはなぜ異なった2種類の原爆を日本に対して使用したのか」『アジア太平洋論叢』第20号（アジア太平洋研究会、2014年）、3-22頁。

―――「確立されなかった対日原爆使用をめぐる定説――2015年までの研究史概観」『広島平和科学』第37号（2015）（広島大学平和科学研究センター、2016年3月）、19-31頁。

4．その他

一般財団法人・高度情報科学技術研究機構（RIST）が運営するサイト「原子力百科事典ATOMICA」。[http://www.rist.or.jp/atomica/data/pict/16/16030109/09.gif、2014年5月29日閲覧。]

「原爆投下の理由に関しての推論――Yahoo! 知恵袋」。[http://note.chiebukuro.yahoo.co.jp/detail/n100027、2013年8月27日閲覧。]

　　　　　　あ と が き

　本書は筆者の学位請求論文（博士［国際公共政策］、大阪大学、2015年度）の全文に、いくぶんかの修正を加えたものである。本書の第１章から終章までは、すべて新たに書き下ろした未発表論稿であり、既発表部分を含むのは序章と補章だけである。序章は「確立されなかった対日原爆使用をめぐる定説——2015年までの研究史概観」（『広島平和科学』第37号［2015］、広島大学平和科学研究センター、2016年３月、19-31頁）に、加筆と修正をほどこした。補章は「異曲同工——アメリカはなぜ異なった２種類の原爆を日本に対して使用したのか」（『アジア太平洋論叢』第20号、アジア太平洋研究会、2014年、3-22頁）に修正を加えるとともにその分量を減らした。
　本書の成り立ちを簡単に述べる。筆者は1980年代に広島大学の学部と大学院で学んだ（筆者が通ったのは広島市内の東千田町にあったキャンパスである）。そのことが、原爆の開発と日本に対するその使用の問題への筆者の関心を高めたことは疑いない。その後大学教員となってからは、核兵器が関係した冷戦史を研究テーマの１つとするようになった。そのテーマに集中的に取り組む機会を1990年代の後半に得た時に、核兵器が関係した冷戦史の始まりであるアメリカによる原爆の対日使用についての図書や論文をまとめて（20年分くらいを）読むこととなった。その成果が1999年と2000年に発表した論文である。その頃からの蓄えに火をつけたのが、それまでマイクロ・フィルムでしか見ることができなかったはずの一次資料（*Bush-Conant File Relating to the Development of the Atomic Bomb, 1940-1945* など）を、インターネット上で閲覧する機会を偶然得たことだった。それは2013年５月のことである。10カ月かけてそれらの資料の山に目を通し、その間に執筆したのが本書の第１章と補章のもととなった原稿である。その後の１年間に残りの章を書き足したことによって、本書の原型ができあがった。

本書の作成にあたっては、多くのかたからご助言をいただいた。本書のもととなった学位請求論文の審査委員であった中沢志保（文化学園大学・教授。所属と肩書は2016年9月現在）、竹内俊隆（大阪大学大学院・教授）、中嶋啓雄（同）、松野明久（同）の4先生からは、批判的でしかし適切な多くの助言を賜ることができた。また田中仁（同）先生は、1945年の中国外交についてお知恵をお貸しくださった。これら5先生にはとくに感謝申し上げたい。

　法律文化社編集部兼営業部統括部長の小西英央氏には、本書の出版にご尽力くださるとともに本書の内容にもご助言をいただいた。小西部長から出版へ向けたあと押しがあったからこそ本書は完成できたのであり、同部長には心からの感謝を申し上げる。

　筆者が1999年に原爆投下に関して書いた最初の論文を「キワモノ」と評して、その後の研究を促してくれたのが広島大学時代の指導教官だった故山田浩先生である。同先生の代表的な著作を出版したのと同じく法律文化社から本書を出版できたことを喜びたい。

　最後に筆者の両親への感謝を記したい。筆者が高校3年生の時に1年間休学してアメリカの高校に留学した時も、北海道の親元を遠く離れて広島の大学へ行くことにした時も、そして大学院へ進学することにした時も、いつも筆者の選択を尊重してわがままを許してくれた。筆者を信頼して見守ってきてくれた両親に、本書を奉げたいと思う。

　　　2016年12月

　　　　　　　　　　　　　　　　　　　　　　　　　　　著　者

索　引

あ 行

アインシュタイン，アルバート（Albert Einstein）　13
荒井信一　42, 130
アルゾス（ALSOS）　29
アルバータ計画　45
アルペロヴィッツ，ガー（Gar Alperovitz）　88, 102
ウォーカー，J・サミュエル（J. Samuel Walker）　3
ウォーナー伝説　168
ウラン235・砲身型原爆　22, 160, 163
オッペンハイマー，ロバート（J. Robert Oppenheimer）　20, 62
オバマ，バラク（Barack H. Obama）　i

か 行

京都　59, 134
銀の皿（"Silverplate"）　19, 41
グルー，ジョセフ（Joseph C. Grew）　82
グローヴス，レスリー（Leslie R. Groves）　19, 21, 31, 164
ケベック協定　26
原爆外交　100, 151
原爆投下作戦　140
原爆投下指令書　136, 166
原爆の国際規制　28, 44, 65, 72, 155
原爆の示威的な公開爆発（demonstration）　61, 75
原爆の戦術的使用計画　97
コナント，ジェームズ（James B. Conant）　16, 159

コンプトン，アーサー（Arthur H. Compton）　68

さ 行

暫定委員会　60, 70, 74, 75, 115, 148
暫定委員会の科学顧問団　69, 149
実戦での試験　34
シャーウィン，マーティン（Martin J. Sherwin）　2
修正主義学派　2
シラード，レオ（Leo Szilard）　65
スターリン，ヨシフ（Joseph Stalin）　93, 108, 110, 118
スティムソン（Henry Lewis Stimson）陸軍長官　16, 50, 54, 59, 76, 85, 86, 91, 107, 134, 156
ストーン覚書　139, 140
正統学派　1
宋子文（T. V. Soong）中華民国行政院長　108
ソ連の対日参戦　4, 89, 91, 93, 97, 119

た 行

第509混成部隊　45
チャーチル，ウィンストン（Winston S. Churchill）　16, 25, 116, 117, 146, 154
天皇位の存続　82, 129
天皇の存在の容認　4
ドイツに対する原爆使用　47, 48
統合学派　2
トルーマン，ハリー（Harry S. Truman）　52, 54, 76, 94, 108, 110, 118, 125, 138, 147, 154

トルーマン日記　111, 114

な 行

長　崎　136, 202
二重目標　70
日本本土侵攻作戦　4, 94

は 行

パーソンズ，ウィリアム（William S. Parsons）　39, 57
バード（Ralph A. Bard）海軍次官　70
バーンズ，ジェームズ（James F. Byrnes）　53, 122, 124
バーンズ回答　132
バーンスタイン，バートン（Barton J. Bernstein）　2, 42, 128, 131
ハイドパーク覚書　27, 41
長谷川毅　6, 127, 129
百万人神話　168
広　島　136
ファット・マン　166
ブッシュ，ヴァニーヴァー（Vannevar Bush）　16, 159
フランク報告（The Franck Report）　66, 149

フリッシュ＝パイエルス覚書　14
プルトニウム・爆縮型原爆　22, 30, 160, 163
放射線　31, 57, 62, 156
ボーア，ニールス（Niels Bohr）　27
ポツダム宣言　85, 123, 125, 126, 133, 152

ま 行

マーシャル（George C. Marshall）陸軍参謀長　59, 99, 121
マジック要約［MAGIC-Diplomatic Summary］　194
マックロイ（John J. McCloy）陸軍次官補　83
マンハッタン計画　12
マンハッタン計画の軍事政策委員会　24, 36
モード委員会報告　15
目標検討委員会　37, 55, 148

ら 行

リトル・ボーイ　23, 39, 166
ローズヴェルト，フランクリン（Franklin D. Roosevelt）　17, 145, 146, 154
ロスアラモス　20

■著者紹介

山田康博（やまだ・やすひろ）

大阪大学大学院国際公共政策研究科（OSIPP）教授
　広島大学大学院社会科学研究科博士課程後期中退。フルブライト奨学生（1990年—92年）。博士（国際公共政策、大阪大学）。大阪外国語大学講師、同助教授、大阪大学大学院准教授をへて現職。専門は現代アメリカ対外関係史。
　［主な著作］磯村早苗・山田康博編『いま戦争を問う（グローバル時代の平和学第2巻）』法律文化社、2004年。「『核の傘』をめぐる日米関係」竹内俊隆編著『日米同盟論』ミネルヴァ書房、2011年。「東アジア地域秩序の変容—冷戦秩序から多国間主義の秩序へ」田中仁・三好恵真子編『共進化する現代中国研究』大阪大学出版会、2012年。

Horitsu Bunka Sha

原爆投下をめぐるアメリカ政治
——開発から使用までの内政・外交分析

2017年2月1日　初版第1刷発行

著　者　山田康博
発行者　田靡純子
発行所　株式会社　法律文化社

〒603-8053
京都市北区上賀茂岩ヶ垣内町71
電話 075(791)7131　FAX 075(721)8400
http://www.hou-bun.com/

＊乱丁など不良本がありましたら、ご連絡ください。
　お取り替えいたします。

印刷：西濃印刷㈱／製本：㈱藤沢製本
装幀：白沢　正

ISBN978-4-589-03819-7
Ⓒ2017 Yasuhiro Yamada Printed in Japan

JCOPY　〈(社)出版者著作権管理機構　委託出版物〉

本書の無断複写は著作権法上での例外を除き禁じられています。複写される場合は、そのつど事前に、(社)出版者著作権管理機構（電話 03-3513-6969、FAX 03-3513-6979、e-mail: info@jcopy.or.jp）の許諾を得てください。

広島市立大学広島平和研究所編

平和と安全保障を考える事典

A5判・710頁・3600円

混沌とする国際情勢において、平和と安全保障の問題を考える上で手引きとなる1300項目を収録。多様な分野の専門家らが学際的アプローチで用語や最新理論、概念を解説。平和創造の視点から国際政治のいまとこれからを読み解く。

広島市立大学広島平和研究所監修／吉川 元・水本和実編

なぜ核はなくならないのかⅡ
―「核なき世界」への視座と展望―

A5判・240頁・2000円

核廃絶が進展しない複合的な要因について国際安全保障環境を実証的かつ包括的に分析し、「核なき世界」へ向けての法的枠組みや条件を探求するとともに、被爆国・日本の役割を提起する。

藤岡真樹著

アメリカの大学におけるソ連研究の編制過程

A5判・186頁・4000円

アメリカの大学でソ連研究が編制されていく歴史的過程を、「学知」生産の拠点である大学と、それをとりまく国家や財団などとの関係および大学内での対立や合意形成の視座から跡づけ、その変動を明らかにする。

竹本真希子著

ドイツの平和主義と平和運動
―ヴァイマル共和国期から1980年代まで―

A5判・258頁・5300円

ヴァイマル知識人のフォーラムであった『ヴェルトビューネ』と『ターゲ・ブーフ』の記事分析を通して20世紀ドイツの平和主義と平和運動史を歴史的に位置づけ、「平和」や「平和運動」とは何かを根源的に問う。

今井宏昌著

暴　力　の　経　験　史
―第一次世界大戦後の義勇軍経験1918-1923―

A5判・322頁・6400円

暴力の経験は「（政治の）野蛮化」にどのような影響を及ぼすのか。義勇軍という同じ経験をもちながら、その後はナチ、共和派、コミュニストと別々の政治的立場を歩んだ3名（を検討対象に、彼ら）の経験がもつ歴史的意味を問う。

―法律文化社―

表示価格は本体（税別）価格です